Das Germanenbild
der deutschen Rechtsgeschichte

Rechtshistorische Reihe

Band 299

Peter Lang
Frankfurt am Main · Berlin · Bern · Bruxelles · New York · Oxford · Wien

Jürgen Busch

Das Germanenbild der deutschen Rechtsgeschichte

Zwischen Wissenschaft und Ideologie

Mit einem Vorwort von Herwig Wolfram

Peter Lang
Europäischer Verlag der Wissenschaften

Bibliografische Information Der Deutschen Bibliothek
Die Deutsche Bibliothek verzeichnet diese Publikation in der Deutschen Nationalbibliografie; detaillierte bibliografische Daten sind im Internet über <http://dnb.ddb.de> abrufbar.

Diese Arbeit wurde von
Herrn Professor Dr. Wilhelm Brauneder
zur Aufnahme in die Reihe empfohlen.

ISSN 0344-290X
ISBN 3-631-51396-8

www.peterlang.de

Vorwort von Herwig Wolfram

Ein Wiener Antiquitätengeschäft führt auch alte Ansichtskarten. Eine von ihnen zeigt ein germanisches Paar im Markartstil, sie blond und üppig, er blond und stämmig, beide viel nacktes Fleisch zeigend. Auf der Rückseite der Karte eine Frauenhandschrift, die dem Liebsten versichert, dem germanischen Schönheitsideal des Jahres 1900 nacheifern und entsprechende Kinder haben zu wollen. Schreiberin und Adressat hatten sich demnach ein Germanenbild gemacht, das eine bestimmte Lebensweise, ein bestimmtes Lebensziel begründen sollte. Beide blieben damit nicht allein, sondern waren populäre Konsumenten von Identifikationen, die seit dem deutschen Humanismus Gelehrte und Intellektuelle, Politiker und Publizisten und nicht bloß in deutschen Landen vollzogen. Bekannt ist die Wirkung der am Beginn des 16. Jahrhunderts wiederentdeckten Germania des Tacitus. Aber auch ohne ihn machte man sich damals Gedanken über den Sprachwechsel der Franken zu den Franzosen. Dabei wurde auf Fredegars Schilderung der mörderischen Einnahme von Soissons zurückgegriffen. Der Schluss: Die Franken, die ursprünglich eine unbekannte Sprache gebrauchten – so auch schon Otto von Freising –, brachten alle Römer um, lernten jedoch von ihnen vorher noch Latein. Eine Geschichte, der Lateinschüler vielleicht etwas abgewinnen können. Eine Geschichte, die aber, so sonderbar lächerlich, ja gefährlich sie uns anmuten mag, ebenso identitätsstiftend war, wie die Überzeugung der Goten, Geten, der Normannen und Dänen, Daker, der Slaven, Vandalen, und der Deutschen eben Germanen, der Habsburger aber, Goten zu sein, eine Identifikation, die eine globale Herrschaft des Hauses Österreich um 1550 rechtfertigte.

Wenn ein um dieselbe Zeit nach Böhmen verschleppter junger Mann dort unfreiwillig erfuhr, die tschechische Sprache sei die vornehmste und älteste unter den Slavinen, hat man ihm dies aus Cosmas von Prag vermittelt, der einen Boemus, der direkt der Arche Noah entstieg, als böhmischen Heros eponymos behauptete. Das Alte Testament, das taciteische Vorbild, die vorwissenschaftliche Etymologie und der nicht zuletzt von Augustinus salonfähig gemachte Euhemerismus dienten zur Interpretation vor-ethnographischer Daten, um aus barbarischen Ursprüngen eine ethnographische Identität zu schaffen, sie dem christlich-antiken Diskurs zu öffnen und in die allgemeine, in die römische Historie zu übertragen. Ein grauses Gemisch, würde der positivistische Historiker und nicht bloß er sagen; und dennoch hat František Graus schon vor Jahrzehnten erkannt, dass das Fehlen gerade derartiger Erzeugnisse und ihrer geistlichen Verfasser, die er „Sprecher (eines werdenden Volkes)“ nannte, folgenschwere Bedeutung hatte. Der Niedergang und das schließlich völlige Verschwinden zahlreicher slawisch-baltischer Völker östlich der Elbe seien nicht zuletzt dadurch bedingt worden, dass sich deren heidnisch-segmentären Gesellschaften mit der christlichen Mission auch der Schriftlichkeit versagten. Wo aber die Schriftlichkeit etabliert wurde, entstanden über kurz oder lang derartige Texte, die die Frage nach den Ursprüngen zu beantworten suchten. Eine derartige Überlieferung entwickelte eine beachtlichte Wirkungsgeschichte und hat daher ihre geschichtliche Berechtigung. Allerdings nur so lange, als sie nicht in einen aggressiven Nationalismus, Chauvinismus und Rassismus ausartet. Der Schritt dazu wurde aber im 19. Jahrhundert getan, wobei nicht zuletzt die juristische wie historisch-philologische Germanistik ihre unheilvollen Beiträge leistete. Seither haben restaurative Betrachtungsweisen und revisionistisch-nationalistische Ideologien die Frühmittelalterforschung belastet. So glaubte selbst ein anerkannter Germanenforscher wie Ludwig Schmidt die Rom-Politik des Markomannenkönigs Marbod vom „deutsch-nationalen Standpunkt" aus verurteilen zu müssen. Dieser außerwissenschaftliche Ballast bildete nach 1945 die vorgegebene These, die es galt, durch eine methodisch begründete Antithese zu überwinden und zu einer neuen Synthese zu führen. Jürgen Busch hat sich denen bewusst angeschlossen, die diese Aufgabe auf sich nahmen und nehmen, denn sie ist noch lange nicht gemeistert.

Die Wende von 1989 ließ in Ostmitteleuropa ein theoretisch-intellektuelles Vakuum entstehen, das nur zu leicht von fundamentalistischen Ideologien und Nationalismen gefüllt werden könnte. Dieser Gefahr rücksichtsvoll, ohne Arroganz und dennoch mit aller Entschiedenheit entgegen zu treten, ist eine Aufgabe vornehmlich der deutschsprachigen Frühmittelalterforschung. Das Rezept ist einfach: Die historischen Themen sind zu kennen und anzuerkennen, die den Historikern, aber auch ganz allgemein den Intellektuellen jener Länder wichtig sind. Hier ist die Geschichte lebendig, manchmal freilich so sehr, dass man sich wünschte, sie wäre „ein wenig" abgestorben, um mehr Platz für die Historie zu lassen. Die Entstehung der einzelnen Völker oder die slawische Ethnogenese insgesamt interessieren unsere Nachbarn, die nach der Wende mit uns wieder gemeinsam forschen dürfen, wollen und sollen. Nur so können Wege aufgezeigt werden, die Forschungsergebnisse vor ideologischem Missbrauch zu schützen, und geschähe dieser in bester Absicht. Ein Beispiel zum Schluss: Bis zur Wende durften die Bulgaren bloß Thraker und Slawen sein. Seit kurzem zählen auch die Goten zu den hervorragenden Ursprungsvölkern, hat man doch einen Gotha zum Staatspräsidenten. Vive la petite différence! Richtig ist aber, dass von einer fortlaufenden Geschichte der Goten ohne ihre Zeit im heutigen Bulgarien wenig übrig bliebe. Wird aber das Interesse an ihnen nur deswegen gefördert, weil man mit diesen „deutschen Vorfahren" schneller in die EU zu kommen hofft, dann hat der Historiker seines Wächteramtes zu walten und muss daran erinnern, dass auch die kroatischen Ustaschi einst Goten sein wollten.

Wien, im Frühjahr 2004 *Herwig Wolfram*

Vorwort des Verfassers

Es ist oft ein schwieriger Prozess für eine Wissenschaftsdisziplin, wenn es darum geht, überkommene Leitbilder und Fragestellungen hinter sich zu lassen, die ihr über Jahrzehnte und über mehrere Generationen an Fachvertretern hinweg sichere und unumstößliche Grund- und Eckpfeiler methodischer wie inhaltlicher Art waren. Das trifft vor allem dann zu, wenn sich solche Fragestellungen und Leitbilder auf komplexe und auch emotional-irrationale Weise zwischen Wissenschaft und Ideologie bewegen, wie das beim Interesse des Faches „deutsche Rechtsgeschichte" an den deutschsprachigen juristischen Fakultäten im 19. und 20. Jahrhundert am Rechtsleben der Germanen der Fall war.

Der Bogen dieses Verhältnisses, das in Form des „Germanenbildes" der deutschen Rechtsgeschichte den Gegenstand der Untersuchung dieser kleinen Überblicksarbeit bildet, spannt sich von wissenschaftlichem Interesse aus romantischen Antrieben heraus in den Anfängen der Disziplinenbildung am Übergang vom 18. zum 19. Jahrhundert (Historische Rechtsschule und ihre herausragenden germanistischen Vertreter Karl Friedrich Eichhorn und Jacob Grimm) über Zusammenhänge zwischen den wissenschaftlichen Karrieren und dem ausgeprägten nationalen Denken und Fühlen der Forscherpersönlichkeiten, die oft recht seltsame Blüten treiben konnten und uns heute befremdlich anmuten: Im Fall eines gebürtigen Österreichers, der nach seiner Wiener Ausbildungszeit in Deutschland zum Doyen seines Faches und leuchtenden Vorbild nachfolgender Generationen an Rechtshistorikern aufsteigen sollte, drückt sich das etwa dahingehend aus, dass er sich, obwohl Österreicher, auf „*preußisch-deutscher Erde*" nicht bloß als „Gast", „*sondern ganz als Reichsdeutscher und nur als solcher ohne jeglichen Vorbehalt*" fühlen konnte. Es handelt sich um keinen Geringeren als um Heinrich Brunner (siehe noch unten, insbes. S. 87).

Weiter reicht der Bogen dann über ganz und gar unerträgliche und geschmacklose Anbiederungen der juristischen Germanistik an die einschlägig germanophile „Schlagwortideologie" des Nationalsozialismus. Waren es im 19. Jahrhundert noch vielfach aus ihrer Zeit heraus verständliche deutsch-nationale Antriebskräfte, die das wissenschaftliche Interesse an der germanischen Zeit nährten und dementsprechend die Forschungsfragen und -aufgaben der „deutschen Rechtsgeschichte" mitdeterminierten, bereiteten die radikal konservativen und restaurativen politischen Tendenzen der Zwischenkriegszeit den Boden für eine jeden vertretbaren Zusammenhang zu wissenschaftlichen Ansprüchen verlierenden Germanenideologie. Sie ließ das Fach – mittlerweile, so als ließe sich im 20. Jahrhundert ganz einfach an frühmittelalterliche Rechtsvorstellungen und Gesellschaftsideale anknüpfen, zur rein „germanischen Rechtsgeschichte" mutiert – und viele seiner mitunter herausragenden Vertreter zu willfährigen Zuträgern eines nach vordergründiger Legitimation heischenden Unrechts- und Verbrecherregimes werden. Germanen, die bereits „Entartete" und „Asoziale" in den Mooren der germanischen Wälder versenkt hätten, oder die Notwendigkeit eines charismatischen „Führers" an der Spitze eines alt- und damit auch „neugermanischen" Staatswesens sind nur einige unrühmliche „Highlights" der hier anzusprechenden versuchten Rechtfertigung historischen Unrechts aus der (Rechts-)Geschichte des Volkes heraus.

Schließlich bis hin zu einer schwierigen und sich nur langsam vollziehenden Revision des Germanenbildes der deutschen Rechtsgeschichte in der zweiten Hälfte des 20. Jahrhunderts. Die traditionellen Ansichten über dessen Hauptelemente wie Haus, Sippe, Treue, Gefolgschaft, Ehre oder Freiheit wurden im Lichte neuer Forschungsansätze als spekulativ konstruiert oder methodisch nicht mehr haltbar entlarvt und verworfen.

Der damit kurz skizzierte Inhalt dieses Bandes ist in seiner ursprünglichen Fassung im Sommer 2000 als Diplomarbeit im Fach Geschichte an der Universität Wien entstanden. Für den Druck wurde sie der Form aber auch dem Inhalt nach eine gründlichen Überarbeitung und Aktualisierung unterzogen. Zur Verbesserung der Gliederung, Lesbarkeit und der Orientierung im Text wurden zahlreiche Unterüberschriften eingefügt. Die umfangreichste inhaltliche Neufassung hat das Resümee am Ende des Textes erfahren.

Es ist dem Zusammenwirken von auf der Hand liegenden sachlichen Gründen mit allerlei Zufälligkeiten meines Studentenlebenslaufs zu verdanken, dass die seinerzeitige Diplomarbeit im Umfeld des gerade heuer sein 150-jähriges Bestandsjubiläum begehenden Instituts für Österreichische Geschichtsforschung (kurz IfÖG) entstanden ist. Als es in den frühen 1860-er Jahren sozusagen noch in den Kinderschuhen steckte, hat sich dort ausgerechnet einer der „Protagonisten" der folgenden Kapitel, der oben erwähnte Heinrich Brunner, seine ersten wissenschaftlichen Sporen verdient, bevor er an exponierter Stelle neue theoretische wie praktische Grundlagen für jenes Germanenbild der deutschen Rechtsgeschichte (mit)schuf, das unter den ihm nachfolgenden Rechtshistorikergenerationen bis hin zur NS-Zeit in ganz und gar unwissenschaftliche, von „aggressivem Nationalismus, Chauvinismus und Rassismus" (Wolfram oben) geprägte Sphären entrückt wurde. Dieses kleine Detail am Rande – die Zugehörigkeit Brunners zum IfÖG – ist mir erst im Zuge der Recherchen für diese Arbeit aus einem Nachruf auf ihn in der ZRG bekannt geworden.

Alles andere denn ein Zufall oder ein Randdetail ist es allerdings, wenn es eben gerade Mitglieder des IfÖG aus dem Bereich der Frühmittelalterforschung sind, die sich führend an der von Herwig Wolfram (bis zu seiner Emeritierung 2002 selbst *primus inter pares*, sprich Direktor dieses Forschungsinstituts) in seinem obigen Vorwort angesprochenen notwendigen Revision diverser Germanenbilder historischer, rechtshistorischer oder philologischer Provenienz beteiligen: Das vor bald anderthalb Jahrhunderten hervorgebrachte Germanenbild eines Heinrich Brunners steht genauso wie seine heutige „Dekonstruktion" auf der wissenschaftlichen Höhe der jeweiligen Zeit – weil sie „zeitgebundenen Fragestellungen und Leitbildern“ (Böckenförde) folgen. Damals zunächst u.a. einem ausgeprägten deutschnationalen Selbstverständnis das später, wie bereits angesprochen, in ein allzu chauvinistisches, gar rassistisches ausartet; heute vielleicht dem, was der ungarische Verfassungsjurist András Sajó in Zusammenhang mit der den heutigen Generationen verbliebenen Verantwortung für den von früheren Generationen in mehreren Gesellschaften zugelassenen Holocaust während des Zweiten Weltkriegs als „affordable shame“ bezeichnet hat (vielleicht am Besten mit „zu leistender“, im Sinne von aktiv, als Verpflichtung oder Bringschuld, „leistbarer Scham“ zu übersetzen): Wir sind auch heute dazu verpflichtet, uns dafür zu schämen, was geschehen ist, wollen wir uns als eine „decent society“ verstehen, die sich dadurch auszeichnet, dass sie so etwas nicht mehr zulässt. Ich übertrage diese tiefgründige Lesart der Diskussion über Sinn oder Unsinn von „Erinnerungsarbeit“ am Holocaust jetzt von der Makroebene der betroffenen europäischen Gesellschaften auf die Mikroebene der im Zusammenhang dieser Arbeit vom Vorwurf der Ideologisierung von Germanenbildern betroffenen „scientific communities“. Sie haben sich aus eben diesem Grund wenn auch nicht für letale Verbrechen so doch für verhängnisvolle Verfehlungen im Dienst eines Verbrecherregimes zu schämen: Damit ein historisches Gedächtnis entsteht und bewahrt wird, das die Grundlage dafür bildet, es dazu in dieser oder auch abgewandelter Form nicht mehr kommen zu lassen. Die Revision abstruser Germanenbilder trägt analog zu einer „decent scientific community“ bei, die im Stande ist, das zu leisten.

Zuletzt bleibt für dieses Vorwort eigentlich nur noch die sympathische Gepflogenheit, ausdrücklich die Dankesschuld gegenüber denjenigen abzutragen, die diese Arbeit bei ihrer Entstehung und Drucklegung begleitet haben. Zuerst gegenüber meinen akademischen Lehrern: Professor Andreas Schwarcz hat in seinem Mittelalter-Seminar den Anstoß zu ihrer Inangriffnahme gegeben und er war mir ein stets zugänglicher und zuvorkommender Betreuer und Kritiker. Es waren vor allem die regelmäßig im niederösterreichischen Zwettl abgehaltenen Seminare und Privatissima, die Gelegenheit für so viele anregende, motivierende und bereichernde Begegnungen mit Kolleginnen und Kollegen (auch Ihnen – das kommt völlig zu Unrecht oft zu kurz – ein herzliches Dankeschön für ihren Input), Gespräche und Diskussionen abseits des Universitätsalltags boten und die ich daher als ganz besonderen Teil meiner Studienzeit nicht missen möchte.

Der Doyen der österreichischen Frühmittelalter- und Germanenforschung, Professor Herwig Wolfram, hat gerade in diesen Zwettler Seminarsitzungen wertvolle Anregungen und Kritik gegeben. Seine Unterstützung der Drucklegung und seine Bereitschaft, dafür ein Vorwort beizusteuern, ehrt und beschämt mich zugleich. Professor Wilhelm Brauneder gebührt der ganze Dank für die Aufnahme meines *opus primum* in die „Rechtshistorische Reihe“. Professor Werner Ogris hat mir in meiner frühen Assistentenzeit an seinem Lehrstuhl am Wiener Institut für Österreichische und Europäische Rechtsgeschichte die nötigen Freiheiten eingeräumt, die es mir ermöglichten, mich der ersten Version des Textes zu widmen. Eine glückliche Fügung liegt in dem Umstand, dass Jacob Grimm als Jurist – eines der „Faibles" von Prof. Ogris, von denen ich als sein Assistent viel profitieren konnte – im Folgenden zumindest am Rande eine Rolle spielt. Von Verlagsseite wurde ich mit Geduld von Herrn Dr. Willenpart, Frau Marciniak und Herrn Fedderies betreut.

Wertvolle Anregungen und Hilfe verdanke ich auch Professor Thomas Olechowski. Er sei stellvertretend genannt für die vielen weiteren Kolleginnen und Kollegen des Wiener Instituts, der Brüsseler „European Academy of Legal Theory" an der K. U. Brussel und den Facultés universitaires St.-Louis Bruxelles sowie des Europäischen Hochschulinstituts in Florenz, an denen ich mich während der Entstehungszeit des (druckfertigen) Manuskripts aufhielt, die größeren oder kleineren, direkteren oder indirekteren Anteil am Zustandekommen und an der Drucklegung genommen haben. Ihnen allen daher ein pauschales „*Danke schön*", „*thanks a lot*", „*merci beaucoup*", „*dank u wel*" und „*grazie tanto*"!

Am meisten Dank schulde ich aber meinen zwei Familien: Zuerst wie immer meiner großen leiblichen, in der ich stets den nötigen Rückhalt zur Verwirklichung meiner Ziele finde, allen voran meinen Eltern; und dann meiner kleinen „Familie" anderer Art, Marina Brandtner und Markus Senn, die beide auf ihre und in vielfältiger Weise zur Veröffentlichung dieses Buches beigetragen haben. Sie wissen, dass ich es Ihnen auf meine Art zu danken weiß.

Florenz, im Juli 2004 *Jürgen Busch*

Inhaltsverzeichnis

IV. Zusammenfassung

Abkürzungs- und Siglenverzeichnis

a.a.O.	am angegebenen Ort
ABGB	Allgemeines Bürgerliches Gesetzbuch
Abt.	Abteilung
ADB	Allgemeine Deutsche Biographie
angelsächs.	angelsächsisch
Anm.	Anmcrkung
Aufl.	Auflage
Bd./Bde./Bdn.	Band/Bände/Bänden
bes.	besonders
bzw.	beziehungsweise
c.	capitulum
d.	der
d.h.	das heißt
DA	Deutsches Archiv für Erforschung des Mittelalters
ders.	derselbe
dies.	dieselbe
diesbezgl.	diesbezüglich
Dr.	Doktor
ebd.	ebenda
engl.	englisch
et al.	et alii
etc.	et cetera
f./ff.	folgende Seite/folgende Seiten
Forts.	Fortsetzung
fränk.	fränkisch
franz.	französisch
Frhr.	Freiherr
FS	Festschrift
Germ.	Germania
hist.	historische
HRG	Handwörterbuch zur Deutschen Rechtsgeschichte
Hrsg.	Herausgeber
HZ	Historische Zeitschrift
IfÖG	Institut für Österreichische Geschichtsforschung
insbes.	insbesondere
ital.	italienisch
iur. Diss.	juristische Dissertation
Jg.	Jahrgang
Jh./Jht.	Jahrhundert
Kap.	Kapitel

KJ	Kritische Justiz
Kl.	Klasse
langobard.	langobardisch
lat.	latein
med.	mediae (aevi)
MGH	Monumenta Germaniae Historica
MIÖG	Mitteilungen des Instituts für Österreichische Geschichtsforschung
Nachdr.	Nachdruck
niederl.	niederländisch
nordgerm.	nordgermanisch
o.O.	ohne Ort
österr.	österreichisch
Prof.	Professor
RGA	(Hoops) Reallexikon der Germanischen Altertumskunde
S.	Seite
sog.	sogenannt
Sp.	Spalte
Tac.	Tacitus
teilw.	teilweise
Tom.	Tomus
u.	und
u.a.	unter anderem
u.a.m.	und anderes mehr
unveränd.	unverändert
usw.	und so weiter
v.	von
v.a.	vor allem
Veröffentl.	Veröffentlichung
vgl.	vergleiche
vs.	versus
z.B.	zum Beispiel
z.T.	zum Teil
ZfRG	Zeitschrift für Rechtsgeschichte
ZRG GA	Zeitschrift der Savigny-Stiftung für Rechtsgeschichte (Germanistische Abteilung)
zw.	zwischen

I. Einleitung

A. Thematik und Zielsetzung

Bei der erstmaligen Beschäftigung mit dem Germanenbild der deutschen Rechtsgeschichte im Rahmen eines historischen Seminars an der Universität Wien im Sommersemester 1999 mit dem Titel „Von der Origo gentis zur Germanenideologie“ ist mir eine bezeichnende Tatsache rasch ins Auge gesprungen: Es gibt einiges Material über die Frage nach dem Verhältnis von deutscher Rechtsgeschichte und Nationalsozialismus, für eine Zeit also, in der das Germanenbild besondere Aktualität zu haben schien, darüber hinaus war ein Einstieg in die Materie aber schon weitaus schwieriger.

Eine Gesamtdarstellung der leitenden Prinzipien und Grundlagen der Wissenschaftsdisziplin „deutsche Rechtsgeschichte“ von ihren Anfängen bis zur Gegenwart fehlt bisher. Das gilt im besonderen Maße auch für das gegenständliche Bild vom germanischen Rechtsleben und damit der germanischen Gesellschaftsordnung überhaupt, wie sie sich durch die Brille der deutschen Rechtsgeschichte darstellen.

Die vorliegende Arbeit setzt sich daher das Ziel, den Teilbereich des Germanenbildes innerhalb des weiten Forschungsspektrums der Rechtsgeschichte – somit die Darstellung und Sichtweise des historischen Phänomens „Germanen“ – linear vom Beginn des 19. Jahrhunderts bis in die zweite Hälfte des 20. Jahrhunderts aufzuarbeiten.

Dies soll zunächst auf theoretischer Grundlage der Disziplin und dann zielgerichtet mit Blick auf das spezielle Germanenbild erfolgen. Im Lichte der bisherigen Forschungen scheint es dabei besonders interessant zu sein, inwieweit das bereits mehrfach analysierte und als eindeutig ausgerichtet beschriebene Germanenbild zur Zeit des Nationalsozialismus auf lange zuvor entstandenen Traditionen beruht. Haben sich die Blicke bisher punktuell auf das Germanenbild der Jahre zwischen 1933 und 1945 gerichtet, so scheint es zumindest ebenso notwendig, die Frage nach Wurzeln, Kontinuitäten und Diskontinuitäten zu stellen. Verfolgt man die lineare Entwicklung der deutschen Rechtsgeschichte auf der anderen Seite über die NS-Periode hinaus, so gilt es hier zu fragen, wie denn die deutsche Rechtsgeschichte mit dem problematischen Erbe ihres Germanenbildes umgeht.

Gleich vorweg ist festzuhalten, dass die vorgenommene Periodisierung, wie sie in diesem Abschnitt unter C. noch näher vorgestellt wird, keinen Vorgriff auf eventuelle Brüche in den Kontinuitätslinien darstellt oder solche nahe legen will. Sie dient zunächst lediglich einer Schematisierung zur Erleichterung der geordneten Aufarbeitung des Materials. Allein die auf den ersten Blick feststellbare Tatsache, dass viele Forscherpersönlichkeiten über solche zeitlichen

Grenzen hinweg tätig waren, legt es nahe, dass vermutlich mit Kontinuitäten und Brüchen gerechnet werden muss, die ganz und gar nicht mit 1933 oder 1945 zusammenfallen. Die hier getroffene Einteilung in 1800 bis rund 1870, Ende 19. Jahrhundert und Zwischenkriegszeit, NS-Zeit, zweite Hälfte des 20. Jahrhunderts, trägt dem Umstand der bisher grob vorgenommenen Einteilungen Rechnung.

Viele als „germanisch" gedeuteten Rechtsbegriffe, wie sie auch in der im Zusammenhang mit unserer Themenstellung so oft bemühten NS-Zeit verwendet wurden, reichen „*jedenfalls*" bis ins 19. Jahrhundert zurück – um ein erstes Mal mit dem Doyen der Germanenforschung innerhalb der an deutschsprachigen juristischen Fakultäten betriebenen Rechtsgeschichte, Karl Kroeschell, zu sprechen. Ganz zurecht stellt er daher fest, dass es kurzsichtig wäre, sich bei der Behandlung des Germanenbildes der deutschen Rechtsgeschichte „*mit einer Polemik gegen die 'deutsche Germanen-Ideologie' zu begnügen oder sich mit ihrer Einordnung als 'faschistisch' weitere Erkenntnismöglichkeiten zu verschließen. Vielmehr muß die Kritik sowohl historisch als auch wissenschaftstheoretisch weiter ausholen.*"[1] Diese Ansicht und Aufforderung soll dieser Arbeit gleichsam als „Leitmotiv" zu Grunde liegen.

B. Quellen, Literatur und Forschungsstand

Als Quellen zur Erarbeitung des gewählten Themenkomplexes müssen naturgemäß die Darstellungen der Rechtshistoriker über das germanische Rechtsleben dienen. Wir haben es somit nicht mit Urkunden und Akten zu tun, sondern mit Lehrbüchern, Abhandlungen, Aufsätzen und anderen (populär)wissenschaftlichen Beiträgen zum germanischen Recht.

Dass im Rahmen dieser Untersuchung keine lückenlose Erfassung aller wissenschaftlichen oder auch populärwissenschaftlichen Beiträge zum Rechtsleben der Germanen, die von der deutschen Rechtsgeschichte hervorgebracht wurden, möglich ist, liegt auf der Hand. Vielmehr wird versucht, eine repräsentative Auswahl von mehr oder weniger entscheidenden Arbeiten zu treffen, denen man den größten Einfluss bei der Etablierung des Germanenbildes der deutschen Rechtsgeschichte zuschreibt. Auf deren Basis soll dann für jede Periode die Entstehung, Diskussion und Veränderung des jeweiligen Germanenbildes erarbeitet werden.

Da die Rechtsgeschichte als wissenschaftliche Disziplin zwischen der Rechts- und der Geschichtswissenschaft steht, muss immer wieder auch auf entscheidende Impulse vor allem aus der Geschichtswissenschaft hingewiesen werden. Der Quellenkreis findet daher eine Ausweitung in Richtung von historischer Fachliteratur, die sich mit der germanischen Zeit auseinandersetzt und dabei auch das rechtliche Leben streift.

---

1 KARL KROESCHELL, Germanisches Recht als Forschungsproblem, in: DERS., Studien zum frühen und mittelalterlichen deutschen Recht (Berlin 1995) 86.

Neben der Primärliteratur stellt sich natürlich auch die Frage nach Sekundärliteratur zum gewählten Thema, womit wir beim Forschungsstand angelangt wären. Gut erarbeitet ist dabei bis jetzt nur die Zeit des Nationalsozialismus, da diese auf Grund des augenscheinlichen Naheverhältnisses von Teilen der deutschen Rechtsgeschichte mit dem politischen System für einschlägige Forschungen besonders geeignet erschien[2]. Auch wissenschaftstheoretisch ist die deutsche Rechtsgeschichte noch relativ gut erarbeitet, sodass sich der Grundlagenteil dieser Arbeit auf vielfältige Sekundärliteratur, zumeist in Form von Aufsätzen zu punktuellen Fragestellungen, stützen kann.[3]

Für das 19. Jahrhundert, der Entstehungszeit des „Grundgerüsts“ des Germanenbildes der deutschen Rechtsgeschichte, fehlen systematischere Untersuchungen bisher fast gänzlich. Einzig eine Arbeit von Ernst-Wolfgang Böckenförde aus 1961[4] und einige Beiträge des im Bereich der Germanenforschung der Rechtsgeschichte führenden Rechtshistorikers, Karl Kroeschell[5], können hier Abhilfe schaffen. Gleiches gilt für die Zeit nach 1945, wo es wiederum nur Kroeschell ist, der Hilfestellungen anbietet.[6]

Eine Gesamtzusammenschau des „Germanenbildes der deutschen Rechtsgeschichte“, die dieses in ihrer gesamten Entwicklung vom Beginn der Disziplinenbildung bis in die heutige Zeit nachvollzieht und der Frage nach der Bedingtheit dieses Bildes von Zeitumständen nachgeht, fehlt bisher. Diese Arbeit stellt den Versuch dar, hier erste Schritte zu dessen Bearbeitung zu wagen.

C. Gang der Untersuchung

Die Arbeit gliedert sich in zwei Hauptteile. Unter Abschnitt II. werden in drei Schritten die begrifflichen und methodischen Grundlagen der Wissen-

---

2 Neben den Anfängen auf diesem Gebiet in Form einer kontrovers geführten Diskussion in der Zeitschrift „Kritische Justiz“ (SCHWAB 1969, WAHSNER 1973, MESSERSCHMIDT 1989), gibt es zwei sehr nützliche Sammelbände von STOLLEIS/SIMON 1989 und RÜCKERT/WILLOWEIT 1995 die sich speziell mit dem Verhältnis von Rechtsgeschichte und Nationalsozialismus auseinandersetzen. Die für unsere Zwecke brauchbarste Monographie lieferte Andrea Nunweiler mit ihrer 1996 erschienen Dissertation über „Das Bild der deutschen Rechtsvergangenheit und seine Aktualisierung im 'Dritten Reich'“, die dem Germanenbild breiten Raum widmet. Sie enthält eine nahezu lückenlose Bibliographie der für das Thema auszuwertenden Literatur für die Jahre 1933 bis 1945. Vgl. für die Vollzitate der hier genannten Veröffentlichungen das Literaturverzeichnis.

3 Vgl. unten Anm. 8 (SENN 1982).

4 Vgl. ERNST-WOLFGANG BÖCKENFÖRDE, Die deutsche verfassungsgeschichtliche Forschung im 19. Jahrhundert (Nachdr. der 1. Aufl. 1961, Berlin 1995). Es handelt sich dabei um eine Neuauflage seiner erstmals 1961 im Druck erschienen Dissertation.

5 Jetzt gesammelt in: KROESCHELL, Studien zum frühen und mittelalterlichen deutschen Recht (Berlin 1995).

6 Vgl. ebd.

schaftsdisziplin „deutsche Rechtsgeschichte“ erarbeitet, um an das eigentliche Thema der Arbeit heranzuführen.

In einem ersten Schritt soll eine grundsätzliche Bestimmung, Einordnung und Klärung jener Begriffe erfolgen, die uns in der gewählten Thematik als die zentralen gegenübertreten. Dies sind die Begriffe „germanisch“, „deutsch“ sowie „Rechtsgeschichte“. Es wird sich zeigen, dass sie zu unterschiedlichen Zeiten mit unterschiedlichen Bedeutungsinhalten belegt wurden. Veränderungen, die nicht ohne Konsequenz für das jeweilige Germanenbild der deutschen Rechtsgeschichte geblieben sind.

Sind dann solcherart die zentralen Begriffe unserer Thematik definiert, wenden wir uns in einem zweiten Schritt einer überblicksartigen Darstellung der Entwicklung der deutschen Rechtsgeschichte als wissenschaftliche Disziplin zu. Es geht darum, von den Anfängen einer als wissenschaftlich zu betrachtenden Annäherung an die Germanen aus rechtshistorischer Sicht den Weg zur Etablierung der deutschen Rechtsgeschichte als wissenschaftliche Disziplin nachzuvollziehen. In einem dritten Schritt werden schließlich die Entwicklungslinien der methodischen Grundlagen, auf denen aufbauend die deutsche Rechtsgeschichte ihr Germanenbild entwickelt und fortgebildet hat, nachgezeichnet.

Die Methodik der deutschen Rechtsgeschichte in ihrem Wandel – man könnte vorweg von einem Gemenge aus historischen und juristischen theoretischen Ansätzen sprechen, dessen Zusammensetzung je nach den durch die rechtsgeschichtliche Forschung verfolgten Zwecken variiert – stellt einen entscheidenden Faktor für die Konstruktion des Germanenbildes dar. Die theoretische Ausgangsbasis, von welcher der Rechtshistoriker bei seinen Untersuchungen ausgeht, determiniert die Art und Weise, wie er an ein gewähltes Forschungsthema – im Zusammenhang mit dieser Arbeit handelt es sich dabei um das germanische Rechtsleben – herangeht, welche Mittel er dazu einsetzt und wie er das Material beurteilt und bewertet, um wissenschaftliche Einsichten zu gewinnen.[7]

Es ist daher wichtig für die Einordnung des Germanenbildes der deutschen Rechtsgeschichte, sich zunächst mit dem theoretischen Selbstverständnis der Disziplin im Wandel innerhalb des für diese Arbeit relevanten Betrachtungszeitraumes auseinander zu setzen, um so einen Eindruck von den wissenschaftstheoretischen Grundlagen, vor deren Hintergrund die Rechtshistoriker jeweils operierten, zu gewinnen. Will man einen Überblick über die Diskussion im Verlauf des Bestehens der deutschen Rechtsgeschichte als eigenständige Wissenschaftsdisziplin erhalten, sieht man sich mit einer Fülle von diesbezüglichen Stellungnahmen der Fachvertreter konfrontiert[8], die aber durchaus bereits in speziell zu

---

7 Den Nachweis dafür im Bereich der Germanenforschung innerhalb der deutschen Rechtsgeschichte führt KROESCHELL, Haus und Herrschaft im frühen deutschen Recht. Ein methodischer Versuch (Göttingen 1968) 48 ff., insbes. 48, 52 f., 60 f.

8 Eine Zusammenstellung allen theoretischen Schrifttums der deutschen Rechtsgeschichte bis 1980 hat MARCEL SENN, Rechtshistorisches Selbstverständnis im Wandel.

dieser Thematik abgefassten Arbeiten[9] gesichtet, geordnet und dargestellt wurden, sodass es für diesen Bereich möglich ist, aus vorhandener Literatur zu schöpfen und diese Ergebnisse und Meinungen fallweise mit selbstgewählten Beispielen zu prüfen, zu ergänzen und zu illustrieren.

Im zweiten Hauptteil geht es dann vor dem solcherart erarbeiteten theoretischen Hintergrund um das Germanenbild der deutschen Rechtsgeschichte im Spiegel seines geistig-politischen Umfelds.[10] Der Betrachtungszeitraum wird dabei in vier Perioden gegliedert. Zunächst geht es darum, das Entstehen eines spezifisch germanistischen Germanenbildes von den Anfängen zu Beginn des 19. Jahrhunderts bis zur „klassischen Zeit“ der deutschen Rechtsgeschichte um 1870 nachzuvollziehen. Es ist dies die Zeit, da erste detaillierte Anschauungen und Theorien zu den als zentral empfundenen Rechtseinrichtungen der Germanen – wie Sippe, Gefolgschaft, Stammesorganisation, Strafrecht, etc. – geäußert werden.

Danach wenden wir uns der „klassischen Zeit“ im letzten Drittel des 19. Jahrhunderts zu, in dem so namhafte Gelehrte wie Heinrich Brunner oder Karl von Amira auf der Basis des in den Jahrzehnten davor errichteten Gerüsts die klassischen Lehren vom germanischen Rechtsleben formulierten, wie sie bis weit ins 20. Jahrhundert fortwirken sollten.

In einem anschließenden Exkurs geht es darum, zu zeigen, welche Wirkungen das hier festgeschriebene Germanenbild der deutschen Rechtsgeschichte entfaltet hat, konkret am Beispiel der englischen und amerikanischen verfassungsgeschichtlichen Forschung gegen Ende des 19. Jahrhunderts.

Dann wenden wir uns einem für die gegenständliche Themenstellung ganz besonders wichtigen Abschnitt zu – der NS-Zeit. Im nationalsozialistischen Regime traf sich ein seit der Zwischenkriegszeit zunehmend idealisiertes und ideologisiertes Germanenbild der deutschen Rechtsgeschichte mit der politi-

---

Ein Beitrag zur Wissenschaftstheorie und Wissenschaftsgeschichte der Rechtsgeschichte (iur. Diss., Zürich 1982) geliefert. Vgl. dort das entsprechende Literaturverzeichnis, welches die theoretische Literatur weitgehend lückenlos enthält. Senns Arbeit wird im entsprechenden Abschnitt unten noch ausführlich besprochen.

[9] Vgl. zuerst ebd.; für die weiteren einschlägigen Untersuchungen siehe unten Kap. II. C.

[10] Vgl. zu diesem im gegebenen Zusammenhang einführend HEINZ GOLLWITZER, Zum politischen Germanismus des 19. Jahrhunderts, in: FS für Hermann Heimpel zum 70. Geburtstag I (Göttingen 1971) 282–356. Ausführlicher zum Verhältnis Wissenschaft, Gesellschaft und Politik im Bereich der Germanenideologie hat sich Klaus von See in einer Reihe von Arbeiten im Rang von Standardwerken zum Thema geäußert: KLAUS VON SEE, Deutsche Germanenideologie. Vom Humanismus bis zur Gegenwart (Frankfurt am Main 1970), ein Kapitel „Deutsches Recht und Römisches Recht – Volksrecht und Juristenrecht“ (in Anspielung an den Dualismus von Germanisten und Romanisten innerhalb der Historischen Rechtsschule, siehe zu dieser unten bei Anm. 128 ff.); DERS., Die Ideen von 1789 und die Ideen von 1914. Völkisches Denken in Deutschland zwischen Französischer Revolution und Erstem Weltkrieg (Frankfurt am Main 1975); sowie DERS., Barbar, Germane, Arier. Die Suche nach der Identität der Deutschen (Heidelberg 1994).

schen Ideologie des Nationalsozialismus. In keiner Periode davor kann man so deutlich zeigen, wie sehr das Germanenbild der Rechtsgeschichte auch immer mit dem jeweiligen geistig-politischen Umfeld korreliert.

In einem letzten Abschnitt soll dann noch der Frage nach der Kontinuität bzw. Diskontinuität des Germanenbildes nach 1945 nachgegangen werden. In den Jahrzehnten nach der NS-Zeit sehen wir uns ob der Erfahrungen im Nationalsozialismus einerseits mit dem Festhalten oder der Rückkehr zu Ansichten aus dem 19. Jahrhundert konfrontiert, andererseits zwingen neue Erkenntnisse aus den Nachbardisziplinen, allen voran der Geschichtswissenschaft, auch die deutsche Rechtsgeschichte zu einem Paradigmenwechsel und zu einer schrittweisen Revision des hergebrachten Germanenbildes.

Die Schlussfolgerungen sollen die Ergebnisse der solcherart gegliederten Untersuchung nochmals in knapper Form zusammenfassen und auf den Punkt bringen.

II. Begriffliche und methodische Grundlagen

A. Begriffsbestimmungen

Diese Arbeit widmet sich dem „*Germanenbild der deutschen Rechtsgeschichte*". Damit sehen wir uns mit drei Begriffen – „*germanisch*", „*deutsch*" und „*Rechtsgeschichte*" – konfrontiert, die entscheidend für die Bestimmung dessen sind, womit sich diese Untersuchung dann eingehend auseinander zu setzen hat. Es stellt sich somit die Frage, was denn deutsche oder germanische Rechtsgeschichte nun eigentlich ist – versehen mit der Zusatzfrage, was sie zu unterschiedlichen, für unsere Betrachtung wichtigen Zeitpunkten im Verlauf des 19. und 20. Jahrhunderts – mitunter divergierend – umfasst.

1. „Deutsche Rechtsgeschichte" heute

a) Definition

Zur Definition dessen, was unter „Rechtsgeschichte" – und in unserem konkreten Fall unter „deutscher Rechtsgeschichte" oder „germanischer Rechtsgeschichte" – zu verstehen ist, sei zunächst die Begriffsbestimmung Karl Kroeschells herangezogen, die er seiner bekannten dreibändigen „Deutschen Rechtsgeschichte" voranstellt:

> „*Die Deutsche Rechtsgeschichte ist eine Wissenschaftsdisziplin, die zu Beginn des 19. Jahrhunderts in bewußter Abgrenzung gegen die römische Rechtsgeschichte entstanden ist und es sich zur Aufgabe gesetzt hat, die Geschichte des Rechts germanischer Herkunft in Deutschland zu erforschen und darzustellen.*"[11]

Nomen est omen, vereinigt die Rechtsgeschichte in sich juristische und historische Elemente und befindet sich somit in einem Spannungsfeld zwischen beiden Disziplinen. Sie stellt Geschichte unter dem rechtlichen Aspekt dar. Dabei kann sie sich sehr nahe an der allgemeinen Geschichtswissenschaft bewegen – etwa die Verfassungsgeschichte – aber ebenso nahe an der systematischen Rechtswissenschaft – wenn sie beispielsweise die Rechtsinstitutionen des deutschen Privatrechts darstellt.[12]

---

11 KROESCHELL, Deutsche Rechtsgeschichte 1 (bis 1250)^{10} (Opladen 1992) 10.

12 Vgl. HEINRICH MITTEIS/HEINZ LIEBERICH, Deutsche Rechtsgeschichte^{19} (München 1992) 1 f.

b) Deutsche Rechtsgeschichte als Sonderfall

Im Gegensatz zur Rechtsgeschichte anderer europäischer Länder, wo diese Disziplin als die Geschichte allen Rechts in diesen Ländern verstanden wird, also neben heimischen Rechtstraditionen auch das relevante römische und kirchliche Recht einschließt, wählte die deutsche Rechtsgeschichte einen eigenen, engeren wissenschaftlichen Ansatz: Sie grenzt sich, der obigen Definition folgend, bewusst von den restlichen Rechtstraditionen, die im Verlauf der Geschichte auf deutschem Territorium[13] eine Rolle spielten, ab und widmet sich rein den heimischen Rechtstraditionen germanischen Ursprungs. „*Der deutschtümelnde Charakter der Deutschen Rechtsgeschichte ist also nicht durch ihren Gegenstand vorgegeben, sondern ist zumindest auch in ihrem eigenen wissenschaftlichen Ansatz begründet*“[14], urteilt demzufolge Kroeschell.

Diese begriffliche Sonderstellung der deutschen Rechtsgeschichte kommt auch bei Köbler kritisch zum Ausdruck:

> „*Für ein bestimmtes Recht wie etwa das deutsche, englische, französische oder österreichische ist dabei naturgemäß seine eigene Vergangenheit besonders bedeutsam. Dabei beschränkt man sich in Deutschland vielfach auf das vergangene Recht deutscher Herkunft und schließt damit das in Deutschland im Mittelalter und in der Neuzeit in erheblichen Umfang aufgenommene römische Recht aus. Richtiger ist es, alles vergangene Recht, gleich welcher Herkunft, das für die Entwicklung in Deutschland wirksam geworden ist, als einheitliche historische Voraussetzung für das deutsche Recht der Gegenwart anzusehen und dementsprechend in der deutschen Rechtsgeschichte zu erfassen.*“[15]

[13] Dazu wurde auch immer das heutige Österreich, dessen historische Länder durch ihre Einbindung ins Heilige Römische Reich (vor allem verfassungs-)rechtlich mit diesem verbunden waren, gezählt. Daher standen die in Österreich tätigen germanistischen Rechtshistoriker in der selben Tradition wie ihre Kollegen in Deutschland. Erst mit 1. 1. 2000 wurde das Wiener Institut für „Österreichische und Deutsche Rechtsgeschichte“ in „Institut für Österreichische und Europäische Rechtsgeschichte“ umbenannt. Die alte Bezeichnung spiegelte eben noch die Abgrenzung der Germanistik gegenüber der Romanistik sowie die im 19. Jht. ausgebildete Identität der Wissenschaftsdisziplin wider. Der hier argumentierte Paradigmenwechsel in der Disziplin, wie er dann unten, in Kapitel III. E., näher besprochen wird, kann also – mit einiger Verspätung – auch an der formellen Bezeichnung der Forschungsinstitutionen abgelesen werden.

[14] KROESCHELL, Rechtsgeschichte (wie Anm. 11) 10. Im Anschluss an die einigen grundlegenden Definitionen dienenden Einleitung in seine „Deutsche Rechtsgeschichte“ bietet der Autor auch eine gute Zusammenstellung diesbezüglicher Literatur, die eine Vertiefung in die Problematik des – wandelbaren – Begriffs der deutschen Rechtsgeschichte ermöglicht.

[15] GERHARD KÖBLER, Deutsche Rechtsgeschichte. Ein systematischer Grundriß der geschichtlichen Grundlagen des deutschen Rechts von den Indogermanen bis zur Gegenwart[4] (München 1990) 1.

Da die deutschen Länder teils auf germanischen Fundamenten bauten, beruht auch das dort überlieferte Recht zum Teil auf germanischen Rechtstraditionen. Die deutsche Rechtsgeschichte befasst sich daher unter anderem mit der germanischen Zeit und ihren Rechtstraditionen, um Kenntnisse über die frühesten Wurzeln eines genuin deutschen Rechts zu erlangen.

c) Deutsche und germanische Rechtsgeschichte

Unterschiedlich wurde im Laufe des Bestehens der deutschen Rechtsgeschichte die Frage beantwortet, was unter einer spezifisch „germanischen Rechtsgeschichte“ zu verstehen sei. Sie konnte ein Teil der deutschen Rechtsgeschichte sein, aber auch in einem umfassenderen Sinn verstanden werden, wodurch gerade umgekehrt die deutsche ein Teil der germanischen Rechtsgeschichte war. Eine solche Sichtweise kommt dann zustande, wenn das deutsche Recht als ein Merkmal einer deutschen Kulturgemeinschaft verstanden wird, welches – wie daneben auch noch andere Rechtskreise – auf germanischen Fundamenten aufbauend einen selbständigen Entwicklungsverlauf nimmt und somit einen eigenen Rechtskreis innerhalb einer größeren germanischen „Rechtsfamilie“ darstellt.

Wo die gesamte deutsche Rechtsgeschichte im Blickpunkt steht, ist die Bezeichnung „germanisches Recht“ – wie sie etwa in der NS-Zeit gebraucht wurde – nicht korrekt, da germanische Rechtsgeschichte nach der Auffassung der Rechtshistoriker nur bis zur Ausformung einer historisch fassbaren eigenen deutschen Identität reichen kann, die in der Regel etwa am Ausgang der Karolingerzeit (erste herrschaftlich umgrenzte Konturen dieser deutschen Identität) angesetzt wird.[16] Heinrich Mitteis[17] führt dazu aus:

---

16 Vgl. MITTEIS/LIEBERICH, Rechtsgeschichte (wie Anm. 12) 4. Im Gegensatz zur darin anklingenden Auffassung vom Beginn einer selbständigen deutschen Identität am Ausgang der Karolingerzeit, die in der Rechtsgeschichte – ein Blick auf die gängigen Lehrbücher und die darin verfolgte Periodisierung spricht dazu Bände – weit verbreitet war und ist, siehe aus der jüngsten Nationalismusforschung etwa HAGEN SCHULZE, Staat und Nation in der Europäischen Geschichte (München 1999) insbes. 108 f., 113 ff., 120 ff. Schulze akzeptiert die Existenz einer deutschen Nation erst ab dem 11. Jht. (Abgrenzung zum „Fremden“ in der Kreuzzugszeit), was aber bei weitem noch nichts mit einer breiten nationalen Identität zu tun habe, wie wir sie heute verstehen. Volksnationen, so zeigt er, sind überhaupt eine Erfindung der Romantik; vgl. 172 ff., insbes. 180 ff.

17 Beim bereits oben zitierten Heinrich Mitteis (1889–1952) handelt es sich um einen führenden deutschen Rechtshistoriker, v.a. in der Zeit unmittelbar nach 1945, bekannt noch heute durch dessen von Heinz Lieberich neu bearbeitetes Lehrbuch zur deutschen Rechtsgeschichte (vgl. Anm. 12). Zu seiner Person vgl. den Nachruf von KARL S. BADER, Heinrich Mitteis, ZRG GA 70 (1953) IX–XXXII; sowie GERD KLEINHEYER/JAN SCHRÖDER, Deutsche und Europäische Juristen aus neun Jahrhunderten^4 (Heidelberg 1996) 498. Ausführlich mit Mitteis setzt sich GEORG BRUN, Leben und Werk des Rechtshistorikers Heinrich Mitteis unter besonderer Berücksichtigung seines

„Unter deutscher Rechtsgeschichte verstehen wir zunächst die Rechtsgeschichte des deutschen, durch Kultur und Sprache verbundenen Volkes selbst. Dieses ist aber mit dem Ausgange der Karolingerzeit als staatlich geformte historische Größe in Erscheinung getreten. Daher bedarf die deutsche Rechtsgeschichte der Erweiterung nach zwei Richtungen: Sie muß zurückgehen bis auf die Frühzeit des Germanentums und wird so zugleich zur germanischen Rechtsgeschichte. Als solche verfolgt sie das Fortleben der germanischen Elemente in seiner vollen räumlichen und zeitlichen Ausdehnung, aber unter steter Rücksichtnahme auf die Einflüsse von Antike und Christentum. Diese haben eine neue Geistigkeit gebracht, die von den germanischen Völkern übernommen und eingeformt worden ist und zur Ethisierung des Rechts erheblich beigetragen hat. Die Rechtsgeschichte rechnet mit zwei Spielarten der historischen Kontinuität: Einmal mit der Übernahme und Anpassung fremder, zum zweiten mit der Behauptung eigener, angestammter Kulturelemente.“[18]

Als zweiten Erweiterungsschritt führt Mitteis dann noch die vergleichende europäische Rechtsgeschichte an.

d) Zeitbedingtheit der Definitionen

Nun lassen sich diese für den gegenwärtigen Stand der deutschen Rechtsgeschichte geltenden Definitionen und Begriffsumfänge der deutschen und germanischen Rechtsgeschichte, wie es schon durchgeklungen sein dürfte, aber nicht so ohne Weiteres im Rückblick auf zurückliegende Jahrzehnte oder gar Jahrhunderte anwenden.

Wir müssen vielmehr feststellen, dass die hier referierten Ansichten eine sehr junge Schöpfung sind, die sich bewusst – auf Grund von allgemeinen Neuorientierungen der Disziplin – von älteren Begriffsinhalten abheben[19]. Es ist daher notwendig, den Bedeutungsumfang von deutschem und germanischem Recht zurückzuverfolgen. Denn die Begrifflichkeit erlaubt im speziellen Fall der Rechtsgeschichte – wegen der bei Kroeschell angesprochenen Eigenart, dass deutsche Rechtsgeschichte eben nicht die Geschichte des gesamten in Deutschland jeweils maßgeblichen Rechts umfasst, sondern die aus der eigenen „nationalen Tradition“ hervorgegangenen Elemente (so zumindest die Annahme) vom Rest abtrennt und sie zum Gegenstand einer eigenen Disziplin macht – Einblicke in das jeweilige Selbstverständnis und die Erkenntnisgrundlagen der zu

---

Verhältnisses zum Nationalsozialismus (= Rechtshistorische Reihe Bd. 83, Frankfurt am Main 1991) auseinander.

18 MITTEIS/LIEBERICH, Rechtsgeschichte (wie Anm. 12) 4.

19 Besonders deutlich kommt das bei KROESCHELL, Rechtsgeschichte (wie Anm. 11) zum Ausdruck.

untersuchenden Wissenschaftsdisziplin, welches für das dann gewonnene Bild von der germanischen Rechtsvergangenheit nicht unerheblich ist.

Mit einer begrifflichen Umorientierung, welche das Finden von neuen Bedeutungsinhalten des eigenen Forschungsgegenstandes zur Folge hat, verändert sich nämlich auch die Erkenntnisgrundlage für historische Rechtsverhältnisse.

Wenn wir daher noch kursorisch etwas genauer der Begrifflichkeit von deutschem und germanischem Recht in ihrer historischen Dimension nachgehen, erhoffen wir uns damit Aufschlüsse über das Verhältnis von germanischem und deutschem Recht zueinander.

Zur Verdeutlichung dieser nicht so leicht zu verstehenden Annahme vielleicht ein kurzer Vergleich: Wenn man europäische Geschichte betreibt, wird das Ergebnis der Untersuchungen sehr stark davon abhängen, wie der Betrachtungsgegenstand – in diesem Fall „Europa“ – definiert wurde. Subsumiert man unter Europa etwa lediglich die Staaten der Europäischen Union oder – wie es zur Zeit des Kalten Krieges oft geschehen ist – nur „Westeuropa“, so wird das Ergebnis ein erheblich anderes sein, als wenn der gesamten Kontinent einschließlich Russlands und der Türkei in die Beobachtung mit einbezogen wird. Ebenso steht im Fall der deutschen Rechtsgeschichte das Ergebnis in einem Verhältnis zur Definition des Betrachtungsgegenstandes, zu dem was im gegenständlichen Fall zu einer bestimmten Zeit unter „germanisch“ und „deutsch“ – und dazu korrespondierend, unter germanischem und deutschem Recht – verstanden wurde.[20]

2. Der Begriff des „germanischen Rechts“

a) Germanisches „Urrecht“

Im Wesentlichen gehen die Rechtshistoriker im Betrachtungszeitraum bis hinein in die zweite Hälfte des 20. Jahrhunderts von einem einheitlichen germanischen Kulturkreis aus.[21] Von dieser Kultureinheit wird – da ihnen das Recht

---

[20] Der folgende Abriss kann sich im Wesentlichen auf WOLFGANG FLIESS, Die Begriffe Germanisches Recht und Deutsches Recht bei den Rechtshistorikern des 19. und 20. Jahrhunderts (iur. Diss., Hannover 1968), stützen, ergänzt – auch aus Aktualitätsgründen – durch selbst gewählte Beispiele und Beobachtungen.

[21] Als Belege dafür dienen unter vielen etwa CLAUDIUS FRHR. VON SCHWERIN, Einführung in das Studium der germanischen Rechtsgeschichte und ihrer Teilgebiete (Freiburg 1922) 21; HANS PLANITZ, Germanische Rechtsgeschichte[2] (Berlin 1941) 1, er spricht von einer Zeit, „in der alle Germanen einem geschlossenen Volkskörper angehörten.“ Selbstverständlich geht auch schon Eichhorn von einer ursprünglichen Einheit der Germanen aus, spricht vom germanischen „Völkerstamm“, äußert sich aber ansonsten nur sehr vorsichtig über die Sagen von einem gemeinsamen Stammvater und führt an, dass diese Sagen die „germanischen Völker“ aber in verschiedene Hauptstämme teilen. Vgl. KARL FRIEDRICH EICHHORN, Deutsche Staats- und Rechtsgeschichte I[5] (Göttingen 1843) 37 und 41. Brunner konstatiert „wenigstens bei den Westgermanen ein Bewußtsein

so wie die Sprache, die Religion oder die Kunst auch als eine kulturelle Erscheinungsform gilt – auf ein germanisches „Urrecht“ geschlossen, das es herauszuarbeiten gilt.[22] Einhellige Auffassung ist es, dass bis zur Zeit der Völkerwanderung von einem rein germanischen Recht gesprochen werden kann[23], freilich in der jeweiligen Form der germanischen „Sonderrechte“ der einzelnen Stämme wie angelsächsisches Recht, langobardisches Recht, nordisches Recht, etc., welche durchaus stark divergieren.

Das Christentum und der Einfluss der Antike (somit des römischen Rechts), so die Auffassung wie sie bereits im 19. Jahrhundert anzutreffen ist, hätten zu einer „Entnationalisierung“ des germanischen Rechts geführt.[24] Von rein germanischem Recht als geschlossenem Ganzem sprechen Rechtshistoriker demnach bis zum Ende der Völkerwanderungszeit. Bei der Betrachtung einzelner Stämme enger begrenzter Gebiete ist jedoch der Begriff des germanischen Rechts noch für spätere Jahrhunderte in Verwendung (z.B. für das angelsächsische Recht, da man davon ausgeht, dass römisches und kanonisches Recht hier nicht so schnell und in gleicher Intensität die germanischen Wurzeln überlagern konnten).

Dementsprechend endet in vielen Lehrbüchern zur deutschen Rechtsgeschichte im 6. Jahrhundert mit dem Beginn der fränkischen Periode, die ihre eigenen rechtlichen Muster von Staatlichkeit entwickelte, die „germanische Zeit“.

b) Engerer und weiterer Begriffsumfang

Daran schließt sich eine weitere begriffliche Auffassung an. Als germanisches Recht über die frühe germanische Periode hinausgehend wird begrifflich auch all jenes Recht erfasst, das zwar nicht mehr als rein germanisch angesehen werden kann, aber doch durch einen verbleibenden Gehalt an germanischen Elementen eine Verfolgung der Rechtsentwicklung durch die germanische Rechtsgeschichte sinnvoll erscheinen lässt, sofern *„die ursprüngliche germanischen Eigenart“* nicht *„durch fremden Einfluß völlig zerstört ist oder nur in schwachen Spuren weiterwirkt.“*[25] Damit ist dann beispielsweise das englische und das deutsche Recht in eine weiter gefasste „germanische Rechtsgeschichte“ eingeschlossen.[26]

---

der Zusammengehörigkeit“ und spricht ebenfalls die „Gliederung des Volkes“ in der Sage an. Vgl. HEINRICH BRUNNER, Deutsche Rechtsgeschichte I² (Leipzig 1906) 36 f.

22 Vgl. etwa KARL VON AMIRA, Grundriß des Germanischen Rechts³ (Straßburg 1913) 1.

23 Vgl. FLIESS (wie Anm. 20) 4.

24 Vgl. AMIRA, Grundriß (wie Anm. 22) 2 f.

25 SCHWERIN, Einführung (wie Anm. 21) 23.

26 Davon gehen insbes. auch Amira und Brunner aus, die eine deutsche Rechtsgeschichte als einen Ausschnitt der germanischen Rechtsgeschichte begreifen. Vgl. BRUNNER, Rechtsgeschichte (wie Anm. 21) 1; AMIRA, Grundriß (wie Anm. 22) 1 f.

Wir sehen uns also in der rechtsgeschichtlichen Literatur mit einem engeren – nur das ursprüngliche, rein germanische Recht umfassenden – und einem weiteren Begriff des „germanischen Rechts“ konfrontiert, der auch jene durch „fremde“ Einflüsse überlagerten germanischen Rechte mit einschließt, die zu einem gewissen Maß ihre „nationalen“ Grundzüge behalten haben. Fliess kommt zu dem Ergebnis, dass dies für die Rechtshistoriker des 19. und 20. Jahrhunderts[27] die prägende Begrifflichkeit darstellt, die „*von einem germanischen Kulturkreis ausgehend keine politischen Grenzen zu beachten hat und dementsprechend in geographischer Hinsicht an keinen bestimmten Raum gebunden ist und in seiner zeitlichen Geltung vorgeschichtliche Zeiten ebenso erfaßt wie auch die Neuzeit.*“[28]

c) Eine Ausnahme: Jacob Grimm

Als eine prominente Ausnahme von dieser allgemein festzustellenden Begrifflichkeit des germanischen Rechts in der deutschen Rechtsgeschichte muss Jacob Grimm[29] genannt werden. Er ersetzt den Begriff des Germanischen im weiteren Bedeutungsumfang durch den des Deutschen[30].

Das rührt daher, dass Grimm von einem bei den Germanen seiner Meinung nach weit verbreiteten Nationalitätsbegriff, dem Wort „*thuidisks*“ (volksmäßig, populär, national), ausgeht. Dieser stellt auf Grund seiner angenommenen allgemeinen Verwendung bei den Germanen für Grimm den besten Namen für alle

---

27 Entsprechend dem Zeitpunkt der Abfassung seiner Arbeit 1968 also zum Teil bis in die 60-er Jahre des 20. Jahrhunderts reichend.

28 FLIESS (wie Anm. 20) 6.

29 Wenn im Folgenden immer wieder für die Rechtsgeschichte prägende Forscherpersönlichkeiten genannt werden, vgl. das nachstehende Kapitel über die Entwicklung der deutschen Rechtsgeschichte als wissenschaftliche Disziplin, wo diese mit ausführlichen Literaturangaben vorgestellt werden. Dies mag das Manko ausgleichen, dass nun immer wieder Namen auftauchen, die vorerst vielleicht nicht eingeordnet werden können.

30 Vgl. dazu aufschlussreich bereits auf S. VIII seiner Vorrede zu den „Rechtsalterthümern“ (hier wird die 4. von Andreas Heusler und Rudolf Hübner besorgte Aufl. von 1899 verwendet): JACOB GRIMM, Deutsche Rechtsalterthümer^{4} (Leipzig 1899) VIII. Grimm führt aus: „Deutsche rechtsalterthümer heißen sie in dem verstand, wie ich die grammatik eine deutsche genannt habe, obgleich beide auch die nordischen und angelsächsischen quellen unter sich begreifen, und begreifen müßen. (...) Wir bedürfen hier eines allgemeinen, und einwürfe, welche man gegen die ausdehnung des wortes deutsch gemacht hat, scheinen mir deshalb unerheblich, weil ähnliche wider jedes andere, man müste denn ein ganz neues erfinden, erhoben werden könnten und weil allenthalben die wachsende allgemeine benennung die besonderen irgendwo verletzt. Umfaßt uns doch auch die griechische und römische geschichte zugleich alterthümer der Pelasger, Etrusker, Latiner und niemand ärgert sich daran.“ (Man beachte die von Grimm durchgehaltene Kleinschreibung.)

germanischen Stämme dar, die er daher als „deutsch“ bezeichnet.[31] Grimm will dem Begriff „deutsch“ jenen umfassenden Sinn beimessen, wie er für die Rechtsgeschichte im Germanenbegriff in seiner weiteren Bedeutung enthalten ist, von ihm aber abgelehnt wird, da „germanisch“ für den Romantiker Grimm ein „undeutscher“ Begriff ist, wie er von den „Vorfahren“ selbst nicht gebraucht wurde.[32] Schließlich will Grimm durch die Verwendung des Begriffs „deutsch“ für „germanisch“ eine Verbindung zwischen dem germanischen Altertum und seiner Gegenwart herstellen.[33] „*Die Verwendung des Begriffs germanisch würde für Grimm bedeuten, die Zugehörigkeit zum eigenen Altertum zu leugnen*“[34], urteilt Fliess.

d) Die Formel „(west)germanisch = deutsch“

Überhaupt – und das findet in der Arbeit von Fliess keine Beachtung – scheinen die frühen, noch ganz unter dem Einfluss der Romantik stehenden Rechtshistoriker geneigt zu sein, aus eben diesem Grund die Begriffe germanisch und deutsch – wenn sie schon nicht so wie Grimm germanisch überhaupt zu vermeiden trachten – synonym zu verwenden. So schreibt Eichhorn in seiner

---

[31] Grimm ist was die von ihm angenommene allgemeine Verbreitung und Verwendung bei den Germanen von „thuidisks“ als ein Nationsbegriff anbelangt heute längst widerlegt. Demnach war der Begriff des „Deutschen“ in Form von „Theotiscus“ oder lat. „Teutonicus“ als Eigenbezeichnung in der Bedeutung eines bewusste Zusammengehörigkeit widerspiegelnden Sammelbegriffs für das Volk der Deutschen in solch früher Zeit ganz sicher nicht gebräuchlich. Vgl. zuletzt den aktuellen Forschungsstand unter Einbeziehung neuer eigener Erkenntnisse gut zusammenfassend: HERWIG WOLFRAM, Tirol, Bayern und die Entstehung des deutschen Volksbegriffs, Veröffentlichungen des Tiroler Landesmuseums Ferdinandeum 78 (1998) 115 ff. Vgl. noch unten in diesem Kapitel unter 3., wo davon zu sprechen sein wird, wie die neueren Erkenntnisse der Entstehung des Wortes „deutsch“ auch zu einer begrifflichen Neufassung von „deutschem Recht“ geführt haben.

[32] Vgl. GRIMM, Geschichte der deutschen Sprache (Leipzig 1868) 545. Tatsächlich ist der Germanennamen eine geographische Sammelbezeichnung für die östlichen Nachbarn der Gallier jenseits des Rheins, der auch auf die Bewohner der „Germania“ übertragen wurde. Vgl. dazu ANDREAS SCHWARCZ, Die politische Vorstellungswelt der Germanen, in: IRING FETSCHER/HERFRIED MÜNKLER (Hrsg.), Pipers Handbuch der politischen Ideen II (München/Zürich 1993) 17. Vgl. generell zum aktuellen Stand der Germanenforschung einführend den Eintrag „Germanen, Germania, Germanische Altertumskunde“ in: RGA Bd. XI (1998) 181–438, in diesem Zusammenhang insbes. die §§ 1–9 und 22–29; dort findet sich auch ein prominenter einleitender Artikel zum germanische Recht: KROESCHELL, Recht, in: ebd. 395–408. Ausführlicher, aus der Perspektive der frühmittelalterlichen Geschichtsforschung, vgl. WALTER POHL, Die Germanen (= Oldenbourgs Enzyklopädie Deutscher Geschichte Bd. 57, München 2000), mit einer Zusammenstellung der wichtigsten Quellensammlungen und neueren Literatur; sowie WOLFRAM, Die Germanen[5] (München 2000); ausführlicher DERS., Das Reich und die Germanen[2] (Berlin 1992).

[33] Vgl. FLIESS (wie Anm. 20) 10.

[34] Ebd.

Staats- und Rechtsgeschichte unter dem Kapitel „Die Hauptstämme der germanischen Völker und ihre Wohnsitze" den einleitenden Satz:

> *„Die erste sichere Thatsache in der Geschichte deutscher Völker, ist der Krieg der Cimbern und Teutonen gegen die Römer"*.[35]

Gleiches gilt für Mittermaier und seine „Einleitung in das Studium der Geschichte des germanischen Rechts".[36] Im Gegensatz zu Grimm wird bei ihnen der Begriff des Deutschen aber nicht auf sämtliche Germanen ausgedehnt, sondern im Wesentlichen nur auf die Germanen auf dem Territorium des späteren Deutschland beschränkt, eine genaue Grenzlinie ist aber auch hier nicht zu ziehen, zu undeutlich wird mit der Verwendung von deutsch für die germanische Zeit näher bestimmt, was damit genau gemeint ist.

Viele Jahrzehnte später stellt dann Amira fest, dass schon *„der vorausgesetzte Begriff von Deutschland"* ein *„schwankender, zu verschiedenen Zeiten verschiedener"* gewesen sei und kritisierte den Umstand, dass der *„Begriff des Deutschen für den Beginn der Geschichte"* so genommen worden sei, *„wie man ihn für den Ausgang fest gestellt zu haben meinte"*, was zu einem verkehrten Verfahren beim Aufsuchen des Quellenmaterials geführt habe.[37]

> *„Statt geschichtsmäßig sich an den Anfang zu stellen und vorwärts zu schauen, stellte man sich geschichtswidrig an's Ende und schaute rückwärts. Daher verfolgte man grundsätzlich nicht etwa die Rechtsentwicklung aller deutschen Stämme, sondern nur einiger und diese kaum so weit, als sie in der Rechtsgeschichte des 'deutschen Reiches' eine Rolle gespielt haben."*[38]

Unter den Versäumnissen werden dann namentlich die Erforschung der Fortdauer und Fortbildung des fränkischen Rechts im älteren französischen, flandrischen und holländischen Recht angeführt, weshalb nach Amira *„dieser Zweig der deutschen Rechtsgeschichte"* erst durch Brunner *„sozusagen neu entdeckt werden mußte."*[39] Für Hans Thieme war diese Begriffsverwendung des Deutschen bei Amira in der Nachfolge Grimms zu sehen[40], also eine völlige

---

[35] EICHHORN (wie Anm. 21) 37; vgl. auch 65 oder das Kapitel „Die Deutschen und die Römer" 88 ff., wo ständig „germanisch" und „deutsch" synonym nebeneinander verwendet werden.

[36] Vgl. CARL JOSEPH ANTON MITTERMAIER, Einleitung in das Studium der Geschichte des germanischen Rechts (Landshut 1812) 21, 81 ff.

[37] AMIRA, Ueber Zweck und Mittel der Germanischen Rechtsgeschichte (München 1876) 18 f.

[38] Ebd. 19.

[39] Ebd.

[40] Vgl. HANS THIEME, Deutsches Recht, in: HRG Bd. I (1971) 710. Er geht mit der Kontinuitätslinie von Grimm auf Amira aber fehl, denn Amira selbst führt zu Grimm

Gleichsetzung von germanisch (mit dem Zusatz „zumindest westgermanisch") und deutsch.

Bei Brunner wiederum findet sich ähnlich zu Amira eine Gleichsetzung von westgermanisch und deutsch[41]. Bei ihm werden daher diese beiden Begriffe synonym verwendet, nicht deutsch und germanisch im weiteren Sinn wie bei Grimm. Wenn er also in der germanischen Zeit von „Deutschen" oder „deutschen Stämmen" spricht, meint er die Gruppe der Westgermanen[42]. Konsequenter Weise hält Brunner gleich zu Beginn seiner Deutschen Rechtsgeschichte fest:

> „*Die deutsche Rechtsgeschichte deckt sich nicht mit der germanischen Rechtsgeschichte, denn sie hat es nicht mit den Rechten der sämtlichen germanischen Stämme zu tun.*"[43]

e) Der Germanenbegriff in der NS-Zeit

Eine andere, nicht wie die von Grimm aus wissenschaftlicher Überzeugung gewonnene Begrifflichkeit, sondern eine ideologisch-politisch motivierte Abweichung vom traditionellen Begriff des Germanischen in der deutschen Rechtsgeschichte tritt in der NS-Zeit auf. Der Begriff germanisch stand nun schlechthin für deutsch, die deutsche Rechtsgeschichte wurde eine germanische Rechtsgeschichte, ohne dass sich am Inhalt der nun als Lehrbücher des germanischen Rechts ausgewiesenen Kompendien irgend etwas verändert hätte.[44] Es fand ein reiner Begriffsaustausch statt.

---

aus: „Was auch früher von J. Grimm, später wieder von A. Schleicher gegen den Ausdruck (gemeint ist „germanisch", Anm.) vorgebracht sein mag, wir werden uns doch desselben bedienen müssen für den weitern Begriff, in dem als der engere das *deutsche* beschlossen ist." – AMIRA, Zweck und Mittel (wie Anm. 37) 74 (dort unter Anm. 121). Amira bezeichnet zwar die westgermanischen Rechte allesamt als deutsch (also auch die angelsächs., fränkischen, langobardischen), lehnt es aber entschieden ab, den Begriff „deutsch" auf die Ostgermanen, unter die er Burgunder, Goten und die Gruppe der Skandinavier subsumiert, anzuwenden.

41 Vgl. BRUNNER, Rechtsgeschichte (wie Anm. 21) 35.

42 Zur Unterscheidung von West- und Ostgermanen, mitunter auch von Nordgermanen vgl. sogleich unten.

43 BRUNNER, Rechtsgeschichte (wie Anm. 21) 1. Die ostgermanischen Rechte gelten ihm als Schwesterrechte zum deutschen (westgermanischen) Recht. Franz., niederl., angelsächs.-engl. und langobard.-ital. Recht bezeichnet er als Tochterrechte des deutschen Rechts, die eine eigenständige abgeschlossene Entwicklung durchgemacht hätten, weshalb sie in dieses Filiationsverhältnis „abgerückt" und deshalb in eine Darstellung des deutschen Rechts nicht einzubeziehen seien, was nicht heißt, dass sie nicht bei der Erforschung deutschen Rechts durch das besondere Verwandtschaftsverhältnis wertvolle Aufschlüsse liefern könnten.

44 Ein oft genanntes Beispiel stellt etwa das Lehrbuch von PLANITZ, Germanische Rechtsgeschichte (wie Anm. 21) dar, welches die Perioden „Germanische Zeit", „Fränki-

Gerechtfertigt wurde das unter anderem durch diese geänderte Begrifflichkeit zum Ausdruck kommende Zurückgehen in frühgeschichtliche Zeiten, in denen man sich eines „nordischen Urvolks“ als rassischer Ausgangspunkt des deutschen Volkes gewiss war, interessanterweise durch das Aufgreifen der Volksgeistlehre der Historischen Rechtsschule.[45] In der NS-Zeit ist daher – gerade im Gegensatz zu Grimm – ein Austausch des Begriffs des Deutschen im engeren Sinn durch das Germanische zu beobachten, der in der Rechtsgeschichte für die Zeit von 1933 bis 1945 kurzfristig die traditionelle Begrifflichkeit zum Teil ersetzte.

Nun wird, wie es vor allem bei Amira und Brunner bereits angeklungen ist, in der rechtsgeschichtlichen Literatur das germanische Recht in verschiedene Äste aufgespalten:

f) Die „Abstammungshypothese“

Dies ist durch die Annahme der sogenannten „Abstammungshypothese“ bedingt, einer neuen, in enger Anlehnung an die Sprachwissenschaft jener Zeit von Amira entwickelten methodischen Grundlage, die in der Folge dominierenden Einfluss gewann[46]. Sie geht davon aus, durch das Aufstellen von Stammbäumen der germanischen Rechte mit Hilfe der sprachwissenschaftlichen Erkenntnisse[47], auf einer gesicherten methodischen Grundlage zum ältesten germanischen Recht – zum „Urrecht“ – vordringen zu können[48].

---

sche Zeit“ und „Mittelalter“ enthält und sich von Lehrbüchern aus der Zeit davor, die mit „Deutsche Rechtsgeschichte“ betitelt waren, inhaltlich nicht unterschied.

45 Vgl. FLIESS (wie Anm. 20) 11 ff.

46 Vgl. KROESCHELL, Die Germania in der deutschen Rechts- und Verfassungsgeschichte, in: DERS., Studien zum frühen und mittelalterlichen deutschen Recht (Berlin 1995) 106.

47 Sehr ausführlich geht Fliess in seiner Arbeit auf das Verhältnis von Sprachwissenschaft und Rechtsgeschichte ein, auf dem die Theoriebildungen zum germanischen Recht vor allem in der Zeit Amiras und Brunners, aber auch davor (man denke nur an die Arbeit Jacob Grimms) und danach (aktuell etwa die Arbeiten von Ruth Schmidt-Wiegand), im Wesentlichen beruhen. Vgl. FLIESS (wie Anm. 20).

48 Diese neue Grundlage erörterte Amira in seiner breite Resonanz findenden Antrittsvorlesung von 1875, über die im Methodenteil ob ihres bedeutenden Einflusses noch zu sprechen sein wird: AMIRA, Zweck und Mittel (wie Anm. 37) 40 ff. Das ganze Programm ist zusammengefasst in den Sätzen auf S. 40: „Da ist es nun vor allen anderen die Sprachwissenschaft, die ihm (...) wenigstens vorläufig das geschichtliche Verwandtschaftsverhältnis unter den germanischen Völkern enthüllt. Denn mit der Frage nach diesem hängt fängt die vergleichende Forschung an, oder anders ausgedrückt mit der Frage, in welcher Reihenfolge die Völker sich von einander abgezweigt haben, welche zuerst auseinandergeführt, welche länger beisammen geblieben sind, also seit wann jeder einzelne Stamm selbständiges Dasein behauptet. Erst nachdem so die geschichtliche Zusammengehörigkeit bestimmter Völker festgestellt ist, kann auf die ihrer Rechte geschlossen werden.“

aa) Die ostgermanischen Rechte

Als eine erste Gruppe werden die ostgermanischen Rechte zusammengefasst. Als deren Hauptcharakteristikum wird deren *„enges Verhältnis zum römischen Recht“*[49] angeführt. Da sie in einer Zeit schriftlich überliefert wurden, wo sie schon in enger Berührung mit der klassischen Antike standen, wurden sie vielfach als für die Zwecke der Rekonstruktion eines ursprünglichen gemeingermanischen Rechts nicht brauchbar qualifiziert.[50] In diese Kategorie fallen die gotischen (unterteilt in west- und ostgotische) und burgundischen Rechte. Wenn auch wie bei Fliess gezeigt Amira, und neben ihm auch Schwerin[51], diese Rechte auf Grund ihres „unnationalen“ Charakters (da durch die Berührung mit der römischen Welt des *„germanischen Wesens“* beraubt und somit der *„Entnationalisierung anheim gefallen“*[52]) als nicht mehr geeignet betrachten, im Rahmen einer „Germanischen Rechtsgeschichte“ nach ihrem Verständnis mitbehandelt zu werden, so erheben sich auch andere Stimmen.

Heinrich Brunner, obwohl er die Rechte der Burgunder und Goten von jenen der „deutschen Stämme“ unterscheidet, da sie *„bereits stark entnationalisiert“* seien, qualifizierte sie doch als *„Zwischenbildung germanischen und römischen Rechtes“*[53], was ihnen einen gewissen – wenn auch abgeschwächten – Wert innerhalb der germanischen Rechtsfamilie beimaß. Sie galten zwar nicht mehr als „germanische Rechte“ im engeren Sinn, fanden aber auf Grund ihrer noch enthaltenen germanischen Elemente Beachtung bei der Suche nach urgermanischen Rechtstraditionen.[54] Es blieb aber bis in die 60-er Jahre des 20. Jahrhunderts (und danach wurde diese Methode überhaupt zunehmend in Frage gestellt, vgl. unten Kap. III. E.) dabei, dass *„durch die Wanderung der Germanen der ehemals engere germanische Kulturkreis gesprengt wurde und durch die Berührung und das teilweise Durcheinanderleben der Germanen mit den Römern Christentum und antiker Einfluß von Süden nach Norden fortschreitend den germanischen Kulturraum eroberte. Dies führte bei den durch ihre Wande-*

---

[49] AMIRA/KARL AUGUST ECKHARDT, Germanisches Recht I. Rechtsdenkmäler[4] (Berlin 1960) 18.

[50] So beispielsweise AMIRA, Grundriß (wie Anm. 22) 37. So findet man denn unter den Überschriften im Abschnitt über die Rechtsdenkmäler des germanischen Rechts auch nur „Südgermanische Schriftwerke“ und „Nordgermanische Schriftwerke“ angeführt.

[51] Vgl. SCHWERIN, Germanische Rechtsgeschichte. Ein Grundriß[2] (Berlin 1943) 3, wo es heißt: „Die ostgermanischen Stämme der Goten und Burgunder sind schon in den Zeiten ihrer Staatengründung auf römischem Boden so stark von ihm ergriffen worden, dass sie damit aufhören. Zeugen germanischen Rechts zu sein.“

[52] FLIESS (wie Anm. 20) 33 f.

[53] BRUNNER, Rechtsgeschichte (wie Anm. 21) 377.

[54] So beim bekannten – vielleicht weniger als Rechtshistoriker – JULIUS FICKER, Über nähere Verwandtschaft zwischen gothisch-spanischem und norwegisch-isländischem Recht, in: MIÖG 2. Ergänzungsbd. (Innsbruck 1888) 455–542.

rungen am stärksten dem romanischen Einfluß ausgesetzten ostgermanischen Stämmen zu einer völligen Entnationalisierung ihrer Rechte.“[55]

bb) Die westgermanischen Rechte

Zum engeren Kreis des germanischen Rechts werden hingegen „*die Rechte der späterhin deutschen Stämme im fränkischen Reich*“ – also das westgermanische Recht –, sowie das „nordgermanische Recht“ und bis zum Mittelalter auch das „langobardische Recht“ gezählt.[56]

Die fränkischen Stammesrechte wurden als Aufzeichnungen von aus der Rechtsüberzeugung des Volkes entstandenen germanischen Gewohnheitsrechten angesehen, die durch den Wandel der politischen Verhältnisse in fränkischer Zeit aufhörten, alleinige Rechtsquelle zu sein, da ihnen das Königsrecht – bewusst vom Herrscher Kraft seiner faktischen Macht gesetztes Recht – zur Seite gestellt wurde.[57] Zwar hatte schon Amira betont, dass die fränkischen Stammesrechte in bestimmten Bereichen auch inhaltlich römisch-rechtlich beeinflusst sind[58] (Verwandtschaftsrecht, Grundgüterrecht, Strafrecht, Recht der Freien und Unfreien, Prozessrecht[59]), dennoch war man sich einig, dass die fränkischen

---

[55] FLIESS (wie Anm. 20) 36.

[56] Dass diese Einteilung, vor allem die Trennung der im Frankenreich aufgezeichneten Volksrechte von den zuvor besprochenen ostgermanischen Rechten, heute nicht mehr aufrecht zu halten ist, zeigt KROESCHELL, Rechtsgeschichte (wie Anm. 11) 30 ff. und 53 ff. So weist er insbesondere auf den Umstand hin, dass die fast gänzlich oder überwiegend römisch-rechtlich geprägten Aufzeichnungen der Westgotenrechte und des Burgunderrechts als Vorlage für die fränkische Lex Salica (zw. 507 und 511) – älteste fränk. Rechtsaufzeichnung – gedient haben. Auf S. 32 fasst Kroeschell zusammen: „Gerade sie (die Rechte der Westgoten, Burgunder, Franken Alemannen und Langobarden als die ältesten Überlieferungen von „germanischem“ Recht, Anm.) sind aber, wie die neuere Forschung immer deutlicher erkennt, keineswegs unverfälschte Zeugnisse germanischen Rechtsdenkens. Zwar weist die Lex Salica viele urtümlich-primitive Bestimmungen auf, und das Edictum Rothari enthält besonders plastische germanische Rechtseinrichtungen. Die westgotischen Rechte aber sind fast gänzlich, das burgundische überwiegend römisch geprägt, und die gegenseitige Abhängigkeit hat hiervon manches in das fränkische und vieles in das langobardische Recht einfließen lassen.“ Wurde also auch schon im 19. Jahrhundert erkannt – zu offensichtlich dürften die römisch-rechtlichen Einflüsse zu erkennen gewesen sein, wie die obigen Zitate zeigen –, dass die sog. „ostgermanischen“ Rechte nichts mehr mit germanischem Recht nach dem Verständnis jener Zeit zu tun hatten, so wurde der hier bei Kroeschell zum Ausdruck kommende Umstand des großen Anteils römisch-vulgarrechtlicher Bestimmungen an den fränkischen und langobardischen Volksrechten, die als Quellen germanischen Rechts herhalten sollten, noch nicht entsprechend berücksichtigt.

[57] Vgl. FLIESS (wie Anm. 20) 36 ff.

[58] Vgl. AMIRA, Grundriß (wie Anm. 22) 22 ff.

[59] Zu beachten ist, dass diese Ausdrücke für germanische Rechtsverhältnisse moderne Ordnungsbegriffe darstellen, die so im germanischen Recht nicht vorkommen.

Stammesrechte ihr germanisches Erbe bewahrt hätten, „*allzeit*“ verbunden durch „*ihr nationales Wesen*“.[60]

> „*Das Recht blieb weiterhin Gemeinschaftsrecht im Gegensatz zum römischen Individualrecht. Darauf gründete der genossenschaftliche Charakter des Rechts und mit ihm der Gedanke von Treue und Ehre als integrierender Bestandteil. Auf den Anschauungen von Treue und Ehre beruht überhaupt die Sittlichkeit des germanischen Rechts.*“[61]

cc) Die nordgermanischen Rechte

Wurden also die zu dieser westgermanisch(-„deutschen“) Gruppe gehörenden Volks- oder Stammesrechte der Sachsen, Friesen, Franken, Bayern und Alemannen als „ihrem Wesen nach“ als germanisch eingestuft, so traf das nach Auffassung der „klassischen Periode“[62] der deutschen Rechtsgeschichte noch viel mehr auf die „nordgermanischen Rechte“ zu. Ihnen hielt man zu Gute, dass sie in der Völkerwanderungszeit nicht mit der antiken Welt der Römer in Kontakt gekommen seien, weshalb hier die Rechtsveränderungen im Gegensatz zu den westgermanischen Rechten „volkstümlicher“ vonstatten gegangen seien.[63] Deshalb hätten sich bei den Nordgermanen (Skandinavien) die ursprünglichen gemeingermanischen Rechtstraditionen auch am besten bewahrt.[64]

dd) „Sonderfall“ langobardisches und angelsächsisches Recht

Neben westgermanischen und nordgermanischen Rechten werden dann auch noch zwei „Sonderfälle“ in den Begriff des „germanischen Rechts“ mit einbezogen. Es sind dies Rechtsgebiete „*in denen sich Germanen in größerer Entfernung von ihrem ehemals engeren Kulturraume ansiedelten und dennoch ihr Recht im Gegensatz zu den romanisierten Ostgermanen entweder bewahrten oder zu ausschließlicher Geltung brachten.*“[65] Gemeint sind die Langobarden in Norditalien und die Angelsachsen auf der britischen Insel. So wird das Edictum Rothari, das 643 aufgezeichnete Recht der Langobarden von Franz Beyerle als „*klassischer Zeuge der germanischen Rechtsauffassung*“[66] gepriesen, dass in

---

60 FLIESS (wie Anm. 20) 39.

61 Ebd.; Fliess fasst hier die Charakterisierung des germanischen Rechts von SCHWERIN, Germanische Rechtsgeschichte (wie Anm. 51) 32, zusammen.

62 Siehe unten unter Kap. II. B. und C.

63 Vgl. AMIRA, Grundriß (wie Anm. 22) 78 f. Er weist etwa auf diese „Gunst der Umstände“ hin, die bewirkt hätten, dass „die nordgerman. Rechte von ihren ursprünglichen Zuständen mehr bewahren“ konnten, als vergleichsweise die übrigen germanischen Rechte.

64 Vgl. FLIESS (wie Anm. 20) 40.

65 Ebd. 40 f. Vgl. v.a. für die Langobardenrechte den widersprechenden Befund der neueren Forschung, auf den sich Kroeschell beruft (siehe oben Anm. 56).

66 Zitiert bei FLIESS (wie Anm. 20) 41.

naher Beziehung zum nordgermanischen und auch angelsächsischen Recht gesehen wird.[67] Überhaupt mit einem germanischen Recht ganz besonderer Art hat man es nach Meinung der Rechtshistoriker beim englischen Recht zu tun, dass *„bis auf den heutigen Tag"* seinen germanischen Charakter bewahrt habe.[68] Bei Schwerin erfahren wir, dass das englische Recht ein *„Mischrecht germanischen Typs"* sei, *„das auf Vermischung mehrerer germanischer Rechte beruht."*[69]

Der geringe Einfluss des antiken römischen Rechts auf England wurde dadurch erklärt, dass eine Aufnahme nur „mittelbar" über normannisches Recht erfolgte, das mit der Eroberung 1066 begann, die sächsisch-dänische Rechtsschicht zu überlagern.

> *„Dank der Ablehnung der genannten fremden Rechte gestattet uns das englische Recht, den ureigenen Gedankengang germanischer Rechtslogik noch in Rechtsgebilden zu erkennen, für die sie uns durch die Angewöhnung an romanistische Denkweise völlig abhanden gekommen ist. Manche Rechtssätze und Rechtsinstitute deutsch-rechtlichen Ursprungs hat das englische Recht in schärferer und reinerer Ausprägung bewahrt als unser deutsches Recht"*,

schreibt Heinrich Brunner in einer Abhandlung über die englischen Rechtsquellen.[70]

Bei derartig euphorischen Tönen über die „Ursprünglichkeit" und „Reinheit" des englischen Rechts verwundert es nicht mehr, dass dieses neben den

67 Als ein Beleg unter vielen sei hier nur BRUNNER, Rechtsgeschichte (wie Anm. 21) 536 ff. genannt. Für weitere Beispiele, die zeigen, dass dies die lange einhellige herrschende Meinung war vgl. FLIESS (wie Anm. 20) 42, dort unter Anm. 3. Keinen Unterschied für die Frage, ob langobardisches Recht zum germanischen Recht zu zählen ist, macht es, wenn es Amira davon abweichend in einem Naheverhältnis zum oberdeutschen Recht sieht; vgl. AMIRA, Zweck und Mittel (wie Anm. 37) 43. Hingegen heute KROESCHELL, Rechtsgeschichte (wie Anm. 11) 31 f.

68 Vgl. FLIESS (wie Anm. 20) 43. Wenn Fliess 1968 anführt: „Im Gegensatz zum langobardischen Recht hat das englische Recht bis auf den heutigen Tag seinen germanischen Charakter bewahrt" und als Beleg dieser Aussage u.a. eine Arbeit Heinrich Brunners aus dem Jahr 1909 (vgl. unten Anm. 70) in der Anmerkung anführt, so zeigt das anschaulich, wie sehr sich die Positionen der „Klassiker" wie Brunner über Jahrzehnte als herrschende Meinung in der deutschen Rechtsgeschichte behaupten konnten.

69 Beleg bei FLIESS (wie Anm. 20) 43, dort Anm. 7. Gemeint ist damit die angenommene Vermischung von mehreren germanischen Rechten. Zunächst angelsächsisches Recht durch die Eroberung der Insel und der Verdrängung des Keltischen. „Ergänzt" durch nordgermanisches Recht durch die dänischen Eroberungen im 9. Jht. und schließlich durch normannisches Recht im 11. Jht., welches als fränkisches Recht qualifiziert wird.

70 BRUNNER, Geschichte der englischen Rechtsquellen im Grundriß (Leipzig 1909) 2.

skandinavisch-nordgermanischen Rechten als jenes germanische Recht bezeichnet wird, „*dessen nationaler Charakter sich am weitgehendsten*“ erhalten habe.[71] Dass die Ansicht der germanischen Kontinuität im englischen Recht deshalb besondere „Blüten“ in der germanistischen Forschung weit über Deutschlands Grenzen hinaus zu Tage befördern wusste, wird uns weiter unten noch eingehender interessieren.[72]

g) Conclusio

Abschließend kann zusammenfassend festgestellt werden, dass bei allen Nuancen bei der Verwendung des Begriffs „germanisch“ in der deutschen Rechtsgeschichte, dieser doch immer in einem weiten räumlichen, zeitlichen und ethnischen Sinn zu verstehen ist, der „*alle ehemals in dem engeren germanischen Siedlungsgebiet lebenden Volksstämme wie auch die später aus ihnen hervorgegangenen Völker ungeachtet ihrer neuen Siedlungsräume*“[73] umfasst. Das bestimmende Merkmal für die Klassifizierung des Rechts als „germanisch“ ist ein vermeintliches gemeinsames nationales Element oder zumindest ein Restbestand davon, welcher eine Behandlung als zur germanischen „Völkerfamilie“ gehörig noch legitim erscheinen ließ.

Der Begriff des germanischen Rechts ist daher an „*dem den germanischen Völkern gemeinsamen Bestand an Rechtsvorstellungen*“[74] ausgerichtet, der folglich ebenso skandinavisches wie deutsches und englisches Recht umfasst, wie auch burgundisches, gotisches, langobardisches Recht solange diese vor der Überlagerung einen gewissen germanischen Kern behalten haben.[75]

3. Der Begriff des „deutschen Rechts“

Da nun schon bei der Behandlung des Begriffs des germanischen Rechts die für das Verständnis des Germanenbildes der deutschen Rechtsgeschichte wichtige Abgrenzung zum Begriff des deutschen Rechts skizziert wurde[76], kann es hier bei einer kurzen Charakterisierung der Begriffsdimensionen, wie sie in der Rechtsgeschichte herkömmlich verwendet wurden, sowie dem Aufzeigen der begrifflichen Neufassung von „deutschem Recht“ belassen werden.

Der weite Sinn, wie Fliess darauf hinweist, in dem der Begriff des „germanischen Rechts“ gebraucht wurde, machte es notwendig, für vermeintliche

---

71 Vgl. FLIESS (wie Anm. 20) 45.

72 Vgl. unten unter Kapitel III. B. den Exkurs zur Wirkungsgeschichte des Germanenbildes der deutschen Rechtsgeschichte über den Atlantik nach Nordamerika (Stichwort angelsächsische und somit germanische Wurzeln des US-amerikanischen Verfassungsrechts).

73 FLIESS (wie Anm. 20) 45.

74 Ebd. 45 f.

75 Vgl. ebd. 46.

76 Vgl. oben bei Anm. 27 ff.

Rechtsfamilien, die innerhalb des germanischen Rechts ihrerseits eine engere Zusammengehörigkeit aufzuweisen schienen, engere Begriffe zu finden, die dies zum Ausdruck bringen. Vier solcher Gruppen wurden in diesem Sinne innerhalb der germanischen Rechte ausgemacht: eine west-, nord-, ost- und süd-germanische.[77]

a) Westgermanisches als deutsches Recht?

Die erstgenannte westgermanische Gruppe wurde dabei, wie schon oben erwähnt, als deutsche angesprochen.[78] Diese *„seit nun nahezu 100 Jahren starr gebrauchte Gleichsetzung von westgermanisch und deutsch*“, wie Fliess Ende der 60-er Jahre kritisierend betont, fand sich bei allen namhaften Rechtshistorikern des 19. und 20. Jahrhunderts wieder. Sie wurde erst ab dem Zeitpunkt der Verfassung der Dissertation von Fliess zunehmend kritisch hinterfragt. Vor allem sein Lehrer Hans Thieme äußerte in seinem Artikel „Deutsches Recht“[79] im damals eben erscheinenden ersten Band des „Handwörterbuches zur Deutschen Rechtsgeschichte“ ernsthafte Zweifel an der Haltbarkeit dieses „Dogmas“[80].

Er führt aus:

> *„Zum germanischen Recht verhält sich das deutsche* (...) *wie ein Abkömmling zu seinem Vorfahren, mit dem es vieles gemeinsam hat, von dem ihn aber auch vieles unterscheidet, was bisher auf ihn einströmte.* (...) *Sollte nun aber nicht das D.*[eutsche] *R.*[echt] *auch noch das Produkt anderer, späterer Einflüsse sein, die auf und eingewirkt haben: neben der 'ersten' die weit mächtigere 'zweite' Rezeption des römischen Rechts, neben dem weltlichen Recht dasjenige der Kirche, neben dem positiven das Naturrecht? All dies ist offensichtlich nicht gemeint, wenn wir vom D.*[eutschen] *R.*[echt] *sprechen; der Begriff hat also einen historisierenden Inhalt: er bezieht sich in der Tat nur auf die germanisch-fränkische Wurzel des ma.*

---

77 Vgl. FLIESS (wie Anm. 20) 47.

78 Siehe oben bei Anm. 56.

79 Vgl. THIEME, Deutsches Recht (wie Anm. 40) 709 ff.

80 FLIESS (wie Anm. 20) 55 führt dazu aus: „Aber v.Amira war insofern für die Weite des Begriffs des deutschen Rechts bestimmend, als durch ihn die Gleichstellung von westgermanischem Recht und deutschem Recht als unantastbares Dogma in die Rechtsgeschichte Eingang fand.“ Auf der Grundlage einer zu seiner Zeit von der Sprachwissenschaft angenommenen ursprünglichen westgermanischen Spracheinheit (welche demzufolge die Friesen, Sachsen, Angelsachsen, die salischen und ribuarischen Franken als die „Niederdeutschen“, sowie die Ostfranken, Thüringer, Langobarden, Bayern und Alemannen als die „Oberdeutschen“ umfasst) fußt Amiras synonyme Verwendung von deutsch und westgermanisch, die er zumindest bis in die Völkerwanderungszeit zurückreichen lässt. Vgl. auch oben unter Anm. 27 ff.

Rechts; das 'Deutsche' versteht sich eben doch als dialektische Gegenposition zum 'Römischen'."[81]

Und dann in unserem Zusammenhang der Gleichsetzung von deutsch und westgermanisch besonders wichtig:

„*Von einem D.*[eutschen] *R.*[echt] *als Amalgam aus all jenen oben angedeuteten Erbmassen und Einflüssen wird man jedenfalls erst nach der Gründung des Deutschen Reichs, also etwa vom 10. Jh. ab, sprechen dürfen.*"[82]

Fliess betont, dass die Kritik an der hergebrachte Formel „westgermanisch = deutsch" dabei zunächst rein auf einer Neufassung des Begriffs „deutsch" beruht, der Begriff „westgermanisch" aber unverändert blieb.[83] Er sieht es deshalb als seine Aufgabe an, im Gegensatz zu bisherigen Auffassungen, „*dem Begriff des deutschen Rechts einen engeren Platz im Gesamtgermanischen zuzuweisen, als dies bisher geschehen ist.*"[84] Auf die zahlreichen Beispiele, die die Gleichsetzung von westgermanisch und deutsch belegen, muss hier nicht näher eingegangen werden.[85]

aa) Die „Tochterrechte" bei Brunner

Einer Erwähnung bedürfen hier nur einige abweichende Meinungen, die schon damals ausgesprochen wurden. In Erinnerung gerufen sei nochmals[86] die

---

[81] THIEME, Deutsches Recht (wie Anm. 40) 710 f. Vgl. diese Ausführungen mit jenen Kroeschells zum aktuellen Verständnis, die eingangs zu diesem Kapitel wiedergegeben sind (siehe oben bei Anm. 1 ff.). Man merkt mit Thieme – übrigens der akademische Lehrer Kroeschells –, dass sich Ende der sechziger, Anfang der siebziger Jahre diese Umorientierung deutlich abzuzeichnen beginnt.

[82] Ebd. 711; vgl. auch oben bei Anm. 16.

[83] Vgl. FLIESS (wie Anm. 20) 47 mit Bezug auf Thieme. Die selbe Feststellung bezüglich des Thieme-Artikels trifft KROESCHELL, Forschungsproblem (wie Anm. 1) 66, dort Anm. 6. In diesem Aufsatz, erstmals publiziert 1986, kann Kroeschell dann im Gegensatz zu Fliess (im Jahr 1968) bereits vom grundlegenden Wandel im Verständnis des Germanenbegriffs berichten.

[84] FLIESS (wie Anm. 20) 47.

[85] Vgl. etwa die in diesem Kapitel bereits zitierten Arbeiten von Amira, Brunner, Ficker, Schwerin oder auch das lange Zeit bestimmende Lehrbuch von RICHARD SCHRÖDER/EBERHARD FRHR. VON KÜNSSBERG, Lehrbuch der deutschen Rechtsgeschichte[7] (Berlin/Leipzig 1932), dort erstmals auf S. 15 (es handelt sich um die 7. Aufl. des erstmals 1887/89 erschienen Lehrbuchs von Richard Schröder, nach dessen Tod 1917 von Künßberg weiterbetreut, das neben Brunners „Deutscher Rechtsgeschichte" bald das Nachschlage-Standardwerk der deutschen Rechtsgeschichte wurde).

[86] Vgl. oben bei Anm. 43.

vom Amiraschen Dogma[87] insofern abweichende Auffassung Heinrich Brunners, als er – der prinzipiellen Unterscheidung Amiras in einen ost- und westgermanischen Rechtskreis und damit der synonymen Verwendung von deutsch und westgermanisch durchaus folgend – das angelsächsisch-englische, niederländische, langobardisch-italienische sowie das französische Recht als ehemals deutsche Partikularrechte in den Rang von Tochterrechten rückte, die auf Grund einer eigenständigen Rechtsfortbildung nicht mehr zum deutschen Recht zu zählen seien.[88] Damit war also schon bei Brunner die Gleichstellung „westgermanisch = deutsch" in absoluter Form aufgegeben, da nicht alle ansonsten als westgermanisch bezeichneten Rechte in seiner Begriffsverwendung unter „deutsch" fielen.[89] Für die spätere Zeit der voneinander unabhängig verlaufenen Entwicklungen findet „deutsch" keine Anwendung mehr auf die „Tochterrechte". Zumindest in dieser eingeschränkten Form hielt sich die Gleichung aber doch die nächsten Jahrzehnte.[90]

Gegen den Begriff „Tochterrechte" sprach sich Schwerin aus, da er einen solchen nur im Falle eines „organischen Herauswachsens" der Tochter- aus den Mutterrechten anerkennen will. Dies sei aber im Verhältnis des westgermanisch-deutschen Rechts zum englischen, französischen oder italienischen Recht nicht der Fall, da sie als Mischrechte zu gelten hätten, die nicht organisch aus einem Mutterrecht herausgewachsen seien, um dann eine eigenständige Entwicklung zu nehmen. Vielmehr handle es sich um aus verschiedenen Rechtskulturen neu entstandene Rechte, die im Falle des französischen und italienischen noch dazu „unnational" seien, da sie römisch-rechtliche Elemente enthalten würden. Die prinzipielle Gleichsetzung von westgermanisch und deutsch gab er Amira folgend[91] nicht auf.[92]

bb) Die Kritik Maurers

Als einen „modernen" Beitrag zu dieser ganzen Frage wertet Fliess die Rezension der Rechtsgeschichte Brunners durch den herausragenden Germanisten Konrad Maurer[93], Lehrer Amiras und einer der Begründer der „nordischen Rechtsgeschichte", in der er nach Erscheinen der 1. Auflage 1887 seine Sicht der Dinge darlegte. Er durchbrach als einziger die Gleichsetzung von westgermanisch und deutsch und sah die Brunnerschen „Tochterrechte" auf einer Stufe mit dem deutschen Recht. Sowohl deutsches wie auch angelsächsisches und

---

87 Vgl. oben bei Anm. 47 ff.

88 Vgl. BRUNNER, Rechtsgeschichte (wie Anm. 21) 2 f.

89 Vgl. FLIESS (wie Anm. 20) 63.

90 Vgl. oben bei Anm. 78.

91 Vgl. oben bei Anm. 56 ff.

92 Vgl. FLIESS (wie Anm. 20) 64 f.

93 Vgl. KONRAD MAURER, Besprechung von H. Brunners Deutsche Rechtsgeschichte, Bd. 1 1887, in: Kritische Vierteljahresschrift für Gesetzgebung und Rechtswissenschaft 29 (1887) 321–330.

langobardisches Recht waren für ihn Abkömmlinge des westgermanischen Rechts, wenn man der Interpretation von Fliess folgt. Das deutsche Recht ist somit eine Sektion des westgermanischen. Maurer widersprach derart als erster der gängigen Auffassung vom westgermanischen Recht und entspricht damit eher der Sichtweise, wie sie für Fliess am Ende der 60-er Jahre selbstverständlich geworden ist, daher das Prädikat „modern".[94]

b) Neuorientierung

Zu einer Neuorientierung in der begrifflichen Auffassung von „deutschem Recht" kommt es dann in den sechziger Jahren, auf den Artikel von Thieme im Handwörterbuch zur Deutschen Rechtsgeschichte wurde schon hingewiesen.[95] Bedingt wurde dies vor allem dadurch, dass die Sprachwissenschaft von ihrer früheren Auffassung der ursprünglichen westgermanischen Spracheinheit abgegangen war[96], auf die Amira ja sein „Dogma" gestützt hatte. Durch den Wegfall dieser Einheit wurde der Rechtsgeschichte das Fundament für den Rückschluß auf eine angenommene ursprüngliche westgermanische Rechtseinheit entzogen. Jetzt war nicht nur wie bei Thieme der Begriff des deutschen Rechts neu gefasst, sondern auch der herkömmliche Begriff von westgermanisch galt als obsolet, womit der Gleichsetzung „westgermanisch = deutsch" nun auch von dieser Seite her begegnet werden konnte.

Diese Neuorientierung lässt sich in groben Zügen folgendermaßen skizzieren:

Wie angesprochen wurde in der Folge einer romantischen Tradition (Grimm) der Begriff „deutsch" historisch unzulässig auf die germanische oder auch fränkische Zeit zurückprojiziert. Die Franken, Langobarden, Sachsen, Bayern, Alemannen, etc. galten als „deutsche Stämme" und somit auch ihre Rechte als deutsch. Die ersten historisch fassbaren Nachrichten über die Geschichte der Germanen wurden als Beginn der deutschen Geschichte gesehen.[97] Das erklärt, wieso in der Rechtsgeschichte die Gleichsetzung von germanisch und deutsch lange Zeit die dominante Auffassung blieb, was seine etwas eingeschränkte Fortsetzung in jener von westgermanisch und deutsch – untermauert von philologischen Annahmen – fand. Gefördert wurde die unscharfe Trennung von germanisch und deutsch zudem durch die Gegenposition die das deutsche Recht gegenüber dem römischen einnehmen musste.[98]

---

94 Vgl. FLIESS (wie Anm. 20) 65 ff.

95 Vgl. oben bei Anm. 79.

96 Vgl. zu diesen philologischen Befunden FLIESS (wie Anm. 20) 68 ff.

97 Vgl. die oben angesprochene Staats- und Rechtsgeschichte von EICHHORN (wie Anm. 21).

98 Vgl. das Zitat von Thieme oben bei Anm. 81 („dialektische Gegenposition").

Erst durch das kritische Hinterfragen der Entstehung des Begriffs „deutsch“[99] in einer zusätzlichen zeitlichen Dimension gelangte man schließlich zu einer historisch richtigen schärferen Trennung vom Germanischen. Demnach ist von einem deutschen Recht als dem Recht des deutschen Volkes erst dann zu sprechen, wenn ein solches auch historisch fassbar wird.[100] Hier beginnt sich der Kreis zur eingangs zu diesem Kapitel vorgestellten gegenwärtigen Definition von „deutscher Rechtsgeschichte“ bereits zu schließen.

Durch die nunmehr erkannte selbständige Entwicklung des deutschen Rechts gegenüber dem germanischen im Rahmen einer machtpolitisch zusammengefügten Einheit (ostfränkisches Reich, aus dem das deutsche Reich entsteht), musste die Abgrenzung auch inhaltlicher Art (und nicht nur räumlicher, wie es durch die Einschränkung auf westgermanisch schon geschehen war) getroffen werden. Deutsches Recht *„steht nach dem Untergang des fränkischen Staates dem germanischen Recht, wenn auch germanische Rechtstraditionen fortführend, in eigenständiger Ausprägung gegenüber“*[101], urteilt Fliess in der Zusammenfassung seiner Arbeit.[102] Das kommt der eingangs zitierten Definition von Kroeschell schon sehr nahe.[103]

---

99 Eine umfassende Gegenüberstellung von alten und den neueren Auffassungen bietet FLIESS (wie Anm. 20) 78 ff. Er betont dabei die Gleichzeitigkeit der Entstehung eines „deutschen Volkes“ mit der Entstehung der Eigenbezeichnung „deutsch“, die ein Zusammengehörigkeitsgefühl ausdrücken soll. Diese Feststellung ist für seine neue begriffliche Einordnung von „deutschem Recht“ deshalb zentral, da er deutsches Recht als Recht des deutschen Volkes definieren will und es daher ein solches deutsches Recht nicht vor der Existenz eines deutschen Volkes geben kann. Diese Existenz knüpft er an den Begriff „deutsch“ und gelangt so zu einer zeitlichen Grenze, die es nicht zulasse „vor dem 9. Jht.“ (ebd. 104) von deutsch und deutschem Recht zu sprechen. Gleichzeitig weist er auch darauf hin, dass damit nicht sogleich ab dem 9. Jht. von einem deutschen Recht gesprochen werden könne (ebd. 107 f.). Hingewiesen sei in diesem Zusammenhang auch noch einmal (vgl. oben Anm. 31) auf den einschlägigen Beitrag von Herwig Wolfram, der zum Schluss kommt, dass „deutsch“ zwar germanischen (gotischen) Ursprungs, aber eben zunächst zu Beginn des 9. Jht. als in Norditalien gebräuchliche Fremdbezeichnung für aus nördlich der Alpen stammende Menschen in Gebrauch gewesen sei, die eine „ethnische Zuordnung ausdrückte“. Das lateinisch-romanische Wort „diutiscus“ germanischer Herkunft sei dann erst über eine bayerische Zwischenstufe (9. Jht.) seit dem 11. Jht. zur Selbstbezeichnung „deutsch“ geworden. Wolfram setzt den Begriff in dieser Funktion also zwei Jht. später an als es die Forschung zur Zeit der Abfassung von Fliess' Arbeit 1968 tat und von der dieser ausging. Vgl. WOLFRAM, Entstehung (wie Anm. 31).

100 Die „Grenze“ wurde hier mit dem Ausgang der Karolingerzeit angesetzt; vgl. ebd. 90 f. So auch bei MITTEIS, Rechtsgeschichte (1992) 4, der die Arbeit von Fliess, die in ihrem zweiten Hauptteil der Begründung der Richtigkeit dieser neuen Auffassung von „deutsch“ im Gegensatz zur damals noch „herkömmlichen“ alten Meinung dient, anführt.

101 FLIESS (wie Anm. 20) 145.

102 Obwohl Fliess sehr anschaulich den Wandel der Begrifflichkeit von germanischem und deutschem Recht sowie deren notwendige Abgrenzung zueinander nachvollzieht und aufzeigt und dabei selbst zu einer Begrifflichkeit gelangt, die sich weitgehend mit der heute gültigen deckt, ist zu beachten, dass er viele Seiten der Argumentation der

Heute erscheinen uns derartige Fragestellungen vielleicht als nebensächliche Haarspaltereien, die schon auf Grund des starken Bedeutungsverlustes der germanischen Zeit für die rechtshistorische Disziplin an sich unverständlich sind. Für die Erforschung des germanischen Rechts im 19. und in einem großen Teil des 20. Jahrhunderts galt die Klärung dieser Fragen aber als methodisch grundlegend für die Erkenntnis des angenommenen „urgermanischen Rechts". Das Erkennen der richtigen „Verwandtschaftsverhältnisse" der als „urgermanisch" ausgemachten Rechte, die Qualifizierung als noch germanisch, ehemals germanisch, teilweise germanisch, etc. galt als die entscheidende Vorfrage bei der begrifflichen Fixierung des näheren Untersuchungsgegenstandes „germanisches Recht".[104] Es bedurfte auch einer Klarstellung des Verhältnisses zum „deutschen Recht", da dieses erklärt, warum sich eine Disziplin „deutsche Rechtsgeschichte" lange Zeit – mitunter sogar überwiegend – mit einem solcherart begrifflich etikettierten germanischen Recht auseinandersetzte.

Damit sind zuerst die begrifflichen Grundlagen gelegt, von denen ausgehend die Vertreter der deutschen Rechtsgeschichte an die Erforschung und Darstellung des germanischen Rechtslebens als eine ihrer selbst gestellten Aufgaben gingen. Das hier Dargelegte vermag einerseits zu erklären, wieso sich die deutsche Rechtsgeschichte lange Zeit auf die germanische Zeit konzentrierte, sah man das deutsche Recht ja als ein germanisches an, und andererseits wieso man in der zweiten Hälfte des 20. Jahrhunderts von dieser Annahme abging und nicht zuletzt dadurch zu einer Neubewertung der gesamten germanischen Zeit fand, wie es unten in Teil III. dann deutlich zum Ausdruck kommen wird.

4. Die Teilgebiete der deutschen Rechtsgeschichte

Bleibt abschließend zu dieser begrifflichen Einführung nur noch auf die einzelnen Bereiche der deutschen Rechtsgeschichte hinzuweisen, die von ihr wissenschaftlich abgedeckt werden:[105] Zum einen ist dies die Geschichte der

---

bewussten „volklichen" Einheit der Deutschen ab dem 10. Jht. widmet; vgl. das entsprechende Kapitel „Deutsches Recht als Recht des deutschen Volkes", ebd. 105 ff. Darin kommt auch noch in dieser, ansonsten sehr verdienstvollen begriffsgeschichtlichen Arbeit, die sich gegenüber so mancher Auswüchse der Disziplin in der Zwischenkriegs- und NS-Zeit als „modern" verstand, der bei KROESCHELL, Rechtsgeschichte (wie Anm. 11) 10 angesprochene und uns heute so befremdlich erscheinende „deutschtümelnde Charakter" der deutschen Rechtsgeschichte zum Ausdruck.

[103] Vgl. oben Anm. 11.

[104] Sehr deutlich kommt dies etwa bei einem Blick auf den Abschnitt „Methode", den Eckhardt in seiner Bearbeitung des Amira-Lehrbuches über das germanische Recht eingefügt hat, zu Tage; vgl. AMIRA/ECKHARDT, Germanisches Recht (wie Anm. 49) 200 ff.

[105] Umfassende aktuellere Literaturangaben bibliographischen Ausmaßes zu allen Bereichen und Perioden der germanisch-deutschen Rechtsgeschichte finden sich jeweils bei den entsprechenden Abschnitten in den Werken von KROESCHELL, Rechtsgeschichte

politischen Verfassung und der damit eng verbundenen Verwaltungsgeschichte. Dann erfordert die Rechtspflege, also Strafrechts- und Prozessrechtsgeschichte, die Aufmerksamkeit des Rechtshistorikers. Einen weiteren großen Komplex stellt die deutsche Privatrechtsgeschichte dar. Diese Sparte steht in der germanischen Zeit natürlich noch im Hintergrund, da in dieser noch nicht von ausgeprägten Privatrechtsinstituten gesprochen werden kann.[106]

Im Wesentlichen folgen die Rechtshistoriker auch bei der Behandlung der germanischen Zeit, aus der wir das Germanenbild der deutschen Rechtsgeschichte ablesen können, dieser Einteilung.

B. Die Entwicklung der „deutschen Rechtsgeschichte“ als Wissenschaft

1. Erste Spuren

Erste Spuren einer wissenschaftlichen Auseinandersetzung mit der Geschichte des germanischen Rechts finden sich im 17. Jahrhundert.[107] Doch schon davor brachte der Humanismus des 16. Jahrhunderts mit seiner Hinwendung zum Altertum (für das Interesse am germanischen Altertum ist sicher die Entdeckung der Germania des Tacitus hauptverantwortlich[108]) vereinzelt editorische

(wie Anm. 11), hier insbes. auf S. 22 ff.; und von MITTEIS/LIEBERICH, Rechtsgeschichte (wie Anm. 12), bes. 13 ff.

106 Nach MITTEIS/LIEBERICH, Rechtsgeschichte (wie Anm. 12) 4.

107 Den aktuellsten einführenden Überblick über die Entwicklung der Rechtsgeschichte als wissenschaftliche Disziplin bieten MICHAEL STOLLEIS, Rechtsgeschichte, Verfassungsgeschichte, in: HANS-JÜRGEN GOERTZ (Hrsg.), Geschichte. Ein Grundkurs (Hamburg 1998), 340–361 (mittlerweile in 2. Aufl. 2001, die bei Drucklegung nicht zur Verfügung stand); sowie DIETHELM KLIPPEL, Rechtsgeschichte, in: JOACHIM EIBACH/GÜNTHER LOTTES (Hrsg.), Kompass der Geschichtswissenschaft. Ein Handbuch (Göttingen 2002) 127 f.

108 Die Germania des Tacitus – der genaue Titel lautet: „Cornelii Taciti de origine et situ Germanorum“ – ist der Neuzeit in einer einzigen Handschrift aus dem Hochmittelalter überliefert, die in der Abtei Fulda oder Hersfeld aufbewahrt war. Nachdem man 1425 in Italien darüber Kenntnis erhalten hatte (der Florentiner Humanist Franciscus Poggius Bracciolini), wurde sie nach langen Bemühungen 1455 auf Geheiß des Papstes Nikolaus V. nach Italien gebracht, wo der Kodex später verschollen ist. Erste Drucke erschienen 1470 in Venedig und 1473 in Nürnberg. Für das Jahr 1500 ist sie als Gegenstand einer Vorlesung von Konrad Celtis an der Universität Wien bezeugt. Besonders in den Anfängen der germanistischen Rechtsgeschichte vom Beginn des 19. Jht. ausgehend wurde die Germania als eine der Hauptquellen für die Kenntnis germanischen Rechtslebens herangezogen. Vgl. dazu ADALBERT ERLER, Germania, HRG Bd. I (1971) 1580–1582; sowie KROESCHELL, Forschungsproblem (wie Anm. 1). Siehe auch die ältere Monographie von LUDWIG PRALLE, Die Wiederentdeckung des Tacitus. Ein Beitrag zur Geistesgeschichte Fuldas und zur Biographie des jungen Cusanus (= Veröffentl. d. Fuldaer Geschichtsvereins 33/Quellen u. Abhandlungen zur Geschichte d. Abtei u. d. Diözese Fulda 17, Fulda 1952).

Leistungen mit Bezug zur späteren Rechtsgeschichte hervor. Hier ist die Tätigkeit von Johannes Sichard (Sichardius, 1499–1552)[109], einem deutschen Humanisten und Gelehrten, bekannt, der neben antiken Quellen auch solche der Völkerwanderungszeit und der fränkischen Zeit behandelte, und damit germanische Volks- und Stammesrechte edierte (namentlich die Stammesrechte der Alemannen, der Bayern und der Rheinfranken im Jahre 1530). Neben Sichard trat auch Basilus Johannes Herold[110] hervor, der 1557 eine umfassendere Edition vorlegte.[111] Weiter reichte die „rechtshistorische" Tätigkeit damals allerdings noch nicht.

2. Grundsteine

Fortschritte ergaben sich erst wieder im darauf folgenden Jahrhundert: Der in Ostfriesland geborene Polyhistor Hermann Conring (1606–1681)[112], der 1636 zum Doktor der Philosophie und der Medizin promovierte, verfasste 1643 sein berühmtes Werk „De origine iuris Germanici" und legte somit - obwohl kein gelehrter Jurist - den Grundstein für die Erforschung der deutschen Rechtsgeschichte. Conring zeigte auf, daß das „Gemeine Recht" (Römische Recht) nicht wie es die damals herrschende Auffassung war, im 12. Jahrhundert von König Lothar III. von Supplinburg „in complexu" als Reichsrecht eingeführt wurde, sondern dieses erst im Verlauf des 15. Jahrhunderts nach und nach von den gelehrten Juristen gewohnheitsrechtlich übernommen wurde (Entlarvung der „Lotharischen Legende"[113]). Er verdeutlichte, dass durch diese „Rezeption" des Gemeinen Rechts heimische Partikularrechte zwar überlagert, aber keineswegs vollständig verdrängt wurden. Das Augenmerk seiner Forschung richtete sich daher auf die Darstellung der Wurzeln des älteren deutschen Rechts, womit er der deutschen Rechtsgeschichte als Gegenstand wissenschaftlicher Erforschung den Weg bahnte.

---

[109] Vgl. zu diesem KLAUS LUIG, Sichard, Johannes, HRG Bd. IV (1990) 1654–1658, mit Literaturangaben; sowie KLEINHEYER/SCHRÖDER (wie Anm. 17) 371 ff., mit ausführlichen Literaturangaben.

[110] Vgl. zu diesem J. ARNDT, Herold(t), HRG Bd. II (Berlin 1978) 101–102, mit weiterführenden Literaturangaben.

[111] Über den Umfang seiner Editionen gibt KROESCHELL, Rechtsgeschichte (wie Anm. 11) 30 f. Auskunft.

[112] Zur Person Conrings vgl. den entsprechenden Beitrag bei KLEINHEYER/SCHRÖDER (wie Anm. 17) 99 ff., mit ausführlicher Literaturangabe und Bildnis des Gelehrten; ERIK WOLF, Große Rechtsdenker der deutschen Geistesgeschichte (Tübingen 1963) 220 ff.; sowie HANS-JÜRGEN BECKER, Conring, Hermann, HRG Bd. I (1971) 633–634.

[113] Vgl. die aktuell gängigen Lehrbücher der Rechtsgeschichte. Für Österreich, speziell die Rechtswissenschaftliche Fakultät der Universität Wien, etwa RUDOLF HOKE, Österreichische und Deutsche Rechtsgeschichte² (Wien/Köln/Weimar 1996) 135 ff.

Ein weiterer früher Vertreter rechtshistorisch arbeitender Gelehrter war Johann Gottlieb Heineccius[114]. Er wurde 1681 in Eisenberg geboren (gestorben 1741) – gehörte also bereits einer späteren Generation an als Conring – und studierte in Leipzig und Halle Theologie und Rechte und entwickelte sich zunächst zu einem anerkannten Vertreter der „eleganten römischen Jurisprudenz“[115]. Seine gesammelten Schriften „Opera ad universam juris prudentiam, philosophiam et littera humaniores pertinentia“ enthalten auch die Werke: „Antiquitates Germanicae jurisprudentiam patriam illustrantes“ und „Elementa juris germanici“, worin er sich über das deutsche Recht ausbreitete und damit nach Conring einen weiteren „Meilenstein“ in der anfänglichen wissenschaftlichen Erforschung eines germanistischen rechtsgeschichtlichen Gegenstandes[116] setzte.

An Conring anknüpfend, führten große Juristen wie Christian Thomasius (1655–1728)[117] und sein Schüler Georg Beyer (1665–1714)[118] die Tradition rechtshistorischer Forschungen fort. Thomasius hielt die erste geschlossene Vorlesung über deutsches Privatrecht an einer deutschen Universität und für

---

114 Vgl. zu Heineccius E. BUSSI, Heineccius, HRG Bd. II (1978) 55–57; KLEINHEYER/SCHRÖDER (wie Anm. 17) 482 f.; jeweils mit weiterführenden Literaturangaben.

115 Humanistisch geprägte Richtung der Rechtswissenschaft aus Frankreich, die ihren Namen auf Grund der Klarheit des entwickelten Systems des ius commune, des römisch-gemeinen Rechts, und wegen des hohen Sprachniveaus trägt. Dieser „mos Gallicus“ wurde dem „mos Italicus“ gegenübergestellt. Das römische Recht sollte demnach imperio rationis gelten. Vgl. FRANZ WIEACKER, Privatrechtsgeschichte der Neuzeit^2 (Göttingen 1967) 67.

116 Zur Geschichte der Germanistik als juristische Disziplin und ihren Anfängen im 17. Jht., in denen sie sich vor allem der Darstellung der heimischen Privatrechtssysteme widmete und daher später auch als die „ältere Wissenschaft vom deutschen Privatrecht im 17. und 18. Jht.“ bezeichnet wurde, vgl. auch HANS SCHLOSSER, Das „wissenschaftliche Prinzip“ der germanistischen Privatrechtssysteme, in: KLEINHEYER/PAUL MIKAT (Hrsg.), Beiträge zur Rechtsgeschichte. Gedächtnisschrift für Hermann Conrad. (Paderborn u.a. 1979) 491–514. Hier werden auch weitere für die Rechtsgeschichte repräsentative Persönlichkeiten genannt, wie etwa Beyer, Pütter (siehe unten) und Selchow. Weiters von allgemeiner Bedeutung ist WIEACKER, Privatrechtsgeschichte (wie Anm. 115). Die z.T. personenbezogene „Geschichte der deutschen Rechtswissenschaft“ von RODERICH STINTZING/ERNST LANDSBERG, Geschichte der deutschen Rechtswissenschaft, 3 Abt. in 4 Bdn. (München 1880–1910, 2. Neudruck Aalen 1978), insbes. die beiden das 18. und 19. Jht. behandelnden zwei Teilbde. der 3. Abt., bietet zu den einzelnen Juristenpersönlichkeiten, die hier angesprochen sind und im Folgenden noch angeführt werden, ebenfalls wertvolle Angaben und eine Einordnung ihrer jeweiligen Bedeutung in den Kontext der Entwicklung der deutschen Rechtswissenschaft.

117 Zur Person des „Vaters der deutschen Aufklärung“, zu dessen Schülern auch Heineccius zählte, vgl. KLEINHEYER/SCHRÖDER (wie Anm. 17) 424 ff., hier auch ausführliche Werk- und Literaturangaben; ebenso bei LUIG, Thomasius, Christian, HRG Bd. V (1998) 186–195.

118 Vgl. zur Person Beyers KLEINHEYER/SCHRÖDER (wie Anm. 17) 467.

Beyer sei dessen Hauptwerk mit dem Titel „Delineatio iuris Germanici" erwähnt. Für die endgültige Trennung von römischem (gemeinem) und deutschem Recht – was eine Vorbedingung für die Etablierung einer selbständigen deutschrechtlichen Disziplin darstellt – war das Wirken Johann Pütters (1725–1807)[119] und dann Gustav Hugos (1764–1844)[120] maßgebend[121].

Pütters herausragende Bedeutung manifestiert sich vor allem auf dem Gebiet des Staats- und Verfassungsrechts. Auf diesem wirkte er von 1746 bis 1807 (!) als Professor an der Universität Göttingen. Seine zahlreichen Schriften weisen ihn „*als den ersten echten Verfassungshistoriker*"[122] aus. Seine bedeutendsten Schüler waren Eichhorn (siehe sogleich unten) und Hugo. Ersterer baute auf den verfassungshistorischen Leistungen seines Lehrers auf, zweiterer auf den Anstößen Pütters zu einer juristischen Systematik. Dieser schrieb 1786 die „Historische Entwicklung der heutigen Staatsverfassung des Teutschen Reichs" in drei Teilen, seine „Institutiones iuris publici Germanici" fassten die Erkenntnisse der Reichspublizistik[123] über das Heilige Römische Reich zusammen und sicherte deren Erträge aus vielen Jahrhunderten durch die Bibliographie „Litteratur des Teutschen Staatsrechts" für zukünftige Generationen von Verfassungshistorikern. Pütter kann nicht im eigentlichen Sinn als Vorläufer der Historischen Rechtsschule gelten, jedoch kommt ihm die Funktion eines Brückenbauers von der historisch-pragmatisch ausgerichteten Reichspublizistik hin zu einem geschichtlichen Rechtsverständnis zu.[124]

Hugo, von 1792 bis zu seinem Tod 1844 Professor in Göttingen, wies schon durch seinen theoretischen Ansatz der rechtshistorischen Forschung einen gewichtigen Platz zu. Die Rechtswissenschaft stehe vor drei Grundfragen: die praktische („Was ist rechtens?"), die historische („Wie ist es rechtens geworden?") und die philosophische („Ist es vernünftig, daß es rechtens ist?"). Selbst legte Hugo diesen kritisch-prüfenden Maßstab am römischen Recht an. Er verwarf die Methode des herrschenden „usus modernus pandectarum"[125], welcher

---

[119] Zur Person und zum Werk Pütters vgl. ebd. 331 ff.; sowie DIETMAR WILLOWEIT, Pütter, Johann Stephan, HRG Bd. IV (1990) 114–117; jeweils mit ausführlichen Werk- und Literaturangaben.

[120] Vgl. zu diesem KLEINHEYER/SCHRÖDER (wie Anm. 17) 207 ff., ebenso mit wertvollen Literaturangaben; sowie ARNO BUSCHMANN, Hugo, Gustav, HRG Bd. II (1978) 252–254.

[121] So die Einschätzung bei KLEINHEYER/SCHRÖDER (wie Anm. 17) 208.

[122] Ebd. 333.

[123] Das ist eine Ende 16., Anfang 17. Jahrhundert entstandene juristische Disziplin, welche sich der Beschreibung des Reichsstaatsrechts widmete und deren Kernfrage das Verhältnis von Kaiser und Reichsständen darstellte, wie sie noch lange als zentraler Punkt in der Verfassungsdiskussion (Möser versuchte diese Ausrichtung erstmals zu durchbrechen, vgl. unten bei Anm. 138) bestehen blieb. Vgl. dazu HOKE (wie Anm. 113) 141 f.

[124] Vgl. WILLOWEIT, Pütter (wie Anm. 119) 115.

[125] So der Titel eines Ende 17., Anfang 18. Jht. entstandenen mehrbändigen Werkes von Samuel Stryk (vgl. zu diesem KLEINHEYER/SCHRÖDER (wie Anm. 17) 404 ff.).

seiner Ansicht nach die Rechtssätze des römischen Rechts ohne Rücksicht auf ihre historische Stellung wahllos in der Form lehrte und benutzte, wie sie für die Praxis am geeignetsten erschien und sie zudem mit deutschrechtlichen Sätzen vermischte. Hugo forderte eine Trennung von deutschem und römischen Recht, erklärte aber, die Beschäftigung mit historischem Recht erfolge auf Grund des Bildungswertes, nicht wegen eines allfälligen Nutzens der Rechtsgeschichte für die Erkenntnis des geltenden Rechts.

Oft wurde Hugo als der Vorläufer Savignys (siehe sogleich unten) gesehen. Buschmann spricht davon, dass Hugo zu Recht *„als der Vorläufer der Historischen Rechtsschule, ja überhaupt als der eigentliche Begründer der historisch-kritischen Rechtswissenschaft des 19. Jh. angesehen“* würde, da *„seine Thesen und Einsichten – freilich romantisch verklärt und verbrämt – vielfach unausgesprochen die Grundlage der Lehren, mit denen Savigny und Eichhorn diese große Bewegung innerhalb der Rechtswissenschaften eingeleitet und ihre Anhänger sie fortentwickelt haben“* bilden würden[126]. Tatsächlich hat Savigny ihn als den Mann bezeichnet, dem er die Anregungen für seine Arbeit zu verdanken habe, doch ergeben sich bei näherer Betrachtung nur oberflächliche Übereinstimmungen (Bekämpfung des Naturrechts als Rechtsquelle, Kodifikationsfeindlichkeit verbunden mit der Auffassung, Privatrecht sei Juristen- und nicht Gesetzesrecht).

So muss vor allem der Unterschied bezüglich der von der „Historischen Rechtsschule“ vollzogenen Verschmelzung von Rechtsgeschichte und Rechtsdogmatik ins Auge stechen. Hugo teilt vielmehr das Recht in einen praxisunabhängigen Teil der Rechtsgeschichte und -philosophie, die um ihres Eigenwertes Willen betrieben werden – ohne Einfluss auf die Lehre vom geltenden Recht –, und einen praktischen Teil der Rechtsdogmatik, der sich der Darstellung und Lehre des aktuellen Rechts widmet.[127]

3. Die Historische Rechtsschule

Ihre volle wissenschaftliche Etablierung erreichte die juristische Germanistik nach diesen ersten Spuren und Pionierarbeiten, die sie ausgehend einerseits von der sogenannten älteren deutschen Privatrechtswissenschaft und andererseits von der Verfassungsgeschichte hinterlassen hatte, aber erst durch die „Historische Rechtsschule“ des 19. Jahrhunderts[128], als deren Zweig sie sich fortan

---

Nach diesem Titel wurde die neue rechtswissenschaftliche Richtung im Gefolge Conrings bezeichnet, die den zeitgemäßen Gebrauch der römischrechtlichen Digesten pflegte. Vgl. dazu WIEACKER, Privatrechtsgeschichte (wie Anm. 115) 204 ff.; HOKE (wie Anm. 113) 140.

126 BUSCHMANN, Hugo (wie Anm. 120) 254.

127 So die kritische Einschätzung der oft konstatierten Übereinstimmung bei KLEINHEYER/SCHRÖDER (wie Anm. 17) 208 ff.

128 Vgl. dazu BÖCKENFÖRDE, Die historische Rechtsschule und das Problem der Geschichtlichkeit des Rechts, in: Collegium Philosophicum. Studien Joachim Ritter zum

selbständig festigen konnte. Aufbauend auf die durch Pütter und Hugo vollzogene Trennung von römischem und deutschem Recht, war der Weg für eine eigene Disziplin, die sich rein mit der Geschichte des deutschen Rechts auseinandersetzt, geebnet.

Die Historische Rechtsschule wurde vom Berliner Rechtsprofessor Friedrich Carl von Savigny (1779–1861)[129] begründet, deren Programmatik er in einer Entgegnungsschrift zum Vernunftrechtslehrer Friedrich Thibaut (1772–1840)[130] festhielt. Thibaut hatte mit der Schrift „Über die Notwendigkeit eines allgemeinen bürgerlichen Rechts für Deutschland"[131], eine Zivilrechtskodifikation für die deutschen Länder gefordert. Dem trat nun Savigny seinerseits mit der Abhandlung „Vom Berufe unserer Zeit für Gesetzgebung und Rechtswissenschaft" von 1814 entgegen[132].

> *„Nach der von Savigny formulierten Auffassung der Historischen Rechtsschule war die Zeit für die Kodifikation noch nicht berufen. Durch eine Kodifikation würde die natürliche Fortentwicklung des Rechts sogar behindert werden. Vielmehr sollte erst die Rechtswissenschaft durch Aufde-*

60.Geburtstag (Basel/Stuttgart 1965) 9–36 (auch enthalten in: DERS., Recht, Staat, Freiheit. Studien zur Rechtsphilosophie, Staatstheorie und Verfassungsgeschichte (Frankfurt am Main 1991) 9–41); THIEME, Historische Rechtsschule, HRG Bd. II (1978) 170–172; DERS.: Savigny und das deutsche Recht, ZRG GA 80 (1963) 1–26; diese enthalten jeweils ausführliche weiterführende Literaturangaben. Aufschlussreich auch der schon ältere Aufsatz: HERMANN CONRAD, Aus der Entstehungszeit der historischen Rechtsschule: Friedrich Carl von Savigny und Jacob Grimm, ZRG GA 65 (1947) 261–283. Für eine kurze Einführung siehe gängige Lehrbücher der Rechtsgeschichte, etwa HOKE (wie Anm. 113) 453 ff.; MITTEIS/LIEBERICH, Rechtsgeschichte (wie Anm. 12) 457 ff.; WIEACKER, Privatrechtgeschichte (wie Anm. 115) 348 ff., wiederum mit ausführlichen weiterführenden Literaturangaben zur Historischen Rechtsschule und ihren Protagonisten. Für eine Darstellung aus einer näheren zeitlichen Distanz und noch ganz in ihrer Tradition stehend – gerade deshalb interessant – siehe OTTO VON GIERKE, Die historische Rechtsschule und die Germanisten (Berlin 1903).

[129] Vgl. zur Person und zum Werk einführend KLEINHEYER/SCHRÖDER (wie Anm. 17) 352 ff., mit weiterführenden Literaturangaben; auch WOLF (wie Anm. 112) 467 ff.; weiters HANS KIEFNER, Savigny, Friedrich Carl von, HRG Bd. IV (1990) 1313–1323. Siehe für Literatur zu Savigny im Rahmen der Historischen Rechtsschule auch die vorhergehende Anm. 128.

[130] Vgl. zu seiner Person KLEINHEYER/SCHRÖDER (wie Anm. 17) 420 ff., mit weiterführenden Literaturangaben; sowie O. BEHRENDS, Thibaut, Anton Friedrich Justus, HRG Bd. V (1998) 175–178.

[131] Erschienen 1814.

[132] Vgl. FRIEDRICH CARL VON SAVIGNY, Vom Beruf unserer Zeit für Gesetzgebung und Rechtswissenschaft (Nachdr. der 3. Aufl. Heidelberg 1840, Hildesheim 1967), 1. Aufl. („Vom Berufe ...") Heidelberg 1814, 2. Aufl. 1828. Zu diesem Gelehrtenstreit vgl. einleitend HANS HATTENHAUER, Die geistesgeschichtlichen Grundlagen des deutschen Rechts[4] (Heidelberg 1996) 82 ff.; und ausführlich DERS., Einleitung, in: DERS. (Hrsg.), Thibaut und Savigny. Ihre programmatischen Schriften (München 1973) 9–51.

ckung der Rechtsentwicklung das Entwicklungsprinzip des in Deutschland geltenden Rechts erkennen und dessen Zustand feststellen. Rechtsgeschichte war damit der Rechtswissenschaft als vordringliche Aufgabe zugewiesen.“[133]

Savigny selbst war Romanist und widmete sich hauptsächlich der Erforschung des seiner Meinung nach für das geltende Recht grundlegenden Römischen Rechts.

Neben Savigny gilt Karl Friedrich Eichhorn (1781–1854)[134] als zweiter anfänglicher Protagonist der neuen Lehre. Im Gegensatz zu jenem widmete er sich in Fortführung der bei Conring grundgelegten – und in dessen Folge etwa von Thomasius und Beyer gepflegten – Anfänge des juristischen Wissenschaftszweiges einer spezifisch deutschen Rechtsgeschichte (juristische Germanistik), die sich auf die germanisch-deutsche Entwicklungskomponente des in Deutschland geltenden Rechts konzentrierte[135], und wurde mit seinem Hauptwerk „Deutsche Staats- und Rechtsgeschichte“, das in vier Bänden von 1808 bis 1823 erschien, zum „*Vater der (modernen) deutschen Rechtsgeschichte*“[136]. Dieses stellte die erste wirklich umfassende wissenschaftliche Gesamtdarstellung der deutschen Rechtsgeschichte dar, die auf Basis von breitem Quellenstudium entstanden ist. Eichhorn machte sie damit zum Gegenstand systematischer eigenständiger wissenschaftlicher Behandlung, indem er die bisherigen Einzeluntersuchungen zusammenfasste, und die natürlich noch zahlreich klaffenden Lücken ergänzte.[137]

Zuvor gab es „nur“ eine politische deutsche Staatsgeschichte, vereinzelte rechtshistorische Forschungen waren größtenteils der reinen Verfassungsgeschichte vorbehalten geblieben.

Als „Vorläufer“ Eichhorns in diesem staatshistorischen Sinn können der schon angesprochene Pütter sowie Justus Möser (1720–1794)[138] genannt werden. Zweiterer hatte mit seiner Osnabrückischen Geschichte schon 1768 versucht, einen neuen Ansatz in der Darstellung zu wählen, indem er sich nicht wie

---

133 HOKE (wie Anm. 113) 454.

134 Zur Person und zum Werk vgl. KLEINHEYER/SCHRÖDER (wie Anm. 17) 119 ff., hier auch ausführliche Literaturangaben; sowie B. KOEHLER, Eichhorn, Karl Friedrich, HRG Bd. I (1972) 858–860.

135 Vgl. HOKE (wie Anm. 113) 454.

136 So bezeichnet ihn bereits Paul Roth in seinem Aufsatz im ersten Band der Zeitschrift für Rechtsgeschichte im Jahr 1861; PAUL ROTH, Die rechtsgeschichtlichen Forschungen seit Eichhorn, ZRG GA 1 (1861) 11.

137 So die Würdigung der Verdienste Eichhorns durch Roth, ebd.

138 Vgl. zu diesem KLEINHEYER/SCHRÖDER (wie Anm. 17) 277 ff.; sowie G. PHILIPP, Möser, Justus, HRG Bd. III (1984) 705–716; sehr umfangreich KARL H. L. WELKER, Rechtsgeschichte als Rechtspolitik. Justus Möser als Jurist und Staatsmann, 2 Bde. (Osnabrück 1996). Mösers diesbezügliches Werk ist die „Osnabrückische Geschichte. Allgemeine Einleitung“ von 1768.

so viele darauf beschränkte, bloß die sich aus der Reichsverfassung ergebenden Streitfragen zu erörtern, sondern auch die wesentlichen Momente der Verfassungsänderungen zu berücksichtigen trachtete. Es war der Versuch, der deutschen Verfassungsgeschichte eine Wendung zu geben, indem den bisher vernachlässigten „*gemeinen Landeigenthümer*[n], *als die wahren Bestandtheile der Nation*“ das Hauptaugenmerk zugewandt werden sollte, um diesen „*durch all ihre Veränderungen*“[139] zu folgen.

Möser stellte eine Art methodisches Gegenprogramm zu dem auf, was zu seiner Zeit der Usus der Staats- oder Territorialgeschichte war, nämlich unkritische Übernahme von einst geäußerten Hypothesen ohne kritische Hinterfragung des Quellenbefundes. Durchsetzen konnte sich der von Möser eingeschlagene Weg nicht – „*Unzweifelhaft würde schon seinem Werk der umgestaltende Einfluß zugekommen sein, den später Eichhorns Rechtsgeschichte ausübte, wenn seine Zeitgenossen den von ihm gezeigten Weg eingeschlagen hätten, statt sich mit einer Generalisierung der doch von ihm selbst auf Sachsen beschränkten Resultate seiner Untersuchungen zu begnügen*“[140], urteilte seinerzeit Roth und aktuellere Untersuchungen bestätigten dessen Einschätzung.[141]

Zusammen gründeten Savigny und Eichhorn die „Zeitschrift für geschichtliche Rechtswissenschaft“[142], in der sich die Lehren der Historischen Rechtsschule fortan manifestierten.

Damit hat die Historische Rechtsschule eine von der stetigen Entwicklung und von der Geschichtlichkeit des Rechts[143] ausgehende „Gegenlehre“ zur bis dahin vorherrschenden Vernunftrechtsschule[144] etabliert. Letztere stand im Gegensatz zur neuen Programmatik der Rechtswissenschaft in der Tradition der Aufklärung, die von einem aus der menschlichen Vernunft ableitbaren und daher statischen Rechtsbegriff ausging.

---

139 So Möser in der Vorrede seiner „Osnabrückische Geschichte“, zitiert bei ROTH, Forschungen (wie Anm. 136) 8.

140 Ebd. 9.

141 Vgl. zur Gesamteinschätzung Mösers ebd. 8 f.; und aktueller BÖCKENFÖRDE, Forschung (wie Anm. 4) 23 ff. Hier wird das Schaffen Mösers als „Ausgangspunkt verfassungsgeschichtlicher Forschung in Deutschland“ behandelt, Pütter findet gerade als Lehrer Eichhorns (S. 48) Erwähnung.

142 Ihr folgte 1861 die „Zeitschrift für Rechtsgeschichte“ nach, welche seit 1880 als „Zeitschrift der Savigny-Stiftung für Rechtsgeschichte“ (ZRG) in den drei Abteilungen Germanistik (GA), Romanistik (RA) und Kanonistik (KA) bis heute jährlich erscheint und die zentrale wissenschaftliche Zeitschriftenreihe der Rechtsgeschichte im deutschen Sprachraum darstellt. Vgl. dazu ERLER, Savignyzeitschrift für Rechtsgeschichte, HRG Bd. IV (1990) 1323–1326.

143 Vgl. zu dieser neuen Leitidee der Rechtswissenschaft BÖCKENFÖRDE, Rechtsschule (wie Anm. 128) 9 ff.

144 Vgl. zu Vernunftrecht (Naturrecht) das Kapitel „Vernunftrecht“ und ff. bei HATTENHAUER, Europäische Rechtsgeschichte (Heidelberg 1992) 453 ff., sowie die entsprechenden Literaturangaben auf S. 799 ff. Ferner siehe SCHLOSSER, Grundzüge der Neueren Privatrechtsgeschichte[6] (Heidelberg 1988) 70 ff.

„Im Einklang mit der zu Anfang des 19. Jahrhunderts vordringenden nationalen Ideologie meinte die Historische Rechtsschule im Anschluß an die Volksgeistlehre Johann Gottfried Herders daher auch, daß jedem Volk ein spezifisches Recht eigen ist, das als Teil der Kultur eines Volkes aus dessen gemeinsamen Bewußtsein, eben aus dem Volksgeist, wächst.“[145]

Mit dieser Programmatik zeichnete die neue Lehre bereits deutlich sowohl den methodischen Weg als auch den geistesgeschichtlichen Hintergrund für die künftige deutsche Rechtsgeschichte des 19. und auch noch 20. Jahrhunderts vor, die fortan die germanisch-deutsche Entwicklungskomponente des in Deutschland geltenden Rechts verfolgte.[146]

Parallel zu Eichhorn arbeitete der vom Geist der nationalen Romantik beeinflusste Savigny-Schüler Jacob Grimm[147] (1785–1863), der durch die Sammlung „Deutscher Rechtsaltertümer“ von 1828 eine Art rechtliche Volkskunde betrieb.[148]

4. Romanisten und Germanisten

Im Zuge der divergierenden Ausrichtung des romanistischen und germanistischen Zweiges – zweiterer vertrat wie bereits angeklungen immer stärker die Linie, fremdrechtliche und damit römischrechtliche Einflüsse als dem „Volksempfinden“ nicht gerecht werdende Störfaktoren zu qualifizieren – setzte bald

---

[145] HOKE (wie Anm. 113) 453.

[146] Vgl. zum weiteren Fortgang der germanistischen Rechtsgeschichte aus der Sicht des frühen 20. Jht. RUDOLF HÜBNER, Karl Friedrich Eichhorn und seine Nachfolger, in: FS Heinrich Brunner zum siebzigsten Geburtstag (Weimar 1910) 807–838.

[147] Vgl. zu Jacob Grimm, der vor allem gemeinsam mit seinem Bruder auf Grund der Leistungen für die deutsche Sprache und durch die Märchensammlung berühmt wurde, KLEINHEYER/SCHRÖDER (wie Anm. 17) 168 ff.; hier auch ausführliche Literaturangabe zu seinem juristischen Schaffen; ERLER, Grimm, Jacob, HRG Bd. I (1972) 1806–1808; weiters WERNER OGRIS, Jacob Grimm und die Rechtsgeschichte, in: Jacob und Wilhelm Grimm: Vorträge und Ansprachen in den Veranstaltungen der Akademie der Wissenschaften und der Georg-August-Universität in Göttingen anläßlich der 200. Wiederkehr ihrer Geburtstage, am 24., 26. und 28. Juni 1985 in der Aula der Georg-August-Universität in Göttingen (Göttingen 1986) 65–96; DERS., Jacob Grimm. Ein politisches Gelehrtenleben in zehn Abschnitten nacherzählt (Wien 1986). Gemeinsam mit seinem Bruder Wilhelm gehört Jacob Grimm zum Kreis der „Göttinger Sieben“, einer Runde von sieben Göttinger Universitätsprofessoren, die 1837 nach einem gemeinsamen Protest gegen eine Verfassungsaufhebung des Hannoveranischen Königs Ernst August entlassen wurden; vgl. dazu VON SEE, Jacob Grimm und die Göttinger Protestation, in: FRANK FÜRBETH u.a. (Hrsg.), Zur Geschichte und Problematik der Nationalphilologien in Europa. 150 Jahre Erste Germanistenversammlung in Frankfurt am Main (1846–1996) (Tübingen 1999) 277–286. Es handelt sich dabei um eine Zusammenfassung seiner selbständig erschienenen Arbeit: DERS., Die Göttinger Sieben. Kritik einer Legende (Heidelberg 1997).

[148] Vgl. dazu HOKE (wie Anm. 113) 454.

nach dem Entstehen der Historischen Rechtsschule zwischen ihnen eine scharfe Rivalität ein.[149]

Im Anschluss an Savignys Werk „System des heutigen römischen Rechts", in acht Bänden von 1840 bis 1849 erschienen, verbanden jedoch sowohl Romanistik wie Germanistik die historische mit der systematischen Methode.

> *„Ihr wissenschaftliches Ziel war nun, durch Systematisierung des historisch erfaßten Rechts eine Dogmatik des geltenden Zivilrechts zu schaffen.*"[150]

Die Romanistik entwickelte so die Pandektistik, die bis heute das bestimmende System der Zivilrechtsdogmatik darstellt und auch bei der Kodifikation des deutschen Zivilrechts durch das BGB von 1900 eine entscheidende Rolle spielte.[151]

Diese Dominanz der Privatrechtssystematik ließ auch die Germanistik ein Hauptaugenmerk darauf legen und sie entwickelte im Sinne der Pandektistik das sogenannte „System des gemeinen deutschen Privatrechts"[152] aus den zumeist nur partikularrechtlich bedeutsamen germanisch-deutschen Rechtseinrichtungen. Manifest wurde diese Ausrichtung durch die Arbeit Carl Gerbers (1823–1891)[153] „Das wissenschaftliche Prinzip des gemeinen deutschen Privatrechts" von 1846 und durch Georg Beselers (1809–1888)[154] „System des gemeinen

---

149 Dazu GERHARD DILCHER/BERND-RÜDIGER KERN, Die juristische Germanistik des 19. Jahrhunderts und die Fachtradition der Deutschen Rechtsgeschichte, ZRG GA 101 (1984) 1–46. Dieser Beitrag zeichnet sehr schön die Entwicklung der historischen Schule im 19. Jht. nach und arbeitet genau die aufkommenden Gegensätze von Romanisten und Germanisten auf.

150 HOKE (wie Anm. 113) 455. Auch Karl von Amira hatte 1875, als er mit seiner programmatischen Schrift eine Umorientierung in der rechtsgeschichtlichen Forschung einleitete, festgehalten, „daß ihnen (den Vertretern der Hist. Rechtsschule, Anm.) die Rechtsgeschichte keinen Beruf hatte, wenn nicht im Dienst der Dogmatik des heutigen Rechts." AMIRA, Zweck und Mittel (wie Anm. 37) 7.

151 Die 1811 abgeschlossene Kodifikation des österreichischen Privatrechts folgte noch dem dreigliedrigen Institutionensystem, womit es methodisch 100 Jahre später veraltet erschien. Dieses „Manko" wurde durch die drei Teilnovellen 1914–16 ausgeglichen; vgl. einführend dazu OGRIS, Zur Geschichte und Bedeutung des österreichischen Allgemeinen bürgerlichen Gesetzbuches (ABGB), in: Liber Memoralis Francois Laurent 1810–1887 (Brüssel 1989) 373–394; ausführlich WILHELM BRAUNEDER, Das Allgemeine Bürgerliche Gesetzbuch für die gesamten Deutschen Erbländer der österreichischen Monarchie von 1811, in: Gutenberg-Jahrbuch (1987) 205–287; weiters und zur deutschen Kodifikationsfrage sowie zum Einfluss der Pandektistik SCHLOSSER, Privatrechtsgeschichte (wie Anm. 144) 119 ff. und 144 ff.

152 Vgl. zur Privatrechtswissenschaft der Germanistik ebd. 130 ff.

153 Vgl. zu diesem den Kurzeintrag bei KLEINHEYER/SCHRÖDER (wie Anm. 17) 478; sowie KOEHLER, Gerber, Karl Friedrich Wilhelm, HRG Bd. I (1972) 1530–1532.

154 Vgl. KLEINHEYER/SCHRÖDER (wie Anm. 17) 52 ff.; sowie GERTRUD SCHUBART-FIKENTSCHER, Beseler, Georg, HRG Bd. I (1972) 388–389.

deutschen Privatrechts“, erschienen von 1847 bis 1855. Viele der genannten prominenten Vertreter der jungen Wissenschaftsdisziplin arbeiteten daneben auch auf verfassungsgeschichtlichem Gebiet.[155]

Neben Beseler wirkte wohl Otto von Gierke (1841–1921)[156] am prägendsten für den Aufbau der deutschen Rechtsgeschichte. Beide entwuchsen der Historischen Rechtsschule und hingen der These von der Entstehung des Rechts aus dem „Volksgeist“ an. Im Gegensatz zu Savigny betonten sie jedoch die nationalen und volksmäßigen Elemente der Rechtsentstehung, die durch das unvolkstümliche romanistische Juristenrecht bedroht sei. Nach Gierke sollte das römische Recht lediglich die Form für den Inhalt nach dem „Geist des Rechts unserer Väter“[157] bereitstellen. Sein Verständnis von der Aufgabe der Rechtsgeschichte kommt durch die Aussage zum Ausdruck, es gehe nicht um das „*deutsche Recht in seiner mittelalterlichen Gewandung*“, sondern vielmehr um „*das deutsche Recht in seinem unsterblichen Gedankengang*“[158]. Kernstück von Gierkes Werk ist die Genossenschaftstheorie, die er in seinem vierbändigen Hauptwerk „Das deutsche Genossenschaftsrecht“, erschienen von 1868 (Geschichte der deutschen Genossenschaften – worunter alle körperschaftlich strukturierten Gesellschaftsverbände, von der Familie bis zum Staat, zu verstehen sind) bis 1913 (Theorie). Gierke erfasste damit auch das Germanische Recht in einer dogmatischen Breite die grundlegend blieb. Daneben schrieb er auch rein privatrechtliche Werke.[159]

In Österreich – wie bereits im Zusammenhang mit den Kodifikationen angedeutet – konnten sich die Lehren der Historischen Rechtsschule lange Zeit gegenüber der vorherrschenden „exegetischen Schule“ nicht durchsetzen. Zum Erneuerer der Österreichischen Privatrechtswissenschaft im 19. Jahrhundert wurde erst Joseph Unger (1828–1913)[160], der von Unterrichtsminister Thun-Hohenstein[161] gefördert wurde. Mit seinem Werk „System des österreichischen allgemeinen Privatrechts“ von 1856 ff. näherte Unger die österreichische

155 Siehe die Werkangaben bei den jeweiligen Personen in KLEINHEYER/SCHRÖDER (wie Anm. 17).

156 Vgl. zu Gierke ebd. 146 ff.; WOLF (wie Anm. 112) 669 ff.; sowie H. G. ISELE, Gierke, Otto von, HRG Bd. I (1972) 1684–1687.

157 Nach KLEINHEYER/SCHRÖDER (wie Anm. 17) 147.

158 GIERKE, Die soziale Aufgabe des Privatrechts (unveränd. Nachdr. der Ausgabe 1889, Frankfurt am Main 1948) 12.

159 Vgl. die Werk- und Literaturangaben bei KLEINHEYER/SCHRÖDER (wie Anm. 17) 151 f.

160 Vgl. ebd. 431 ff.; BRAUNEDER, Unger, Joseph, HRG Bd. V (1998) 483–488; DERS., Joseph Unger 1828–1913, in: DERS. (Hrsg.), Juristen in Österreich 1200–1980 (Wien 1987) 177–183.

161 Vgl. zu diesem ERLER, Thun-Hohenstein, Leo Graf von, HRG Bd. V (1998) 211–213.

Rechtswissenschaft wieder an die deutsche an[162]. Diese Angleichung an die deutsche Rechtswissenschaft und die Lehren der Historischen Rechtsschule machten sich auch 1855 in der Thun-Hohensteinschen Reform des Rechtsstudiums[163] bemerkbar, als ein überwiegend rechtshistorischer erster Studienabschnitt eingeführt wurde.[164]

5. Die „Klassiker" der deutschen Rechtsgeschichte

Eine methodische und inhaltliche Erweiterung des breiten Spektrums der Deutschen Rechtsgeschichte erfolgte durch Karl von Amira (1848–1930)[165], der in Nachfolge seines Lehrers Konrad Maurer (1823–1902)[166] speziell die nordgermanischen Rechtstraditionen erforschte und die Rechtsarchäologie begründete, womit neue Quellengattungen erschlossen wurden. Amira wurde so zum Begründer der spezifischen Germanischen Rechtsgeschichte.[167] Gleichzeitig war er es, der durch die Schrift „Über Zweck und Mittel der deutschen Rechtsgeschichte" von 1876[168] ein völlig neues Programm für die Interpretation seiner Wissenschaft entwickelte, *„das der herrschenden Fachwissenschaft den Kampf ansagt."*[169]: Die Rechtsgeschichte sei nicht zum Verständnis des geltenden Rechts notwendig, sondern habe vielmehr ihren eigenen Zweck, den der Selbsterkenntnis.[170] Einen Nachfolger für den von ihm eingeschlagenen Weg fand

---

162 Vgl. OGRIS, Die Historische Schule der österreichischen Zivilistik, in: FS Hans Lentze zum 60. Geburtstage (Innsbruck/München 1969) 449–496.

163 Vgl. dazu OGRIS, Die Universitätsreform des Ministers Leo Graf Thun-Hohenstein. Festvortrag anläßlich des Rektorstages im großen Festsaal der Universität Wien am 12. März 1999 (Wien 1999).

164 Vgl. einführend zu Unger und die durch ihn erfolgte Angleichung der österr. Jurisprudenz an das deutsche System KLEINHEYER/SCHRÖDER (wie Anm. 17) 431 ff., mit reichhaltigen Literaturangaben.

165 Zur Person siehe den Kurzeintrag ebd. 464; weiters SCHUBART-FIKENTSCHER, Amira, Karl von, HRG Bd. I (1971) 146–148; sowie den in der ZRG von Schwerin verfassten Nachruf auf Amira: SCHWERIN, Karl von Amira, ZRG GA 51 (1931) XI–XLV; aktuell jetzt auch sehr ausführlich zu Leben und Werk Amiras PETER LANDAU/HERMANN NEHLSEN/MATHIAS SCHMOECKEL (Hrsg.), Karl von Amira zum Gedächtnis (= Rechtshistorische Reihe Bd. 8, Frankfurt am Main 1999).

166 Für eine erste Information zur Person vgl. den Kurzeintrag bei KLEINHEYER/SCHRÖDER (wie Anm. 17) 496; ausführlicher H. H. MUNSKE, Maurer, Konrad von, HRG Bd. III (1984) 392–397, mit Literatur- und Werkangaben; zuletzt auch LANDAU, Konrad Maurer (1823–1902), der Lehrer Amiras, in: DERS./NEHLSEN/SCHMOECKEL, Karl von Amira (1999) 23–28.

167 Nach FRANZ-STEFAN MEISSEL, Deutsche Rechtsgeschichte im nationalsozialistischen Staat, in: U. DAVY u.a. (Hrsg.), Nationalsozialismus und Recht. Rechtssetzung und Rechtswissenschaft in Österreich unter der Herrschaft des Nationalsozialismus (Wien 1990) 415.

168 Vgl. AMIRA, Zweck und Mittel (wie Anm. 37).

169 SCHUBART-FIKENTSCHER, Amira (wie Anm. 165) 147.

170 Vgl. ebd.

Amira in seinem Schüler Claudius Freiherr von Schwerin (1880–1944), der insbesondere für die Zwischenkriegszeit bedeutenden Einfluss auf die Disziplin ausübte.[171]

In die gleiche Richtung geht dann auch das Selbstverständnis der Rechtsgeschichte nach Heinrich Brunner[172], der mit seiner rechtshistorischen Darstellung der Germanen noch ausführlich behandelt wird:

> „*Wie alle Geschichte arbeitet auch die Rechtsgeschichte an dem erhabenen Problem der Selbsterkenntnis der Menschheit. Sie hat daher die Berechtigung ihrer Existenz in sich selbst und braucht sie nicht erst durch den Nutzen zu begründen, den das Verständnis des heutigen Rechtes aus ihr zu schöpfen vermag.*“[173]

Brunner spricht der Rechtsgeschichte daneben aber auch eine zweite, praktische, Bedeutung zu.[174] Mit Amira und Brunner kommt es also zu einer allgemeinen Umorientierung innerhalb der Disziplin, der Eigenwert der historischen Forschung wurde nun propagiert.[175]

Damit wurde der dogmatische Ansatz im Deutschen Recht im letzten Viertel des 19. Jahrhunderts in Frage gestellt und fortan stand nicht mehr die Nutzanwendung der Rechtsgeschichte für die aktuelle Rechtspolitik im Mittelpunkt, sondern die Erforschung der Vergangenheit unter historischen, philologischen und weiterhin juristischen Gesichtspunkten. Die endgültige Historisierung erfuhr das Fach mit der Privatrechtskodifikation in Deutschland (BGB von 1900), als neben der Staats- und Verfassungsgeschichte auch das deutsche Privatrecht zu einer rein historischen Größe ohne juristisch-politische Bedeutung mutierte, da es nur mehr Vorläufer des kodifizierten, geltenden Rechts war.[176]

---

171 Vgl. den Nachruf von BERNHARD REHFELDT, Claudius Freiherr von Schwerin. + 13. Juni 1944, ZRG GA 67 (1950) 492–501.

172 Vgl. zur Person Heinrich Brunners den Kurzeintrag bei KLEINHEYER/SCHRÖDER (wie Anm. 17) 469; sowie SCHUBART-FIKENTSCHER, Brunner, Heinrich, HRG Bd. I (1971) 523–525.

173 BRUNNER, Rechtsgeschichte (wie Anm. 21) 5. Dabei handelt es sich um die zweite Auflage dieser lange Zeit bedeutendsten Darstellung der deutschen Rechtsgeschichte. Die erste Auflage erschien bereits 1887, in der dieser Gedanke bereits geäußert wurde (dort auf S. 4).

174 Die Frage nach Aufgaben und Zweck der Rechtsgeschichte stellt sich immer wieder neu. Vgl. als aktuelles kritisches Beispiel KROESCHELL, Rechtsgeschichte (wie Anm. 11) 9, wenn er eingangs fragt: „Was ist deutsche Rechtsgeschichte?“

175 Vgl. auch MEISSEL (wie Anm. 167) 414 f.

176 Nach MEISSEL (wie Anm. 167) 414 f.

6. Die NS-Zeit

Diese mit Amira und Brunner einsetzende Historisierung hat bis in die Gegenwart ihre Gültigkeit bewahrt. Einen Sonderfall stellt hier allerdings die nationalsozialistische Zeit dar, in der sich auf Grund der rechtspolitischen Zielsetzung des NS-Staates eine neue-alte Rolle für die deutsche und besonders die germanische Rechtsgeschichte aufzutun schien. Dieses Verhältnis wird dann aber im Hauptteil ausführlich anzusprechen sein. Hier sei vorweg nur soviel gesagt, dass die Aufarbeitung dieser Zeit zu kontroversen Ergebnissen geführt hat.

Einerseits wurde betont, dass sich für die Rechtsgeschichte kein neues rechtsdogmatisches Betätigungsfeld ergeben habe, da es dem Nationalsozialismus – bei aller ideologischen Bezugnahme auf das Germanentum – nicht um die „Wiedererstehung" des alten germanischen Rechts ging, wie dies noch bei der Historischen Rechtsschule angeklungen war, sondern um die Schaffung eines neuen totalitären nationalsozialistischen Rechtsystems.[177] Es seien daher zwar gefällige Anklänge – vereinzelte „historische Ideologieverzierungen" – an die Machthaber in den Darstellungen zu finden, allgemein müsse man aber von einer Kontinuität der Disziplin ausgehen, die sich „überwiegend nicht" in den Dienst des Regimes gestellt hätte.[178]

Andere gelangten hingegen zur Ansicht, dass sich die – mit faschistischen Inhalten beladene, schon vor 1933 germanenideologisch durchsetzte – deutsche Rechtsgeschichte sehr wohl voll bewusst in den Dienst der NS-Rechtspolitik gestellt habe, um dieser und dem neuen Herrschaftssystem überhaupt *„die Weihe der historischen Legitimation zu verleihen"*[179], indem der NS-Staat als die Möglichkeit der Wiederkehr einer dem (germanisch geprägten) Volksgeist am ehesten entsprechenden Ordnung erscheint. Dies wohl auch mit dem Ziel, die „gute alte germanische Zeit" und deren Rechtsleben durch die Einflussnahme auf die Rechtspolitik wieder aufleben zu lassen, wozu das Umfeld des Nationalsozialismus in seiner vordergründigen „Germanophilie" ja auch eine einmalige Gelegenheit bieten musste.

7. Paradigmenwechsel

Die von Brunner und Amira eingeschlagene Richtung blieb – diese Feststellung sei hier einmal getroffen – bis weit herauf ins 20. Jahrhundert im We-

---

[177] Vgl. dazu ebd. 416. Entsprechende Belege für diese Auffassung liefert DIETER SCHWAB, Zum Selbstverständnis der historischen Rechtswissenschaft im Dritten Reich, KJ 2. Jg. (1969) 58–70.

[178] So Schwab ebd.

[179] In diese Richtung argumentiert RODERICH WAHSNER, Die deutsche Rechtsgeschichte und der Faschismus, KJ 6. Jg. (1973) 175. Im entsprechenden Abschnitt unten wird zu zeigen sein, dass der NS-Spitze zwar die Dienste der deutschen Rechtsgeschichte im Sinne einer Legitimationsfunktion willkommen waren, jedoch nicht ernsthaft an eine Rückkehr zur urgermanischen Rechtsordnung gedacht wurde.

sentlichen bestimmend. Eine weitere Neuorientierung der gesamten Disziplin und damit auch in der rechtshistorischen Germanenforschung ist auf den ersten Blick erst wieder beginnend mit den ersten Nachkriegsjahrzehnten bemerkbar, als neue Forschungen viele Grundannahmen der juristischen Germanistik in Frage stellten. Herausragend dabei ist wohl das Lebenswerk Karl Kroeschells.[180]

Im Rahmen dieser hier nur grob skizzierten Entwicklung der germanisch-deutschen Rechtsgeschichte – vorwiegend im 19. Jahrhundert[181] –, sowohl der allgemeinen verfassungsgeschichtlichen als auch der privatrechtlichen, entstanden jene ausgewählten rechtshistorischen Darstellungen der deutschen oder speziell der germanischen Rechtsgeschichte, die im weiteren Verlauf dieser Arbeit Gegenstand der angestrebten Untersuchung sein werden.

C. Entwicklungslinien der methodischen Grundlagen

Seit jeher haben sich die Fachvertreter der deutschen Rechtsgeschichte Gedanken über die theoretischen – und damit der methodischen – Grundlagen ihrer Disziplin gemacht. Wie der Schweizer Rechtshistoriker Marcel Senn aufgezeigt hat[182], kann aus der Untersuchung dieser Reflexionen für die jüngere Vergangenheit ein weitestgehend einheitliches charakteristisches Selbstbildnis gewonnen werden. Demnach kennzeichnen zwei Entwicklungsphasen den Werdegang der germanistischen rechtshistorischen Disziplin:

Die Anfänge der Rechtsgeschichte werden mit dem Aufkommen der Historischen Rechtsschule und der Entdeckung der Geschichtlichkeit festgelegt, während mit der Kodifikation des deutschen Privatrechts eine Autonomisierung zum geschichtswissenschaftlichen Fach einhergeht. Korrespondierend werden die Grenzen dieser Entwicklungen, wie wir aus dem vorangegangenen Kapitel bereits wissen, mit den Jahrhundertwenden 1800 und – punktgenau fixierbar – 1900 angesetzt.[183]

1. Die Historische Rechtsschule – der juristische Beitrag zum Historismus

Wenn Senn in diesem Zusammenhang von einer *„relativen Statik im Selbstverständnis der Rechtsgeschichte“* spricht, und dies damit erklärt, dass

---

180 Dazu dann ausführlich unter Kap. III. E.

181 Weiter brauchen wir hier nicht zu gehen, stellt doch die Entwicklung im 19. und 20. Jahrhundert ohnehin den Gegenstand dieser Untersuchung im folgenden Hauptteil dar.

182 Vgl. SENN (wie Anm. 8) 28 ff.

183 Dieses Bild findet sich bei Überprüfung tatsächlich in allen gängigen Lehrbüchern und zahlreichen Beiträgen wieder. Vgl. etwa KROESCHELL, Rechtsgeschichte (wie Anm. 11) 9 f.; MITTEIS/LIEBERICH, Rechtsgeschichte (wie Anm. 12) 5; WIEACKER, Privatrechtsgeschichte (wie Anm. 115) die §§ 20 (insbes. S. 353 ff.), 22 und 25; MEISSEL (wie Anm. 167) 413 ff. Die Liste ließe sich fortsetzen, vgl. auch noch die bei SENN (wie Anm. 8) angeführten Beispiele.

„der Entwicklungsbeginn noch heute im frühen deutschen Historismus gesehen wird, damit aber zugleich weitgehend eine eigene Position identifiziert werden kann“[184], so deckt sich dieser Befund mit weiteren Darstellungen zu den wissenschaftstheoretischen und damit methodischen Grundlagen der Rechtsgeschichte.[185]

Der Historismus[186] – damit ist die im 19. Jahrhundert herausgebildete und dominante geschichtswissenschaftliche Grundströmung in Deutschland bezeichnet, die zum paradigmatischen Ausgangspunkt aller historischen Wissenschaft wurde – basiert auf einem historischen Wirklichkeitsverständnis. Mit der Sichtweise von gesellschaftlichen Daseinsformen als Glieder einer organisch gewachsenen Entwicklung richtet er sich gegen Konzepte von Aufklärung und Naturrechtslehre.

Zwei wichtige Grundzüge des Herderschen Geschichtsdenkens[187] verleihen dem Historismus seine charakteristischen Züge. Zum einen seien Wertbegriffe und Erkenntnis zeitlich bedingt und zum anderen stelle Geschichte einen unaufhörlichen Bewegungsablauf dar, in dem nur die nationalen Organismen mit ihrer persönlichkeitsartigen Individualität Fixpunkte im zeitlichen Prozess darstellen würden.

Als Ausdrucksform der nationalen Identität kommt dem Staat gegenüber dem Einzelnen und der Gesellschaft eine dominante Rolle zu, er wird zum sittlichen und religiösen Erzieher des deutschen Volkes. Geschichte wird damit im Zusammenhang stehend zur nationalen Bildungsaufgabe, da sie die Vermittlerrolle zwischen Vergangenheit und Gegenwart der Nation wahrnehmen kann. Alles Gegenwärtige ist geschichtlich gewachsen, die Gegenwart stellt sich als Konkretisierung eines Prozessablaufs dar. Die Geschichtswissenschaft wird so zum Mittelpunkt der hermeneutisch verfahrenden Geisteswissenschaften im 19. Jahrhundert erhoben.[188]

Vor diesem Hintergrund ist auch das wissenschaftstheoretische Selbstverständnis der Historischen Rechtsschule[189] zu sehen. Wichtig ist dabei, dass die Rechtsgeschichte nicht um ihrer Selbst Willen betrieben wird, sondern als Mittel zum Zweck einer historisch begründ- und herleitbaren Dogmatik des geltenden Rechts. Zum Ausdruck kommt das deutlich bei der Zielsetzung der rechtshisto-

---

[184] Ebd. 28.

[185] Vgl. etwa WIEACKER, Privatrechtsgeschichte (wie Anm. 115) 357 u. 429; MITTEIS/LIEBERICH, Rechtsgeschichte (wie Anm. 12) 13.

[186] Zum Historismus siehe einführend CHRISTIAN SIMON, Historiographie. Eine Einführung (Stuttgart 1996) 98 ff.; ausführlich FRIEDRICH JÄGER/JÖRN RÜSEN, Geschichte des Historismus. Eine Einführung (München 1992).

[187] Vgl. ebd. 89 ff. sowie EDUARD FUETER, Geschichte der neueren Historiographie (Nachdr. der 3. Aufl. 1936, München 1985) 407 ff.

[188] Nach SENN (1982) 29 ff.

[189] Vgl. neben der im Folgenden angeführten Literatur auch die entsprechenden Angaben zur Historischen Rechtsschule im vorangegangenen Kapitel (in Anm. 128), wo ebenfalls knappere Informationen zu den methodischen Grundlagen enthalten sind.

rischen Tätigkeit der zwei „Schulengründer“, Eichhorn und Savigny[190]. Eichhorn führt in den Vorreden zu seiner „Deutsche Staats- und Rechtsgeschichte“ aus:

„*In dem gegenwärtigen Zeitpunkt, wo der gesellschaftliche Zustand von Deutschland und insbesondere seine Rechtsverfassung so viele wichtige Veränderungen erlitten hat, wo beiden vielleicht noch eben so viele gleich wichtige bevorstehen, und alles erst im Werden und noch im Uebergang aus einem Zustand der Dinge in einen anderen ist, scheint es wichtiger als je den Blick auf die Vergangenheit zu richten, und sich mit dem Geist unserer ehemaligen Verhältnisse vertraut zu machen. Mag nun von diesen mehr oder weniger in die neuen Einrichtungen aufgenommen werden, – ohne eine genaue Kenntnis dessen was war, und der Art und Weise, wie es wurde, was es war, wird es immer unmöglich seyn, ihren Geist und ihr Verhältniß zu dem, was bestehen bleibt, richtig aufzufassen.*“[191]

Etliche Jahre später präzisiert er dann:

„*Welches Ziel ich meiner Arbeit gesetzt hatte, habe ich schon in der Vorrede zum ersten Bande der ersten Ausgabe bestimmt ausgesprochen. Es war keineswegs meine Absicht, die Rechtsalterthümer in ihrem ganzen Umfang zu erörtern; ich wollte, durch die Staatsgeschichte wie durch die äußere und innere Rechtsgeschichte, eine sichere geschichtliche Grundlage für das jezt bestehende practische Recht gewinnen.*“[192]

Nicht anders Savigny an prominenter Stelle:

„*Die Herausgeber aber würden sehr falsch verstanden werden, (...) als gehörten blos solche Arbeiten zu ihrem Plane, welche nach der angenommenen Eintheilung der Lehrgegenstände der eigentlichen Rechtsgeschichte anheim fallen; vielmehr ist auch die Dogmatik und Interpretation hieher gehörig, so bald sie in geschichtlichem Sinn behandelt werden, so dass also überhaupt nicht aus dem Gegenstand, sondern lediglich aus der Ansicht und Behandlung desselben erkannt werden kann, ob eine Arbeit dem Zweck der Zeitschrift entspricht oder fremd ist. Eben so sind die Heraus-*

---

190 Vgl. oben unter Kapitel II. B.

191 EICHHORN (wie Anm. 21) XIII (aus der in der hier verwendeten 5. Aufl. abgedruckten Vorrede zur 1. Aufl. von 1808).

192 Ebd. VIII (aus der in der hier verwendeten 5. Aufl. wiedergegebenen Vorrede zur 4. Aufl. von 1834).

geber sehr weit entfernt, jede praktische Ansicht überhaupt von ihren Arbeiten auszuschließen (...).“[193]

Der Historischen Rechtsschule geht es daher in erster Linie um die Schulung des rechtwissenschaftlichen Verständnisses an dem historisch gewachsenen Rechtsbestand und den Aufbau einer dogmatischen Rechtswissenschaft.[194] Die Methode, derer sie sich bedient, nennt man die „historische“. Zu unterscheiden ist dabei einerseits der Rückgriff auf ein historisches Modell als ein Beispiel aus der Geschichte und andererseits die Beobachtung der organischen Entwicklung des Rechts, das Erklären eines gegenwärtigen Zustandes aus seiner Geschichte. Diese zweitere, „genetische“ Methode wird in den Schriften der Repräsentanten der historischen Schule als die eigentliche historische Methode herausgestrichen.[195]

Kern führt dazu aus:

„*Rechtsgeschichte und Dogmatik stehen grundsätzlich nicht unvermittelt nebeneinander, sondern die Rechtsgeschichte dient dem Erkennen des geltenden Rechts und seiner Dogmatik. Die Beschäftigung mit der Rechtsgeschichte ist so kein Selbstzweck, sondern Mittel zum Zweck.*“[196]

Insofern stimmen also die Einschätzungen von Senn und jene des hier eben zitierten Kern über die methodische Ausrichtung der historischen Schule überein.[197]

Darüber hinaus führt Senn aber noch an, dass die Verbindung von historischer und philosophischer methodischer Vorgehensweise keine Eigenleistung der Historischen Rechtsschule darstelle, sonder vielmehr schon zuvor durch den Rechtswissenschafter Johann Friedrich Reitemeier (1755–1839)[198] formuliert und praktiziert worden sei. Die Unterschiede zwischen den beiden Richtungen – jene nach Reitemeier wird als die „Göttinger Schule“ benannt – würden darin liegen, dass die Historische Rechtsschule ein nationalrechtliches Anliegen vertreten würde, das sie sprachlich, näherhin hermeneutisch-philologisch, zu lösen suche. Reitemeiers Schule tendiere aber zu einem universal- und rechtsvergleichenden geschichtlichen Ansatz, der dann gegenüber der Historischen Rechtsschule ins Hintertreffen geraten sei und erst um die Jahrhundertwende wieder in ähnlicher Form aufgegriffen werden sollte.[199]

193 SAVIGNY, Ueber den Zweck dieser Zeitschrift, Zeitschrift für geschichtliche Rechtwissenschaft 1 (1815) 1 ff.

194 Vgl. SENN (wie Anm. 8) 31 f.

195 Vgl. DILCHER/KERN (wie Anm. 149) 10.

196 Ebd.

197 Zur juristischen Methode der Hist. Rechtsschule vgl. auch PETER RAISCH, Juristische Methoden. Vom antiken Rom bis zur Gegenwart (Heidelberg 1995) 94 ff.

198 Vgl. zur Person einführend KLEINHEYER/SCHRÖDER (wie Anm. 17) 505.

199 Vgl. SENN (wie Anm. 8) 32 f.

„Nicht ein bloss 'statistisches' Verfahren sondern ein pragmatisches Erklärungsmodell für die sozialen Zusammenhänge, in welcher die Gesetzgebung steht, soll angewandt werden.“[200]

Die Leistung der Historischen Rechtsschule habe dann darin bestanden, die Lehre einer organischen Rechtsentwicklung erst zu einer vollständigen Rechtstheorie entwickelt zu haben.[201] Das gängige Bild, das die Historische Rechtsschule als die Entdeckerin der modernen Rechtsgeschichte ansieht, müsse im Lichte dieser Tatsachen dahingehend korrigiert werden, dass der Göttinger Schule Reitemeiers dieser Verdient ebenso zugesprochen werden sollte.[202]

Nicht vergessen darf man, dass die Historische Rechtsschule selbst zu einer Begründerin des Historismus geworden ist. Dem liegen die theoretischen Überzeugungen Savignys zugrunde, der davon ausging, dass das Recht durch die vom Volk gewohnheitsmäßig getragene Überzeugung entsteht. Das Volk ist die rechtserzeugende Kraft, nicht etwa ein staatlicher Gesetzgeber. Diese „Volksüberzeugung“ als die eigentliche Rechtsquelle benennt er „Volksgeist“. So wie

---

200 Ebd. 33.

201 Vgl. ebd.

202 Vgl. ebd. 33 f. Bei KLEINHEYER/SCHRÖDER (wie Anm. 17) 505 ist Reitemeier durchaus im Sinne der Forderung Senns dahingehend eingeordnet, dass er in seiner 1785 erschienenen „Enzyklopädie und Geschichte der Rechte in Deutschland“ erstmalig die Rechtsentwicklung in den Zusammenhang der Geistesgeschichte einbezogen habe und damit die „historische Methode“ noch vor deren Formulierung durch Hugo und die Historische Rechtsschule befolgt habe. Bereits LANDSBERG hat Reitemeier in der ADB Bd. 28 (1889) 154 ff. als den begabtesten Vorläufer Savignys überhaupt bezeichnet. Neuerdings scheint man diese Bedeutung Reitemeiers wiederentdeckt zu haben. So würdigt BUSCHMANN, Enzyklopädie und Recht. Johann Friedrich Reitemeiers „Encyclopädie und Geschichte der Rechte in Deutschland“, in: FS Karl Kroeschell zum 60. Geburtstag (Frankfurt am Main u.a. 1987) 29, die Stellung Reitemeiers, der zu Unrecht in Vergessenheit geraten sei. Dagegen findet man bei FUETER (wie Anm. 187) 422, die Bemerkung: „Seine (Eichhorns, Anm.) *Deutsche Staats- und Rechtsgeschichte* (1808 bis 1823) begründete eigentlich die neue Disziplin. Sein Lehrer Gustav Hugo (1764 bis 1844), dem man mit Unrecht häufig dieses Verdienst nachrühmt, war noch durchaus in den Ansichten der Göttinger empiristischen Schule stecken geblieben; er hatte wohl Daten und Literatur zur (römischen) Rechtsgeschichte zusammengestellt, aber nicht versucht, die Entwicklung des (nationalen) Rechts genetisch nachzuweisen“, was erst Eichhorn gelungen sei. Bernd-Rüdiger Kern lässt die Historische Rechtsschule in der zweiten Hälfte des 18. Jht. beginnen und zwar „entsprechend ihrer erst später formulierten Lehre nicht durch die Tat eines einzelnen erfunden, sondern in praktischer Anwendung der Methode entstanden.“ – DILCHER/KERN (wie Anm. 149) 5. Zu nennen seien dabei J. F. Reitemeier, J. S. Pütter, G. Hugo (Göttingen) sowie J. Möser, der die geschichtsphilosophischen Gedanken Herders einfließen habe lassen (vgl. den diesbezgl. Nachweis a.a.O. in Anm. 7). Savigny habe die so entstandene Schule dann theoretisch begründet (a.a.O. 6 ff.). Zu den Vorläufern und den Wurzeln des Historismus im Allgemeinen und der Historischen Rechtsschule im Speziellen vgl. grundlegend NOTKER HAMMERSTEIN, Jus und Historie. Ein Beitrag zur Geschichte des historischen Denkens an deutschen Universitäten im späten 17. und im 18. Jahrhundert (Göttingen 1972).

das Recht daher der Entwicklung des Volkes „organisch“ anhaftet, muss auch die Jurisprudenz danach trachten, es historisch – als etwas organisch Gewordenes – zu betrachten und zu erfassen. Die neuen Grundlagen Savignys betonen also die Notwendigkeit und Vernünftigkeit des historisch Gewachsenen.

Damit wirkte Savigny und in seinem Gefolge die Historische Rechtsschule wissenschaftstheoretisch bahnbrechend für ein neues Selbstverständnis der geschichtlich arbeitenden Wissenschaften, das sich gegenüber der philosophisch-rationalistischen Methode des 18. Jahrhunderts durchzusetzen begann.[203] Zu bemerken ist, dass die Vorstellungen der Historischen Rechtsschule damit der romantisch-idealistischen Geistesströmung verhaftet sind, wie sie auch auf zahlreichen anderen Gebieten zu der Zeit zum Durchbruch kommen.[204]

2. Methodische Neuerungen

In der zweiten Hälfte des 19. Jahrhunderts werden die Traditionen der historischen Methode, wie sie von der Historischen Rechtsschule eingeführt wurden, fortgesetzt, jedoch sind Tendenzen der Neuerung unverkennbar.

So wollen die Rechtshistoriker auch weiterhin geschichtliche Rechtswissenschaft betreiben und stellen einen Bezug zu den Intentionen ihrer Vorgänger her. Ein Fortsetzungswille der Programmatik der Historischen Rechtsschule kommt besonders deutlich im Herausgebervorwort des ersten Bandes der 1861 neu gegründeten „Zeitschrift für Rechtsgeschichte“ zum Ausdruck:

> „(...) *durch die von uns beabsichtigte Zeitschrift die Erinnerung an ein früheres Unternehmen zu erneuern, in dessen Plan und Anlage die Aufgaben, welche unserer Zeit und Wissenschaft gestellt sind, zum ersten Male klar ausgesprochen und mit entschiedenem Erfolg bearbeitet wurden. Wir meinen die 'Zeitschrift für geschichtliche Rechtswissenschaft'* (...). *Von einem solchen Werke* (...) *läßt sich zwar für eine Zeitschrift der Gegenwart, welche ebenfalls geschichtliche Rechtswissenschaft behandeln will, der Titel nicht entlehnen und das Successionsrecht nicht in Anspruch nehmen: aber Pflicht der Dankbarkeit und Zeugnis für die Wahrheit ist es, daß, wenn wir mit gleichem Plan und Ziel die Herausgabe dieser neuen Zeitschrift für Rechtsgeschichte begründen, auch das Programm erneuert werde, welches jene Meister des heutigen Rechts für ihre Unternehmung damals aufgestellt haben.* (...) *und wenn auch manche Verhältnisse geändert sind, welche vor fünfzig Jahren der historischen Methode entgegen standen, so wird*

---

203 So die Einschätzung von KLEINHEYER/SCHRÖDER (wie Anm. 17) 354 f.

204 Bei ADOLF LAUFS, Rechtsentwicklungen in Deutschland[4] (Berlin/New York 1991) 185 wird die Historische Rechtsschule mit einem Zitat von Wilhelm Ebel als ein „Seitentrieb am Baume der Romantik“ charakterisiert; siehe auch unten die Zitate von Fueter (Anm. 219 und 221).

man doch heute nach dem, was damals Savigny gesprochen hat, in Form und Inhalt den Preis zuerkennen müssen.“[205]

Doch dieser Versuch, die Kontinuität herzustellen, musste schon bald aufgegeben werden. Mit Ranke hatte sich das historiographische Forschungsmodell durchgesetzt, dessen philologisch-hermeneutisches Quellenverständnis laut Senn Hand in Hand mit der „methodischen Sterilität“ des wissenschaftlichen Positivismus einhergeht, welcher sich auch in der Rechtswissenschaft und damit in der Rechtsgeschichte durchzusetzen beginnt, womit eine Entpolitisierung der Disziplin ganz in dessen Sinne verbunden ist. In den Vordergrund sei nun der Wissensaspekt getreten, der den methodischen Bildungswert historischer Untersuchung verdrängt habe. Nicht mehr der enzyklopädische Überblick habe nun interessiert, sondern – in Folge Rankes Idealvorstellung – die „Wahrheit“, so wie es gewesen ist. Um dieses neue Programm erfüllen zu können, musste der methodische und erzieherische Zweck der Rechtsgeschichte der wissenschaftlichen Akribie und Detailuntersuchung weichen.[206]

Bestätigt wird diese Feststellung auch durch Karl von Amira, der 1875 feststellte:

„*Wie die Kenntnis der Quellen wurde andererseits auch die der Institute geschichtlich vertieft. Umfassende Specialwerke setzten sich von vorne herein nur das Ziel, die Gestalt einzelner Rechteinrichtungen innerhalb bestimmter Zeitabschnitte zu untersuchen. Zugleich ermöglichte einsichtige Zurückgezogenheit auf geschlossene Quellenkreise eine bis dahin ungekannte Genauigkeit in der Ausnützung des Materials. Nicht ohne Fug durfte in unseren Tagen der Ausspruch geschehen, es sei das Gebäude, welches von Savigny und Eichhorn mühsam errichtet worden, nunmehr vollständig abgebrochen und durch einen Neubau ersetzt.*“ (Letzteres hat 1874 Paul Roth geäußert, der 1861 in seinem Artikel im ersten Band der Zeitschrift für Rechtsgeschichte eine Kontinuitätslinie zur Historischen Rechtsschule gezeichnet hatte, Anm.)

Und weiter:

„*Unleugbar befindet man sich in einer rein geschichtswissenschaftlichen Strömung. Trotzdem, wie um das bedrängte eigene Gewissen zu entfalten, weiß das maßgebende Organ der herrschenden Richtung, die 'Zeitschrift für Rechtsgeschichte' nur durch feierliche Erneuerung des Programms von Savigny und Eichhorn seine juristische Rechtgläubigkeit zu beteuern.*“[207]

---

205 RUDORFF/BRUNS/ROTH/MERKEL/BÖHLAU, Herausgebervorwort: „Die Zeitschrift für Rechtsgeschichte“, ZfRG 1 (1861) 3 f.

206 Vgl. SENN (wie Anm. 8) 34 f.

207 AMIRA, Zweck und Mittel (wie Anm. 37) 10 f.

Der Befund Senns, der an Hand der zu dessen Überprüfung herangezogenen zeitgenössischen Äußerungen prominenter Fachvertreter als richtig eingestuft werden kann[208], bedarf aber noch einer Ergänzung um einige zusätzliche Nuancen in der Methodendiskussion des 19. Jahrhunderts – vor allem was die Abkehr von einigen Prämissen der Historischen Rechtsschule betrifft –, die ebenfalls nicht ohne Belang geblieben sind. Denn zurecht stellt Kern fest, dass dem „*Ende der Historischen Schule, soweit man überhaupt von einem solchen sprechen kann*", die „*Literatur bisher nur wenig Aufmerksamkeit geschenkt*"[209] hat. So übergeht auch Senn in seiner – für das 19. Jahrhundert absichtlich nur überblicksartig angelegten – Darstellung auch einige wichtige Entwicklungsschritte und kommt allzu schnell auf die Wende durch Amira und Brunner zu sprechen.

Fest stehen dürfte, dass ein Ende der Historischen Rechtsschule nur insofern angenommen werden kann, als sich in der allgemeinen Rechtswissenschaft in den Jahrzehnten nach den Revolutionsereignissen von 1848 – wie schon angesprochen – die Begriffsjurisprudenz und der Rechtspositivismus als neue bestimmende Schulen durchsetzten. Als ein Rahmen für diese Umorientierung kann die Zeitspanne zwischen dem Scheitern der Paulskirchenversammlung, in der zahlreiche Germanisten maßgeblichen Anteil hatten, und der Reichsgründung abgesteckt werden.[210] Die reinen juristischen Germanisten schlossen sich dieser Entwicklung allerdings im Gegensatz zu den Romanisten nicht an. Eine weiterführende methodische Abgrenzung dieser in der gemeinsamen Schule der historischen Rechtswissenschaft noch gewissermaßen vereinigten Disziplinen war die Folge.[211]

Als Grund für den allgemeinen Übergang von historischer Schule zu Begriffsjurisprudenz und Rechtspositivismus wird vorwiegend die politische Konstellation angeführt. Nach dem Scheitern der bürgerlichen Revolution und der Niederlage im preußischen Verfassungskonflikt 1866 sei das Bürgertum auf eine pragmatische Linie des Kompromisses mit dem Konservativismus geschwenkt, was für das Staatsrecht und die Rechtswissenschaft ganz allgemein

---

208 Vgl. auch die Besprechung von Senns Arbeit durch SCHRÖDER in: ZRG GA 101 (1984) 429 ff., der trotz mancher Kritik v.a. den historischen Übersichtsteil über die Methodendiskussion lobt. Dieser sei nämlich „durchaus schätzenswert, jedenfalls insofern, als er eine brauchbare und im wesentlichen wohl vollständige Zusammenstellung der Beiträge zur rechtshistorischen Methodendiskussion der letzten vierzig Jahre (und noch darüber hinaus) bietet und dabei auch manches zu Unrecht Vergessene (z.B. Haff, Genzmer) wieder in das richtige Licht stellt" (a.a.O. 430).

209 DILCHER/KERN (wie Anm. 149) 20.

210 Vgl. ebd. 21.

211 So werden Beseler und Gierke noch zur Wende zum 20. Jht. als Anhänger der Historischen Rechtsschule gesehen, vgl. ebd. 20 f. Eine detaillierte Analyse über Gründe und Verlauf der Trennung von Romanisten und Germanisten, die schon zur Zeit der Historischen Rechtsschule zum großen „Schulenstreit" geführt hat, siehe DILCHER/KERN (wie Anm. 149) 29 ff.

die Konsequenz der begriffspositivistischen Konzentration auf eine reine Normenwissenschaft bedeutet habe.[212] Vereinzelt findet sich auch der Hinweis auf eine Parallelentwicklung in Rechtswissenschaft und literarischem Realismus, dessen Durchbruch um 1855 in der Rechtswissenschaft die Ablösung der historischen Schule mit der Begründung der „Jahrbücher für die Dogmatik des heutigen römischen und deutschen Privatrechts“ durch Karl Friedrich Gerber[213] und Rudolf von Jhering[214] entsprechen würde.[215]

Dass die Wende tatsächlich um diese Zeit angesetzt werden kann, macht durchaus ein Blick auf die Zeitschriften deutlich: Die „Zeitschrift für geschichtliche Rechtswissenschaft“ wurde 1850 eingestellt, ihr folgte 1861 die „Zeitschrift für Rechtsgeschichte“ nach. Schon an Hand der Titel kann man eine Umorientierung, die Auflösung der Verknüpfung von Rechtsgeschichte und Dogmatik, ablesen. Ähnliches gilt für das Verhältnis der „Zeitschrift für deutsches Recht und deutsche Rechtswissenschaft“ zur „Nachfolgerin“, den „Jahrbüchern für die Dogmatik des heutigen römischen und deutschen Privatrechts“.[216] Durch die solcherart vollzogene „Wachablöse“ gewann die Rechtsgeschichte fortan ein wissenschaftsdisziplinäres Eigenleben. Auch wenn damit die historische Schule für die allgemeine Rechtswissenschaft ihre Stellung eingebüßt hatte, so bewahrte sie sich doch eine gewisse Kontinuität über diese Zeit

---

212 Vgl. ebd. Diese Beurteilung treffen DILCHER, Genossenschaftstheorie und Sozialrecht: Ein „Juristensozialismus“ Otto v. Gierkes?, Quaderni Fiorentini Bd. 3–4 (1974/75) 350; sowie WIEACKER, Die Ausbildung einer allgemeinen Theorie des positiven Rechts in Deutschland im 19. Jahrhundert, in: FS für Karl Michaelis (Göttingen 1972) 354 ff.; und auch LAUFS (wie Anm. 204) 251 ff.

213 Er wird bei DILCHER/KERN (wie Anm. 149) 22 (in der Anm. 82) als ein Musterbeispiel eines Gesetzespositivisten angeführt.

214 Vgl. zu diesem KLEINHEYER/SCHRÖDER (wie Anm. 17) 220 ff. Jhering stellte das „Ersticken der Rechtsgeschichte in dogmatischer Methodik“ fest und bemängelte das rein deskriptive Verfahren, die chronologische und synchronistische Verarbeitung des Stoffes sowie die Abhängigkeit der Rechtsgeschichte von der Dogmatik. Entgegen den Annahmen der Hist. Rechtsschule – ein das Recht erzeugender Volksgeist – ist für ihn Recht ein Ausfluss von pragmatischer Vernünftigkeit. Die Gründe für eine zweckmäßige Entwicklung des Rechts seien aufzuzeigen und die Zusammenhänge genetisch zu erklären. Eine objektive Darstellung sei auf Grund der Subjektivität des Forschers nicht möglich und daher auch nicht anzustreben. Vielmehr soll sich der (Rechts-)Historiker auf seine Intuition und sein philosophisches Denkvermögen verlassen, schließlich bewirke hypothetisches Vorgehen den Fortschritt in der Historiographie. Durch die Anlehnung an das naturwissenschaftl. Kausalitätsmodell, den biologischen Entwicklungsgedanken und die Verwerfung des Objektivitätsideals passte Jherings Theorie nicht in seine Zeit und wurde auch erst nach seinem Tod veröffentlicht. Der Entwicklungsgedanke des Rechts habe aber über seine rechtstheoretischen Schriften Eingang in die an der Dogmatik orientiert gebliebene Rechtsgeschichte gefunden; so SENN (wie Anm. 8) 38 f.

215 Vgl. DILCHER/KERN (wie Anm. 149) 21, dort Anm. 81.

216 Vgl. ebd. 22 f.

ihrer Blüte hinaus und beeinflusste so auch nachfolgende jüngere Generationen von Rechtshistorikern, wie etwa Otto von Gierke.[217]

3. Konsolidierung als geschichtswissenschaftliche Disziplin

Die Folge all dieser differenzierten und nicht als einheitlich zu erfassenden Veränderungen in den theoretischen Grundlagen war die Konsolidierung der Disziplin als eine geschichtswissenschaftliche, die sich zunehmend von der Vereinnahmung durch die Rechtsdogmatik zu lösen suchte, um ihrem Selbstzweck zu folgen. Sichtbar sind diese Tendenzen ab dem Zeitpunkt, als sich die Rechtsgeschichte von der politischen Geschichte zu lösen beginnt.[218]

Bei Fueter finden wir diesen Prozess als eine generell auf die Geschichtswissenschaft zutreffende Entwicklung bestätigt:

> „*Was einzelne Romantiker angeregt, wurde erst nach 1848 ausgeführt. Die Kulturgeschichte löste sich vom Staat.*“[219]

Er kritisiert dabei auch methodische Grundannahmen dieser neuen, stark von der Romantik beeinflussten Strömung, was das zuvor über den romantischen Kern der Historischen Rechtsschule Gesagte unterstreicht[220]:

> „*Sie verherrlichte das zufriedene, treu an seinen alten Gewohnheiten hängende Volk* (...). *Die neue Richtung entnahm ihre Grundbegriffe so gut wie ausschließlich der romantischen Spekulation. Sie sucht diese zwar nüchterner und realistischer zu fassen, als früher der Fall gewesen; aber wesentliche Veränderungen nahm sie an den Dogmen der Romantik nicht vor. Am wenigsten an dem Glauben an die Unveränderlichkeit des Nationalcharakters. Mit nationalen Eigentümlichkeiten rechnete sie wie mit bestimmten historischen Größen.*“[221]

Dieser Loslösungsprozess, der freilich nicht von heute auf morgen erfolgte, wird etwa in der Mitte der 1880-er Jahre abgeschlossen, als Heinrich Brunner seine „Deutsche Rechtsgeschichte“[222] vorlegt. Laut Senn hat der Positivismus

---

217 Vgl. ebd. 24; siehe auch FLIESS, unten in Anm. 231.

218 Vgl. SENN (wie Anm. 8) 35 f.

219 FUETER (wie Anm. 187) 567.

220 Vgl. oben bei Anm. 204.

221 FUETER (wie Anm. 187) 567.

222 Brunner nimmt auf diese Entwicklung eingangs zu seinem 1887 erschienen Lehrbuch Bezug (zitiert nach der 2. Aufl. 1906): „Früher wurde die deutsche Rechtsgeschichte in Verbindung mit der politischen Geschichte des deutschen Volkes als deutsche Reichs- und Rechtsgeschichte, oder als deutsche Staats- und Rechtsgeschichte dargestellt. Durch die Ausscheidung der politischen Geschichte gewann sie ein einheitliches wissenschaftliches Prinzip und trat sie aus einer Zwitterstellung in die Reihe der reinen

damit die reine, apolitische Rechtsgeschichte realisiert.[223] Ernst-Wolfgang Böckenförde bestätigt diese Entwicklung. Für ihn stellt Brunners Werk ein besonders deutliches Beispiel für diesen Vorgang dar, das zugleich als *„konstitutiv für die 'juristische' Rechtsgeschichte überhaupt“*[224] gelten kann. Verfassungsgeschichte sei durch eine mit Roth einsetzende „juristische Behandlung“ zur Rechtsgeschichte geworden, womit auch ihre Methodik fortan rechtswissenschaftlich bestimmt worden wäre.[225]

Für Brunner ist die Trennung der Rechtsgeschichte von der politischen und Staatsgeschichte Ausdruck eines neuen methodischen Ansatzes:

> *„Durch die Ausscheidung der politischen Geschichte gewann sie ein einheitliches wissenschaftliches Prinzip und trat sie aus einer Zwitterstellung in die Reihe der reinen Rechtsdisziplinen ein.“*[226]

Das bedeutet, die Rechtsgeschichte steht auf den gleichen methodischen Grundlagen wie die Staatsgeschichte und teilt sich – das erscheint für die weitere Entwicklung als äußerst wesentlich – als historische Disziplin das Begriffsreservoir der juristisch-systematischen Nachbarfächer.

Das hat zur Folge, dass die *„Begriffe und Unterscheidung von Staat – Gesellschaft, öffentlich – privat, Verfassung – Verwaltung, Gesetz – Verordnung u.a.m., ferner die Trennung der politischen Verfassung von ihrem wirtschaftlich-sozialen Unterbau, die strenge Isolierung der Bereiche von Gesellschaft, Wirtschaft, Recht, Kultur, Religion, die Auffassung der Stände als sozialständischer Bevölkerungsklassen (...) (unbewußt) zu Bestandteilen eines übergeschichtlichen, wissenschaftsmethodisch geforderten Ordnungsfundaments hinaufgesteigert“*[227] werden.

Damit verbunden, gelten diese Bestandteile bald als *„allgemeine Ordnungsmittel und allgemeiner Beurteilungsmaßstab, ja als Grundlage verfassungsgeschichtlicher Sinnerfassung überhaupt.“*[228] Als herausragende Vertreter dieser neuen methodischen Ausrichtung, die sich im Wesentlichen bis herauf in

---

Rechtsdisziplinen ein.“ BRUNNER, Rechtsgeschichte (wie Anm. 21) 4. Bei BÖKKENFÖRDE, Forschung (wie Anm. 4) 177 ff. ist der „Übergang von einer politisch-orientierten Verfassungsgeschichte zur 'juristischen' Rechtsgeschichte“ hervorragend an Hand des Entwicklungsganges der verfassungsgeschichtlichen Forschung durch die Forscherpersönlichkeiten Roth, Sohm, eben Heinrich Brunner und Below dargestellt.

223 SENN (wie Anm. 8) 36.

224 BÖCKENFÖRDE, Forschung (wie Anm. 4) 199.

225 Vgl. ebd. 198.

226 BRUNNER, Rechtsgeschichte (wie Anm. 21) 4.

227 BÖCKENFÖRDE, Forschung (wie Anm. 4) 199.

228 Ebd. Wie sehr dann das lange Festhalten an diesen methodischen Voraussetzungen das speziell im Kontext dieser Arbeit interessierende Germanenbild geprägt hat – v.a. was die Bedeutung von Begriffen wie z.B. Sippe, Haus, Gefolgschaft, etc. betrifft – wird im anschließenden Hauptkapitel III. verdeutlicht.

die 60-er und 70-er Jahre des 20. Jahrhunderts behauptet, sind neben Brunner noch von Amira, Richard Schröder, Ulrich Stutz und nicht zuletzt Claudius Freiherr von Schwerin, der für die Zwischenkriegszeit – und damit im Vorfeld der NS-Ära – als führend anzusehen ist, genannt. Völlig zu Recht weist Böckenförde daher 1961 in der ersten Auflage seiner hier schon zitierten Arbeit darauf hin, dass die Autorität dieser Namen ein Abweichen von deren Resultaten erschwert hat.[229]

Natürlich bleiben ungeachtet der theoretischen Weiterentwicklung gewisse Grundvorstellungen, wie insbesondere die Betonung der Grundannahme, das Recht sei als eigentümliche mit dem Volk organisch verbundene kulturelle Größe anzusehen, bestehen.[230] Gerade solche unterschwellig mitlaufenden Traditionen von den Anfängen der wissenschaftlichen Etablierung des Faches waren es aber, die großen Einfluss auf die Sichtweise des eigenen Forschungsfeldes ausübten, der bis weit herauf ins 20. Jahrhundert weiterverfolgt werden kann.[231]

Schließlich führt die gesetzespositivistische Strömung der Zeit zu der Bestrebung, die geltende Rechtsordnung zu kodifizieren. Damit wird die Rechtsgeschichte nun auch von „außen" von den verbliebenen Aufgaben für die praktische Rechtswissenschaft entbunden. Sie kann sich jetzt ganz einem eigenen und autonomen Forschungsprogramm widmen, wie es schon zuvor von herausra-

---

229 Vgl. BÖCKENFÖRDE, Forschung (wie Anm. 4) 199, dort Anm. 111. In diesem Zusammenhang kann man in den 50-er Jahren in einem Nachruf in der ZRG von der „Heroenzeit der Germanistik" lesen. Vgl. HERMANN SCHULTZE-V. LASAULX, Karl Haff, ZRG GA 72 (1955) XV.

230 Sehr deutlich kommt das etwa bei SCHWERIN, Der Geist des altgermanischen Rechts, das Eindringen fremden Rechts, und die neuerliche Wiedererstarkung germanischer Rechtsgrundsätze, in: HERMANN NOLLAU (Hrsg.), Germanische Wiedererstehung (Heidelberg 1926) 205–291 zum Ausdruck. Es handelt sich dabei um einen populärwissenschaftlichen Aufsatz, der ob seiner Prägnanz für die Sichtweise der Rechtsgeschichte bezüglich des Entwicklungsprozesses des in Deutschland geltenden Rechts von der germanischen Urzeit bis in die Gegenwart in der einschlägigen wissenschaftsgeschichtlichen Literatur immer wieder zitiert wird.

231 So darf es nicht verwundern, wenn eine rechtshistorische Dissertation von 1968, die ob ihrer äußerst brauchbaren sachlichen Ergebnisse hier in Kapitel II. A. eingearbeitet wurde, auch Aussagen wie die folgende enthält: „Es ist nicht die Summe der Rechtsinstitute, die den Begriff des deutschen Rechts seinen Gehalt gibt. Es ist die Grundstimmung, die im deutschen Rechte vorherrscht, der nationale Charakter, der sich unabhängig von der jeweiligen Kulturentwicklung und dem damit verbundenen Wandel der Bedürfnisse erhält." Die Frage nach dem „Warum" in der „Sonderart" der Entwicklung des deutschen Rechts könne man nicht restlos klären, und deshalb – ohne der Formel der Hist. Rechtsschule vom Recht als dem Erzeugnis des Volksgeistes in seiner ursprünglich gedachten Form folgen zu wollen – sei „es uns unbenommen, vom Volksgeist oder von der Volksseele zu sprechen, wenn man hierin 'den Inbegriff des Irrationalen in einem Volke versteht'. So enthält die oft bekämpfte 'Formel der geschichtlichen Rechtsschule vom Recht als dem Erzeugnis des Volksgeistes auch heute noch einen richtigen Kern.'" – so FLIESS (wie Anm. 20) 112 ff. Die Belege ließen sich für die Jahrzehnte davor beliebig fortsetzen.

genden Fachvertretern gefordert worden war. Amira hatte bereits 1875 im Anschluss an die Feststellung: *„Ein hohes und vaterländisches Ziel ist es gewiß von dem aus die Rechtsgeschichte als Mittel erscheint zur Erkenntnis des heute und bei uns geltenden Rechts*", die Frage gestellt:

> *„Ist sie aber darum auch nur dies? Hat sie nicht an und für sich und vor Allem eine andere Aufgabe zu erfüllen, als der Technik von Richtern, Sachwaltern und Gesetzesverfestigern zu dienen? Sollte die Wissenschaft vom Recht wirklich im Wissen vom gegenwärtigen Recht aufgehen?*"[232]

Damit kündigt er die Verpflichtung seiner Disziplin gegenüber dem geltenden Recht auf und stellt ein Programm für eine verselbständigte Rechtsgeschichte als gleichberechtigtes Fach in der Reihe aller anderen rechtswissenschaftlichen Disziplinen:

> *„Auch die Rechtsgeschichte, d.h. die Geschichte des das Recht denkenden Menschen, ist dann Zugehör zum Wissen vom Menschen als dem sittlichen und darum eben geschichtlichen Wesen, mithin wie alle Geschichte Bestantheil unserer Weltanschauung, gleich nothwendig und gleich entbehrlich wie diese. Diesem obersten Zweck hat die Geschichte des Rechts zu dienen, ja die Wissenschaft vom Recht schlechthin, vom vergangenen und vom heutigen als der wechselnden Erscheinung der Rechtsidee.*"[233]

Brunner stößt später ins gleiche Horn, wenn er propagiert:

> *„Wie alle Geschichte arbeitet auch die Rechtsgeschichte an dem erhabenen Problem der Selbsterkenntnis der Menschheit. Sie hat daher die Berechtigung ihrer Existenz in sich selbst und braucht sie nicht erst durch den Nutzen zu begründen, den das Verständnis des heutigen Rechts aus ihr zu schöpfen vermag.*"[234]

Wie bereits im vorangegangenen Kapitel und auch hier zuvor vermerkt, erlangt die Rechtsgeschichte dann mit der Privatrechtskodifikation in Deutschland 1900 ihre solcherart geforderte Autonomie. Für die Praxis bedeutet dies freilich ihren Verweis in den Rang eines propädeutischen Fachs innerhalb der juristischen Fakultäten – eine Funktion, die sie bis heute wahrnimmt.[235] *„Sie vermittelt noch Wissen, Bürgerbildung und geistiges Niveau im rechtswissenschaftlichen Positivismus.*"[236]

---

232 AMIRA, Zweck und Mittel (wie Anm. 37) 11.
233 Ebd. 12.
234 BRUNNER, Rechtsgeschichte (wie Anm. 21) 5.
235 Vgl. MEISSEL (wie Anm. 167) 415.
236 SENN (wie Anm. 8) 37.

4. Die Rechtsgeschichte in der Krise?

Verschieden ist daher dann auch das allgemeine Bild im ersten Drittel des 20. Jahrhunderts: Anders als noch im vorangegangenen Jahrhundert werden geschichtstheoretische Fragen kaum noch aufgegriffen und die gesamte methodische Grundlagendiskussion ebbt ab. Gerade die Frage der noch aus dem 18. Jahrhundert übernommenen Unterscheidung von innerer und äußerer Rechtsgeschichte[237] wird von Schwerin aufgegriffen. Er stellt fest, dass die Erforschung und Darstellung des gesamten Rechtssystems nur dann möglich sei, wenn durch den zu behandelnde Stoff Querschnitte gelegt würden, oder dieser in Perioden gegliedert wird.

Da das zeitlich Zusammengehörige auf Grund der gegenseitigen Bedingtheit auch im Zusammenhang dargestellt werden müsse, plädiert Schwerin für die Anwendung der historischen – auch synchronistisch genannten – Methode, die den gesamten Rechtsstoff in gleicher Weise erfassen kann. Denn es sei *„nicht angängig, sie bei den Quellen und der Verfassung durchzuführen, für das übrige Recht aber systematische*[238] *Einteilungsgründe zur Anwendung zu bringen.*"

Damit würde dann auch *„die früher beliebte Einteilung in eine äußere und eine innere Rechtsgeschichte überflüssig, von denen jene die Geschichte der Rechtsquellen in periodischer Ordnung, diese die der Rechtsinsitute in systematischer Darstellung umfaßte.*"[239] Tatsächlich wird eine Einteilung in äußere und innere Rechtsgeschichte bereits bei Amira[240] und Brunner[241] abgelehnt, sodass die Forderung Schwerins wohl nur als eine unterstützende und zustimmende Haltung in dieser Diskussion zu sehen ist, die zu diesem Zeitpunkt schon abgeschlossen ist und nicht zu Beginn des 20. Jahrhunderts entbrannte, wie das bei Senn zum Ausdruck kommt.[242]

---

[237] Beispielsweise führt MITTERMAIER (wie Anm. 36) 40 ff. die Notwendigkeit einer Unterscheidung von äußerer und innerer Rechtsgeschichte aus. Demnach müssen in der äußeren Rechtsgeschichte alle politischen Verhältnisse erörtert werden, die auf die Gesetzgebung einwirken, wie etwa die Einrichtungen des Staates, das Entstehen des Lehenswesens, die Verhältnisse zwischen Herrschern und Beherrschten, die Ständebildung, etc. Weiters umfasst die äußere Rechtsgeschichte die Gesetzgebung selbst sowie die Rechtsquellen. Hingegen hat die innere Rechtsgeschichte der Frage nachzugehen, auf welche Art und Weise sich die einzelnen Zweige der Rechtswissenschaft ausgebildet haben. Während also die äußere Rechtsgeschichte eine datensichernde Quellenkunde betreibt, kommt es der inneren zu, Normen und Institutionen zu erklären, zu systematisieren und jeweils für sich in ihrem Entwicklungsgang nach zu verfolgen.

[238] Die systematische Methode teilt im Gegensatz zur historisch-synchronistischen den Stoff – wie der Name verrät – nach systematischen Gesichtspunkten, d.h. es werden die einzelnen Rechtinstitute jeweils für sich behandelt.

[239] SCHWERIN, Einführung (wie Anm. 21) 15 f.

[240] AMIRA, Zweck und Mittel (wie Anm. 37) 13.

[241] BRUNNER, Rechtsgeschichte (wie Anm. 21) 8 f.

[242] Mit dieser Art der methodischen Grundsatzfragen hat sich auch schon HÜBNER (wie Anm. 146) 831 ff. auseinandergesetzt, der zeigt, dass Eichhorn durch die Anwen-

Im Gegensatz zu wissenschaftstheoretischen Problemen, diskutiert die Rechtsgeschichte nun vielmehr ihre eigene Daseinsberechtigung innerhalb des juristischen Fächerkanons. Senn bezeichnet dies als „*die Kehrseite des Autonomisierungserfolges*“ und fährt fort, dass diese Rechtfertigungsversuche „*in die schicksalshafte Abkapselung von der wissenschaftstheoretischen Diskussion*[243] *der Zeit*“[244] münden, da die Rechtsgeschichte ihre ganze Kraft fortan auf die Existenzbehauptung innerhalb der juristischen Fakultät konzentrieren musste.[245] Eine wirkliche Auseinandersetzung mit den in den Nachbardisziplinen aufgeworfenen Fragen bleibt auf breiter Basis aus. Umso interessanter erscheint ein Blick auf die wenigen wissenschaftstheoretischen Abhandlungen jener Zeit zu sein, die als Ausnahmen die Regel zu bestätigen scheinen.

Hans Fehr spricht 1927 das Verharren der Disziplin in einer rein deskriptiven Beschreibung der Institutionen als „*Krankheit der Rechtsgeschichte*“[246] an und plädiert für einen ideengeschichtlichen Zugang. Diese Forderung wird nicht sogleich verwirklicht, jedoch in den 40-er Jahren von Karl Bader[247] wieder aufgegriffen und durch die erste ideengeschichtlich fundierte Behandlung der Privatrechtsgeschichte durch Franz Wieacker – „Privatrechtsgeschichte der Neuzeit“ von 1952[248] – umgesetzt.[249]

---

dung der synchronistischen Methode zuerst die systematische Einteilung überwunden hat. Nach ihm kehrten in den 50-er Jahren des 19. Jht. manche Autoren aber wieder zur ursprünglichen Methode zurück. Endgültig setzt sich die als moderner und zweckmäßiger erachtete synchronistische Methode mit Amira und Brunner – also ab den 1870-er Jahren – durch.

243 Etwa die Diskussion um die neuen Ansätze einer Wirtschafts- und Sozialgeschichte in der Geschichtswissenschaft oder auch die Entstehung der Soziologie als eine moderne Gesellschaftswissenschaft.

244 SENN (wie Anm. 8) 40.

245 Vgl. aktuell dazu auch KLIPPEL, Rechtsgeschichte (wie Anm. 107) 128 ff., der in diesem Überblick über Geschichte und aktuelle Debatten in und um das Fach „Rechtsgeschichte“ der „Krise der Rechtsgeschichte“ immerhin ein eigenes Kapitel widmet und die angesprochene Krise nach 1945 prolongiert sieht.

246 Vgl. HANS FEHR, Mehr Geistesgeschichte in der Rechtsgeschichte, Deutsche Vierteljahresschrift für Literaturwissenschaft und Geistesgeschichte (1927) 1 ff.

247 Zitiert bei SENN (wie Anm. 8) 41. Es handelt sich um Baders Aufsatz „Mehr Geistesgeschichte“ im Historischen Jahrbuch 1942/43.

248 2., teilw. nach wie vor gebräuchliche Aufl. 1967 (siehe oben Anm. 115).

249 Vgl. SENN (wie Anm. 8) 41. Ein ideengeschichtlicher Ansatz wurde dann vor allem von Hans Thieme vertreten, seine 1986 anlässlich seines 80. Geburtstages erschienen gesammelten Schriften tragen auch bezeichnenderweise den Titel „Ideengeschichte und Rechtsgeschichte“. Als sein Anliegen bezeichnet es Thieme dort im Vorwort „die Ideen neben den Institutionen und den Begriffen in der Rechtsgeschichte sachgemäß zu berücksichtigen.“ – THIEME, Ideengeschichte und Rechtsgeschichte. Gesammelte Schriften I (Köln 1986) IX. Gleich sechs Schüler Thiemes (darunter Kroeschell) stiegen in rechtshistorische Ordinariate auf, weshalb auch seine methodischen Schwerpunktsetzungen nicht ohne weitreichendere Auswirkungen geblieben sind.

In eine ähnliche Kerbe schlägt ein interessanter Diskussionsbeitrag des Greifswalder Professors Walther Schönfeld, den er in Form eines Referats auf der ersten Tagung der deutschen Rechtshistoriker am 11. Juni 1927 lieferte[250]. Er bezeichnet die Rechtsgeschichte als „*Kulturgeschichte unter juristischen Vorzeichen*"[251], weshalb sie die realen, wie etwa die wirtschaftlichen, Hintergründe berücksichtigen müsse, dabei aber nicht auf die idealen Seiten ihres Gegenstandes vergessen dürfe, wobei die eben zuvor angesprochene Forderung Fehrs begrüßt wird. In dieser Hinsicht sei die Rechtsgeschichte von den Nachbarwissenschaften wie Theologie, Nationalökonomie, Literatur- und Kunstwissenschaft überflügelt worden.

Wie schon oben erwähnt, führt Schönfeld an, dass das „*neuere historische Denken*" – gemeint ist der Historismus – sehr wesentlich aus der Rechtsgeschichte herausgewachsen sei, stellt dem aber die gegenwärtige Situation gegenüber, in der es über den Beitrag der Rechtsgeschichte zu den neu aufgeworfenen Problemen der Geschichtswissenschaft nicht viel zu sagen gebe, denn die „*Rechtsgeschichte hat ebenso wie die Rechtsdogmatik über ihrer durchaus notwendigen Facharbeit das Ganze und damit sich selbst vergessen. Sie ist sich selbst zu wenig Problem.*"[252]

Eine Lösung sieht er darin, zur „*guten Tradition der Zeit um Savigny und Eichhorn zurückzukehren*", da die Rechtsgeschichte in ihrer damaligen Arbeit von dem Bewusstsein ihrer Zeit getragen und befruchtet worden sei. Schönfeld will nicht hinter den Historismus zurückgehen – immerhin erblickt er in der Rechtsgeschichte keinen Selbstzweck, sondern lässt sie im Dienst der Dogmatik stehen –, wohl aber über diesen hinaus und hinwegkommen. Die wahre Rechtsgeschichte sei jene „*die mit uns kommt und mit uns geht, die metaphysische Rechtsgeschichte, die in dem Geist der Zeiten den Geist der Zeit, den Geist der Geister ahnen läßt.*"[253]

Insgesamt läuft die Forderung Schönfelds also auf eine Lösung des Problems der Rechtsgeschichte durch einen Rückgriff auf die Historische Rechtsschule hinaus.[254] Er bestätigt damit auch die Beobachtung, dass gewisse Grundtendenzen aus der Anfangszeit der Wissenschaftsdisziplin Rechtsgeschichte auch nach über hundert Jahren noch willkommene Alternativen darstellen, besonders jene, die an den Volksgeist angelehnt sind.

Auf der gleichen Tagung stellt Karl Haff ein anderes Modell mit aktuellen Bezügen zur Diskussion. Er greift das Verhältnis von Rechtsgeschichte und der jungen Disziplin der Soziologie auf und will den auf Gewinnung objektiver Maßstäbe gerichteten empirischen Zweig der Soziologie in die methodische Praxis seiner Disziplin einbinden. Zu berücksichtigen seien dabei vor allem die

---

250 Vgl. WALTHER SCHÖNFELD, Vom Problem der Rechtsgeschichte (Halle 1927).
251 Ebd. 44.
252 Ebd. 45.
253 Ebd. 46.
254 Vgl. SENN (wie Anm. 8) 43.

von ihr aufgestellten dynamischen Gesetze, das Gesetz der Strukturenbildung und das Gesetz der Residua (Rückstand früherer Zustände).[255] Nicht auf die Rechtsgeschichte übertragbar sei hingegen die „reine Soziologie“, wie ihr u.a. die Idealtypenlehre nach Max Weber angehört, da diese wegen ihrer Abstraktion und generalisierenden Art zu den Realurteilen der Rechtsgeschichte im Gegensatz stünde.[256] Hat Fehr den ideengeschichtlichen Hintergrund der Rechtsgeschichte betont, so erblickt Haff die gesellschaftlichen Zustände als die Grundlage des Rechts.

Folglich müssten Veränderungen des Rechts im historischen Prozess zuerst an der Änderung seiner Grundlagen festgemacht werden. Dies würde der Rechtsgeschichte eine neue stabile methodische Grundlage schaffen.[257] Die dem Rechtsleben „*zugrunde liegenden gesellschaftlichen Gesetzmäßigkeiten, wie sie uns Soziologie und Psychologie aufdecken, müssen als ein unentbehrliches Hilfsmittel des Historikers und des Rechtsgeschichtlers erkannt werden*“[258], fordert Haff, um zu einer richtigen Erkenntnis des „dynamischen Inhalts“ mancher Rechtsformen zu gelangen. Wie Senn betont, ist diesem Ansatz kein Erfolg beschieden und die methodischen Ansätze zur Integration von Soziologie und damit einhergehender quantitativer Methoden treten erst in den 70-er Jahren wieder hervor.[259]

5. Ein Ausweg – die „nationale Aufgabe“ der deutschen Rechtsgeschichte

Aufschlussreich neben diesen spärlichen methodischen Stellungnahmen ist auch ein Blick auf die im Zusammenhang mit dem Rechtfertigungsdruck stehende Diskussion über „Zweck und Nutzen“ der Rechtsgeschichte, vor allem deshalb, weil die schließlich als primär auftretende Argumentationslinie die nationale Bewahrerfunktion der Disziplin hervorstreicht. Sicher steht dies im Zusammenhang mit der politischen Situation in Deutschland nach dem Ersten Weltkrieg, als die Betonung nationalideologischer Positionen weit verbreitet ist.

Vor allem der akademischen Jugend soll der Blick für das Eigene, im Volk Gewachsene geschärft werden, um die politischen und militärischen Niederlagen Deutschlands durch ein neues, nationales Selbstbewusstsein auszugleichen. In diesem Sinn richtet auch Schönfeld seine eben behandelte Abhandlung über das Problem der Rechtsgeschichte der „rechtsbeflissenen Jugend“, da es gelte gerade sie für das Fach neu zu begeistern.[260] Und mit der Tradition der Volks-

---

255 Vgl. KARL HAFF, Rechtsgeschichte und Soziologie, Vierteljahresschrift für Sozial- und Wirtschaftsgeschichte 22 (1929) 8 ff.

256 Vgl. ebd. 7. Damit trifft sich Haff mit Schönfeld, der die Idealtypenlehre ebenfalls ablehnte; vgl. SCHÖNFELD (wie Anm. 250) 14 f.

257 Vgl. HAFF (wie Anm. 255) 1 ff.

258 Ebd. 6.

259 Vgl. SENN (wie Anm. 8) 43 und 45.

260 Vgl. SCHÖNFELD (wie Anm. 250) 46.

geistlehre der Historischen Rechtsschule stehen der Rechtsgeschichte ja an ihrer eigenen Wiege die dafür passend erscheinenden Mittel zur Verfügung.

Rudolf Hübner betont in diesem Zusammenhang ebenfalls die Notwendigkeit, der Jugend die Entwicklung des Rechts ihres Volkes vor Augen zu führen, denn *„die Rechtsgeschichte lehrt auch uns Bürgern des zusammengebrochenen Deutschlands die alte Wahrheit, daß auch die plötzlich hervorbrechenden, auch die zerstörenden Kräfte sich immer langsam und lange angesammelt haben und daß in jedem geschichtlichen Streben die Keime eines neuen Werdens liegen.*“[261]

Die Vertretung eines „nationalen Anliegens“ war für die deutsche Rechtsgeschichte nichts Neues, sah sie dies doch bereits seit ihrem Bestehen im 19. Jahrhundert als eine ihrer Aufgaben an[262]. Durch die bereits dargestellte Trennung von der allgemeinen Staatsgeschichte und dem Bestreben um methodische Objektivitätskriterien haben sich aber die diesbezüglichen Diskussionen versachlicht. Maßgeblich beeinflusst sei diese Entwicklung zudem von der Konsolidierung des Reiches nach 1871[263], als ein nationales Ziel, die Einigung Deutschlands, ja erreicht war. Nun eröffnet sich für die in Bedrängnis geratene Rechtsgeschichte ein Ausweg, indem sie wiederum das nationale Anliegen verstärkt und betont zu dem ihren macht und so eine willkommene und dringend benötigte neue Rechtfertigungsgrundlage schafft. Eine Diskussion um eine methodische Neuorientierung scheint damit nicht mehr notwendig, man hat einen viel einfacheren Weg gefunden, der es zudem erlaubt, in der gewohnten Tradition des Faches zu verharren.

---

261 Zitiert bei SENN (wie Anm. 8) 47.

262 Das steht im Zusammenhang mit der Entstehung der historischen Schule zur Zeit des Zerfalls des alten Reiches und den politischen Restaurationsbestrebungen, denen sich auch die Rechtsgeschichte anschloss. Hier scheint sich auch der Kreis zu den schon eingangs zu diesem Kapitel erwähnten romantischen Grundlagen der deutschen Rechtsgeschichte zu schließen. Fueter, der Eichhorn als die „wohl bedeutendste“ Persönlichkeit „unter den Forschern, die unter dem Einflusse romantischer Anschauungen“ gestanden sei bezeichnet hat, liefert eine Bestätigung der Feststellung, die deutsche Rechtsgeschichte sei von Anfang an für ein nationales Anliegen eingetreten: „Erst Eichhorn hat das (deutsche) Recht als ein einheitliches im Volk gewordenes Ganzes betrachtet, dessen nationalen Charakter betont und dessen Geschichte dazu benutzt, den Geist des geltenden Rechts zu erkennen, mit der Absicht, die vernünftige Kontinuität der Rechtsentwicklung als einer volksmäßigen zu fördern.“ FUETER (wie Anm. 187) 422. In auffallender Weise werden die Rechtshistoriker des 19. Jht. auch oft in Nachrufen als Bannerträger eines nationalen Gedankens und Vorbilder einer nationalen Einstellung gewürdigt! So etwa besonders deutlich ULRICH STUTZ, Heinrich Brunner, ZRG GA 36 (1915) XVII f.; auch bei ERNST MAYER, Konrad Maurer, ZRG GA 24 (1903) XXVI f.; SCHWERIN, Amira (wie Anm. 165) XXV; FEHR, Rudolph Sohm (1841–1917), ZRG GA 38 (1917) LXII; die Beispiele ließen sich noch zahlreich fortsetzen.

263 Vgl. SENN (wie Anm. 8) 47.

Der Erfolg des solcherart eingeschlagenen Weges scheint der deutschen Rechtsgeschichte Recht zu geben. Mit Beginn der NS-Ära[264] in Deutschland sind alle Bedenken und Zweifel über die Selbstbehauptung der Disziplin innerhalb der juristischen Fakultäten ausgeräumt. Noch 1922 hatte Rudolf Hübner in seiner akademischen Antrittsrede eine Bedrohung der „*gesamte*[n] *geschichtliche*[n] *Rechtwissenschaft überhaupt als Unterrichtsgegenstand in Deutschland*“ gesehen und zur Verteidigung der Positionen aufgerufen. 1935 konnte Justus Hedemann – bezugnehmend auf eben diese Rede – dann schon feststellen, dass „*diese Gefahr heute als behoben gelten*“[265] kann, da die Rechtsgeschichte im Lehrgebäude einen festen und betonten Platz behalten habe.

Ganz allgemein wird jetzt in der deutschen Rechtsgeschichte die Kontinuität der Disziplin aus der Historischen Rechtsschule heraus und die Verbundenheit zum Historismus, der noch bei Schönfeld überwunden werden sollte, betont.[266] Alles in allem stellt sich also mit der NS-Zeit eine Festigung der Disziplin, auch was die aus dem letzten Drittel des 19. Jahrhunderts mitgenommenen methodischen Grundsätze betrifft, ein.

6. Paradigmenwechsel nach 1945

Abschließend zu diesem methodengeschichtlichen Teil des einleitenden Abschnitts zu den Grundlagen der deutschen Rechtsgeschichte sei noch ein Blick auf den weiteren Verlauf der Methodendiskussion nach 1945 geworfen:

Wie Senns ausführliche Untersuchung der methodisch-theoretischen Literatur der deutschen Rechtsgeschichte nach 1945 gezeigt hat[267], vollzog sich erst nach dem Zweiten Weltkrieg ein paradigmatischer Wechsel sowohl in den Forschungs- und Lehrintentionen, als auch in den methodischen Grundlagen. Er unterscheidet näherhin drei Phasen, in denen sich dieser Kurswechsel vollzieht.

Der methodische Stillstand, der wie schon gezeigt ein Resultat der Isolierung von der allgemein stattfindenden Grundlagendiskussion in der Geschichtswissenschaft war, trat nun nach 1945 offen zu Tage. Zunächst wurde dem aber nicht durch eine Öffnung gegenüber den längst in Nachbardisziplinen etablierten theoretisch-methodischen Innovationen begegnet, sondern durch Restaurationsversuche, wie sich Senn ausdrückt, die bestrebt sind, zwei Wissenschaftsmodelle aus dem 19. Jahrhundert neuerlich zu etablieren.

---

264 Das Verhältnis von Rechtsgeschichte und Nationalsozialismus wird im folgenden Hauptkapitel noch Gegenstand ausführlicher Betrachtung sein. Da es sich methodisch nicht signifikant auswirkt, braucht diese Zeit zunächst hier nicht näher behandelt werden.

265 JUSTUS WILHELM HEDEMANN, Privatrechtsgeschichte der Neuzeit. Ein Versuch (= Sonderdruck aus der Festschrift für Rudolf Hübner, Jena 1935) 3.

266 Belege bei SENN (wie Anm. 8) 48 f.

267 Vgl. die Zusammenfassung des Hauptteils seiner Untersuchung über die Methodendiskussion nach 1945 ebd. 176 ff.

Zum Einen handelt es sich dabei um eine „geschichtliche Rechtswissenschaft“, die auf das Modell der Historischen Rechtsschule zurückgreift, also wiederum durch die Erforschung des historischen Rechts zu einer besseren Grundlage für die Rechtsgestaltung der Gegenwart kommen will, verbunden mit der neuen Naturrechtsphilosophie der Nachkriegszeit, die eine Antwort auf die Erfahrungen mit dem Gesetzespositivismus der NS-Zeit darstellte. Aus den Beispielen der Rechtsgeschichte – um Heinrich Mitteis, einen herausragenden Vertreter dieser Richtung zu zitieren – könne „*die Gesetzgebung aller Zeiten und Länder nützliche Lehren ziehen und sich manchen Irrweg ersparen.*“[268] Um einen Beweis für den „Lebenswert“ der Rechtsgeschichte und ihre Bedeutung in der Gegenwart zu liefern, will Mitteis aus der rechtsgeschichtlichen Entwicklung auf induktivem Weg ein „oberstes Rechtsprinzip“ gewinnen.

Zwar wäre aus der Geschichte grundsätzlich keine Normerkenntnis möglich, doch könne man evident machen, dass eine Maxime durch die Zeiten hindurch als verbindlich gegolten habe und so zu einer apriorischen Erkenntnis der Norm gelangen.[269] Als einen solchen Grundsatz meint Mitteis das „Gebot der Konsequenz“ – das eigene Verhalten als bindende Norm zu befolgen – ausmachen zu können. Als eine Instanz, welche die effektive, historisch nachweisbare Durchsetzung der Rechtsidee gegenüber unrichtigem Recht gewährleisten könne, plädiert er für das „*mit der Geschichte der Menschheit zusammen anhebende*“ Naturrecht, welches ein Recht höherer Ordnung sei, das die Rechtsidee reiner verkörpern würde als das positive Recht.[270]

Der Gang der Rechtsidee – die Durchsetzung der Gerechtigkeit – durch die Geschichte sei der eigentliche Inhalt der Rechtsgeschichte, welche deshalb, wenn sie vor diesem Hintergrund erforscht würde, auf die Rechtspolitik, die ja in diesen Sinne zu handeln hat, vorzubereiten habe.[271] Erkenntnismethodisch erfolgt dabei die Feststellung der Sachverhalte durch „kritischen Realismus“, während ihre Deutung und Auswertung auch mittels „objektivem Idealismus“ erlaubt sein müsse.[272]

Auf der anderen Seite steht für Senn das aus dem späten 19. Jahrhundert stammende Modell des „positivistischen Historismus“, das ebenfalls wiederbelebt wird. Dieser betone auf Grund der „*verbrauchten politischen Funktion der Rechtsgeschichte*“ während der NS-Zeit den „*kontemplativen Charakter der Geschichtswissenschaft*“, eine Richtung, die vor allem durch Karl S. Bader vertreten wurde.[273]

---

268 MITTEIS, Vom Lebenswert der Rechtsgeschichte (Weimar 1947) 96 f.; vgl. auch ebd. 111 ff.

269 Vgl. ebd. 105.

270 Vgl. ebd. 117.

271 Vgl. ebd. 128.

272 Vgl. ebd. 84. Vgl. insgesamt zum Konzept Mitteis’ vom „Gang der Rechtsidee“: MITTEIS, Die Rechtsidee in der Geschichte. Gesammelte Abhandlungen und Vorträge (Weimar 1957).

273 Vgl. SENN (wie Anm. 8) 177.

Zwar warnt Bader davor *„in überlebten Historismus zu verfallen“*[274], doch habe die Rechtsgeschichte, wie alle Geschichtswissenschaft, zu ergründen *„wie es gewesen“*, womit er explizit auf Ranke Bezug nimmt[275]. Im Gegensatz zu Mitteis betont Bader die Eigenständigkeit des Rechtshistorikers, dem nicht die Vertretung von Fächern des geltenden Rechts aufgebürdet werden sollte, um sich unabhängig der historischen Forschung widmen zu können.[276] Zentral ist für Bader das Verständnis von der Vergangenheit. Überhaupt steht bei ihm eine zweckfreie, kontemplative Untersuchung der historischen Genese des Rechts im Mittelpunkt[277]. Diese Zweckfreiheit, wie sie Bader 1946 fordert, revidiert er gewissermaßen 1951, wenn er ausführt, dass die Rechtsgeschichte ein Teil des „wissenschaftlichen Gewissens“ der Rechtsentwicklung sei und als solches ein „Rater und Warner“ dort sein solle, wo die Rechtsgeschichte zur Frage der Einheitlichkeit und natürlichen Fortbildung der Rechtsordnung etwas beitragen könne.[278]

Aber erst die explizite Rezeption der Hermeneutik der Geschichtswissenschaft des 19. Jahrhunderts führt zu einer methodisch vollständigen Etablierung der deutschen Rechtsgeschichte. Grundlegend dafür waren die Arbeiten von Emilio Betti[279] Mitte der 50-er Jahre. Sein Modell einer hermeneutischen Geschichtsforschung sei dann Anfang der 60-er Jahre durch Franz Wieacker verbreitet worden, um schließlich bis in die 70-er Jahre eine *„monopolartige Stellung in der rechtshistorischen Methodologie“* einzunehmen.[280]

Damit scheint dann auch die *„gefährliche Isolation“*, wie sie Mitteis 1947 bezüglich der Methode der Rechtsgeschichte festgestellt hat[281], überwunden.

---

274 BADER, Aufgaben und Methoden des Rechtshistorikers (Tübingen 1951) 9.

275 Vgl. ebd. 7.

276 Vgl. ebd. 19.

277 Belege für diese Anschauungen bei SENN (wie Anm. 8) 69 (dort Anm. 113 ff.).

278 Vgl. BADER, Aufgaben (wie Anm. 274) 8 f.

279 Aufschlussreich in dieser Beziehung u.a. EMILIO BETTI, Das Problem der Kontinuität im Lichte der rechtshistorischen Auslegung (Wiesbaden 1957). Darin tritt nicht nur seine Auffassung einer hermeneutischen Auslegung zu Tage, sondern wird auch ein für die damalige Zeit anscheinend zentrales Thema, jenes der „historischen Kontinuität“ angesprochen, dem zehn Jahre zuvor schon Heinrich Mitteis einen Beitrag gewidmet hat: vgl. MITTEIS, Die Rechtsgeschichte und das Problem der historischen Kontinuität (Berlin 1948). Es geht dabei um die Frage des Vorgangs der Kulturübertragung zwischen Kulturkreisen, die Wanderung geprägter Formen in ihrer Eigenständigkeit durch eine wechselnde geschichtliche Umwelt, wie es MITTEIS, ebd. 3 ausdrückt.

280 Vgl. SENN (wie Anm. 8) 76 f. Dieses Bild zeichnet auch KROESCHELL, Haus und Herrschaft (wie Anm. 7) 55 ff. An den darin im Anschluss an seine Untersuchung über „Haus und Herrschaft“ angefügten grundsätzlichen Ausführungen über „Methode und Funktion der Rechtsgeschichte“ dürfte sich Senn für diesen Teil auch orientiert haben.

281 Vgl. MITTEIS, Kontinuität (wie Anm. 279) 4 f. Mitteis kritisiert hier, dass sich die Rechtsgeschichte an methodischen Diskussionen bisher kaum beteiligt hätte. Die Methode sei von den großen Fachvertretern von Savigny und Eichhorn bis zu Brunner

Die deutsche Rechtsgeschichte hat sich in den Kreis der allgemeinen Geisteswissenschaft eingefügt.[282]

Eine zweite Phase nach 1945 hin zum Paradigmenwechsel in der deutschen Rechtsgeschichte macht Senn dann in der zweiten Hälfte der 60-er Jahre aus. Waren die ersten beiden Jahrzehnte durch die eben skizzierten Rückgriffe auf traditionelle methodische Grundlagen des 19. Jahrhunderts geprägt, so habe sich nun – parallel zu grundlegenden Wandlungen in der Gesellschaftsauffassung, Hochschule und Politik – eine tiefgreifende methodische Diskussion über die Grundlagen der Rechts- und Geschichtswissenschaft entsponnen.

Deren geisteswissenschaftliche Fundamente seien nun nachhaltig durch eine Integration sozialwissenschaftlicher Ansätze teilweise ersetzt und abgeändert worden, vor allem eine Annäherung an theoretische Errungenschaften der Soziologie sei für die Rechtsgeschichte in Betracht gekommen. Eine neue Generation von Rechtshistorikern, wie etwa Kroeschell[283], hat – im Gegensatz zur älteren Generation, die kaum eine Veranlassung sah, traditionelle Methoden aufzugeben – die Notwendigkeit erkannt, methodisches Neuland zu betreten.[284]

Schließlich kommt es in den 70-er Jahren zu einer tatsächlichen breiteren Erweiterung der wissenschaftlichen Ansätze auch innerhalb der deutschen Rechtsgeschichte. Der auf geisteswissenschaftlichen Grundlagen ruhenden Rechtsgeschichte mit einigen ersten Ansätzen zur Integration sozialwissenschaftlicher Methoden stellen sich zwei Konkurrenzmodelle gegenüber: Erstens eine aus den Zeitumständen der späten 60-er und frühen 70-er Jahre erklärbare materialistische-marxistische Position, die aber bald wieder an Einfluss auf die Methodendiskussion verloren hat, und zweitens eine „rechtshistorische Sozialwissenschaft" (in Anlehnung an eine parallele Erscheinung in der Geschichtswissenschaft um Hans-Ulrich Wehler und Jürgen Kocka).[285]

Freilich bedeutet diese jüngere Entwicklung nicht, dass damit alte Positionen und methodische Grundlagen vollständig überlagert worden wären. Vielmehr führten die neuen Ansätze, soweit sie sich wie die sozialwissenschaftlich geprägte Richtung einigermaßen behaupten konnten, zu einer Ergänzung jener aus dem 19. Jahrhundert stammenden methodischen Grundlagen, die für die rechtshistorische Forschung konstitutiv waren und die bis heute eng mit ihr verbunden sind. Einer oft beobachteten Parallelität von geschichtlicher und rechtsgeschichtlicher Forschung ist auch insofern zuzustimmen, als ja die Geschichtswissenschaft ebenso bei aller Neuerung im 20. Jahrhundert im Wesent-

---

oder Gierke mit intuitiver Sicherheit gehandhabt und auch zur Meisterschaft gesteigert worden, die dabei zu befolgenden Grundsätze wären aber keiner kritischen Reflexion unterzogen worden. Eine solche sieht Mitteis erst jetzt – in einer Krisenzeit der deutschen Rechtsgeschichte – einsetzen.

282 Vgl. SENN (wie Anm. 8) 176 f.

283 Vgl. seine schon unter Anm. 280 angeführte Abhandlung „Methode und Funktion der Rechtsgeschichte".

284 Vgl. SENN (wie Anm. 8) 177 f.

285 Vgl. ebd. 178 f.

lichen auf einen Grundstock aufbaut, der von den „Klassikern" im Jahrhundert davor geschaffen wurde.[286]

So konstatiert auch Gerhard Köbler, dass zwar die Rechtsgeschichte als rein kontemplative Wissenschaft beginnend in den 60-er Jahren zunehmend in Frage gestellt wurde und sich zunächst den Sozialwissenschaften öffnete, dies aber zu keinem breiten Konsens innerhalb der Disziplin geführt habe. Ganz unbedeutend seien bislang Mentalitäts- oder Alltagsgeschichte in der Rechtsgeschichte geblieben.[287] Vielleicht ergeben sich auf diesen auch für die Geschichtswissenschaft relativ jungen Gebieten neue Herausforderungen für die Rechtsgeschichte, die zu einer weiteren Ergänzung der Forschungsfelder und damit auch zu einer Erweiterung des methodischen Rüstzeugs führen könnten.

Insgesamt sollte der angesprochene Paradigmenwechsel, der sich nach Senn seit dem Ende der 60-er Jahre vollzieht, einerseits dahingehend relativiert werden, dass die Rechtsgeschichte auch weiterhin auf Traditionen aufbaute. Andererseits lassen sich die Veränderungen nach Köbler wie folgt kurz charakterisieren[288]:

Zum Einen verlagert sich das hauptsächliche Forschungsinteresse eindeutig auf die Neuzeit und hier besonders auf das 19. Jahrhundert. Auch ein Blick in die Zeitschrift für Rechtsgeschichte bestätigt dieses Bild. Mit dieser Schwerpunktsetzung in der jüngeren Vergangenheit geht auch die Etablierung einer neuen Teildisziplin einher, jener der Rechtszeitgeschichte oder juristischen Zeitgeschichte[289]. Eine germanische oder fränkische Zeit wird nur noch in Einzeluntersuchungen behandelt, in neu herausgegebenen Lehrbüchern fehlt das germanische Recht mitunter schon völlig[290], was sich sicher aus der Relativierung und Widerlegung zahlreicher alter Forschungsergebnisse und der allgemeinen Umorientierung auf jüngere Epochen erklären lässt.

---

286 Das wird etwa in einschlägigen Arbeiten zur Historiographiegeschichte in der Geschichtswissenschaft betont. So auch bei SIMON (wie Anm. 186) 11 ff., der darauf hinweist, dass die aktuelle Geschichtswissenschaft in allen Bereichen – wenn auch in unterschiedlichem Maße – von ihren Traditionen geprägt ist.

287 Vgl. KÖBLER, Wege deutscher Rechtsgeschichte, in: FS Karl Kroeschell zum 60. Geburtstag (Frankfurt am Main u.a. 1987) 236.

288 Ebd. 239 f.

289 Als bekanntes Beispiel sei etwa KROESCHELL, Rechtsgeschichte Deutschlands im 20. Jahrhundert (Göttingen 1992) genannt. In jüngster Zeit entdeckt die Rechtsgeschichte auch die rechtlichen Komponenten der europäischen Integration als ein mögliches zeithistorisches Forschungsfeld; vgl. THOMAS HOEREN/RAINER SCHULZE, Das Entstehen der Europäischen Gemeinschaften – Ein Überblick, in: Sectio Juridica et Politica XV (1998) 183–207, wo einleitend europäisches Gemeinschaftsrecht als eine neue Forschungsaufgabe für die Rechtsgeschichte vorgestellt wird.

290 Vgl. beispielsweise ULRICH EISENHARDT, Deutsche Rechtsgeschichte[3] (München 1999). In diesem Lehrbuch sind ca. 110 Seiten dem Mittelalter, nicht ganz 300 Seiten der Neuzeit und beinahe 200 Seiten dem 20. Jahrhundert allein gewidmet, was auch die bei KÖBLER, Wege (wie Anm. 287) angesprochene Verlagerung weg vom Mittelalter hin zur Neuzeit und neuesten Zeit veranschaulicht.

Überhaupt – und hier zeigt sich sehr schön die Zeitbedingtheit jeder historischen Tätigkeit – erscheint es verständlicher Weise gegenwärtig interessanter und nützlicher, über die Grundlagen der modernen Gesellschaft im 19. Jahrhundert und jene der Europäischen Union zu forschen, als durch die Rekonstruktion eines urgermanischen Rechtslebens Erkenntnisse für eine möglichst volksnahe Rechtsgestaltung zu gewinnen, wie es im „nationalen" 19. Jahrhundert noch durchaus verständlich erscheint.[291]

Damit ist, auch was die methodischen Voraussetzungen der deutschen Rechtsgeschichte betrifft, der Bogen bis in die Gegenwart gespannt und der einleitende Grundlagenteil dieser Arbeit mit dem dritten Abschnitt abgeschlossen. Alle drei hier einführend skizzierten Bereiche – der Begriffsumfang des germanischen und deutschen Rechts als Voraussetzung für den Erkenntnisgewinn der germanischen und deutschen Rechtsgeschichte, die Konsolidierung einer deutschen Rechtsgeschichte als wissenschaftliche Disziplin und schließlich deren methodische Voraussetzungen im Wandel – sollen für den nun folgenden Hauptteil, der sich mit dem Germanenbild der solcherart in ihren Grundlagen umschriebenen deutschen Rechtsgeschichte befasst, wichtige Anhalts- und Anknüpfungspunkte bieten und das Verständnis des Germanenbildes der deutschen Rechtsgeschichte in seinen Zusammenhängen erleichtern.

[291] Vgl. zum aktuellen Stand und zu möglichen Perspektiven der Wissenschaftsdisziplin Rechtsgeschichte an deutschsprachigen rechtswissenschaftlichen Fakultäten KLIPPEL, Rechtsgeschichte (wie Anm. 107) 136 ff.

III. Das Germanenbild zwischen Wissenschaft und Ideologie

A. Die Historische Rechtsschule

1. Die Quellen

„Alle deutschen Völker waren ackerbauend, ihre vorherrschende Neigung aber kriegerischen Abentheuern zugewendet. In ihren Einrichtungen nimmt man daher auch eine zweifache Grundlage wahr; ein Theil derselben ist sichtbar aus den Verhältnissen des Grund und Bodens, ein anderer aus der Kriegsverfassung hervorgegangen. In der Entwicklung das sittlichen Zustandes, findet man die Ausbildung von Kunstfertigkeiten noch auf einer niederen Stufe; auch kannten die Germanen nur religiösen Gebrauch der Schrift, und hatten keine Literatur; ihre Lieder und Sagen lebten blos im Munde des Volkes. Gleichwohl tragen weder ihre bürgerlichen Einrichtungen noch ihre Sitten die Spuren von Wildheit und Rohheit an sich."[292]

Ergänzen könnte man zu diesem vorangestellten Zitat von Eichhorn, das in das Kapitel über die Ausbildung des Germanenbildes der deutschen Rechtsgeschichte im 19. Jahrhundert, beginnend eben mit diesem herausragenden Vertreter der Historischen Rechtsschule und seiner „Deutschen Staats- und Rechtsgeschichte" von 1808, überleiten soll, dass die Germanen neben ihren Liedern und Sagen auch ihr Recht *„im Munde führten.*" Es existieren keinerlei schriftliche Rechtsaufzeichnungen aus der sogenannten „germanischen Zeit", die für die Rechtshistoriker durchwegs vom ersten Auftreten der Germanen bis ins 6. Jahrhundert reicht. Eine Rechtsgeschichte der Germanen konnte daher nur aus anderen Quellen stammen. Noch zu Eichhorns Zeit verließ man sich überwiegend auf die Taciteische Germania.[293]

---

[292] EICHHORN (wie Anm. 21) 56 (auf Grund eines Druckfehlers dort der S. 55 folgend und der S. 57 vorgehend als S. 65 ausgewiesen). Es handelt sich dabei, wie bereits bei den vorhergehenden Zitaten dieses Buches angemerkt, um die 5. Aufl. des erstmals 1808 erschienen Werkes, das im ersten Band aber inhaltlich kaum verändert wurde. Dies bestätigt die „Vorrede zur fünften Ausgabe", ebd. III.

[293] An weiteren Quellen zum Zwecke einer Rechtsgeschichte der germanischen (für ihn zugleich früheste deutsche, vgl. oben Kap. II. A. 2.) Zeit führt Eichhorn an: Carsar, Commentarii de bello Gallico; Cl. Ptolemaei, Geographiae libri; Dionis Cassii Cocceiani, historia Romana; Ammiani Marcellini, historiarum libri; Zosimi, historiarum libri; Anonymus Valesii; M. Arel. Cassiodori, Variarum H. libri; Jordanes, de Gothorum origine et rebus gestis; Paulus Warnefridus Diaconus, de gestis Langobardorum; Gregorii Turonensis, historiae Francorum libri; Chronica med. aevi; vgl. ebd. 35 f. Die Rolle der Germania als Quelle der deutschen Rechtsgeschichte behandelt KROESCHELL, Germania (wie Anm. 46) 89–110, Literaturhinweise auf S. 89, Anm. 1, 2 und 3. Vgl. zu älteren

Gerade was die Organisation des politischen Verfassungslebens („Staatswesen“ der Germanen) betrifft, war die Quellenlage aber äußerst dürftig. Im Verlauf des 19. Jahrhunderts brachten die Rechtshistoriker daher zunehmende Phantasie auf, um diese Lücke bei der Rekonstruktion der Beschaffenheit eines vermeintlichen germanischen „Staates“ zu schließen. Schon Waitz hatte in seinem epochalen Werk „Deutsche Verfassungsgeschichte“ kritisiert, dass man zwar „*früher die Berichte der Alten unterschätzt*“ habe, zu seiner Zeit aber im Gegenteil allzu sehr dazu geneigt sei, „*alles für sichere Wahrheit zu halten, und baut auf einzelne Worte ganze Systeme.*“[294]

Eine zeitgenössische Kritik, die sich weit über hundert Jahre später als allzu berechtigt herausstellen sollte. Kroeschell musste in seinem bekannten Beitrag „Germanisches Recht als Forschungsproblem“ in den achtziger Jahren über das Germanenbild der deutschen Rechtsgeschichte resümieren:

> „*In wesentlichen Zügen beruht dieses Bild auf der Darstellung des Tacitus. Nicht alle tragenden Institutionen des germanischen Rechts ließen sich aber auf Tacitus allein zurückführen. Zwar könnte man etwa von der Gefolgschaft sagen, daß sie in der ‘Germania’ mit hinreichender Deutlichkeit geschildert sei; die Sippe aber, oder die Friedlosigkeit, kamen bei Tacitus kaum andeutungsweise vor. Die Rekonstruktion dieser germanischen Rechtsinstitution geschah vielmehr mit Hilfe einer rückschließenden Methode, die auch Stammesrechte der fränkischen Periode, die nordischen Rechte des Hochmittelalters und sogar die deutschen Bauernweistümer des Spätmittelalters zur Erschließung altgermanischer Rechte heranzog. Seine methodologische Rechtfertigung fand dieses Verfahren in der Abstammungshypothese, die die Rechtsgeschichte zunächst von der indogermanischen Sprachforschung übernahm und später zu einer an den Darwinismus erinnernden entwicklungsgeschichtlichen Sicht*[295] *fortbildete.*“[296]

Beurteilungen der Germania als rechtshistorische Quelle: OTTO PETERKA, Die Germania des Tacitus und die rechtsgeschichtliche Forschung (o.O. u. Jahr), der auf S. 5 auf weitere kritische Literatur zum Thema hinweist; das Deckblatt enthält nur die Angabe „von Prof. Dr. Otto Peterka, Rektor 1926/27“. Da es sich dabei um den Rektor der Prager Universität handelt, ist davon auszugehen, dass die Schrift in dieser Zeit in Prag erschienen sein dürfte. KROESCHELL, Germania (wie Anm. 46) 89 zitiert das Heftchen mit „Prag 1929“, eine Information, die der mir vorliegenden Ausgabe nicht zu entnehmen ist.

[294] GEORG WAITZ, Deutsche Verfassungsgeschichte I. Die Verfassung des deutschen Volkes in ältester Zeit (Graz 1953) 25 (dort die Forts. der Anm. 2 von S. 24). Es handelt sich dabei um den unveränderten Nachdruck der 3. Aufl. Berlin 1880 des erstmals ab 1844 in mehreren Bänden erschienen Monumentalwerks zur deutschen Verfassungsgeschichte. Vgl. zu deren Stellenwert BÖCKENFÖRDE, Forschung (wie Anm. 4) 99 ff. Ein Hinweis auf die zitierte Aussage von Waitz findet sich auch bei PETERKA (wie Anm. 293) 4.

[295] Vgl. dazu auch unten in Kap. III. C. über die Wirkungsgeschichte, wo sich zeigt, dass eine solche Sichtweise auch dem Germanenbild und dem Kontinuitätsglauben in der anglo-amerikanischen Verfassungsgeschichte zu Grunde liegt.

Diese „*verhangene*[n] *bzw. gänzlich fehlende*[n] *Erkenntnismöglichkeiten*“[297] haben die deutsche Rechtsgeschichte bei ihrem Aufbau eines festgefügten Bildes von der germanischen Rechtsvergangenheit im Verlauf des 19. Jahrhunderts aber nicht abbringen können.

„*Neben dem Bemühen der eigenen Phantasie behilft man sich angesichts dieser völlig unbefriedigenden Quellenlage bei der Darstellung der Germanischen Zeit insbesondere mit der Berufung auf einige Ausführungen bei Cäsar und Tacitus sowie mit der sog. Rückprojektionsmethode, bei der Quellen der Fränkischen Periode und des Mittelalters* (...) *zu Rückschlüssen* (...) *herangezogen werden*“[298], bestätigt Andrea Nunweiler Kroeschell.

Neben diese Phantasien traten also im Verlauf des 19. Jahrhunderts mehr und mehr Quellen aus späterer Zeit zu den literarischen Überlieferungen eines Tacitus et al. hinzu, die man ob ihres vermeintlichen germanischen Gehalts bedenkenlos für die Rekonstruktion von Jahrhunderte älteren Verhältnissen heranzog. Den Weg der Konstruktion des Germanenbildes im 19. Jahrhundert bis etwa 1870, einer ersten Periode in der „*die Grundlagen geschaffen wurden für die Anschauung vom germanischen Recht, wie sie uns in den klassischen Darstellungen der Jahrhundertwende* (...) *entgegentritt*“[299], auf dieser quellenmäßigen Ausgangsbasis nachzuvollziehen, ist die Aufgabe dieses Abschnitts.

2. Die Entwicklung des Germanenbildes

a) Die Germanen bei Eichhorn

Am Beginn soll jener Karl Friedrich Eichhorn stehen, der, wie im obigen Abschnitt über die Entwicklung der Rechtsgeschichte bereits festgehalten, mit der bis dahin gängigen Praxis der Reichs- und Rechtsgeschichte gebrochen hatte und neben der Verfassungs- und Quellengeschichte auch für jede Epoche seiner Darstellung das Privatrecht, Strafrecht und Prozessrecht behandelte. Dadurch wurde ein „*Typus einer rechtshistorischen Gesamtdarstellung geschaffen*“[300], wie er lange als vorbildlich galt und erst in späteren Perioden der Rechtsgeschichte entsprechende Nachahmung fand.[301] Er verdient damit eingangs etwas ausführlichere Aufmerksamkeit.

---

296 KROESCHELL, Forschungsproblem (wie Anm. 1) 67 f.

297 ANDREA NUNWEILER, Das Bild der deutschen Rechtsvergangenheit und seine Aktualisierung im „Dritten Reich“ (Baden-Baden 1996) 43.

298 Ebd. 44.

299 KROESCHELL, Germania (wie Anm. 46) 90.

300 Ebd. 91.

301 Quasi ersetzt wurde „der Eichhorn“ als umfassendes Nachschlagewerk zur deutschen Rechtsgeschichte dann durch den „Schröder/Künßberg“, welcher die Aufgabe löste, den neuesten Stand der Wissenschaft von Aufl. zu Aufl. zu aktualisieren und in

Eichhorn zeichnet im Wesentlichen folgendes Bild der Germanen:

Als „*erste sichere Thatsache in der Geschichte deutscher Völker*“[302] wird im einleitenden Kapitel über die „Hauptstämme der germanischen Völker und ihre Wohnsitze“ der Krieg der Cimbern und Teutonen gegen die Römer angeführt, eine „*Unternehmung wandernder Abentheurer*“. Erst Caesar habe dann 50 Jahre später Nachricht „*von dem Völkerstamm*“ erhalten, dem diese angehört hätten. Nochmals 150 Jahre später sei es Tacitus gewesen, der „*aus älteren und neueren Quellen, Germanien und Sitten und Einrichtungen seiner Bewohner*“ beschrieben habe. „*Vornehmlich was er überliefert ist der Anfang der deutschen Staats- und Rechtsgeschichte*“, begründet Eichhorn die Behandlung der Germanen in seinem Werk.[303]

Es folgt eine Beschreibung der „Wohnsitze“ und der „Hauptstämme“ nach den Überlieferungen der Quellen, im Wesentlichen natürlich nach Tacitus, eine genauere Erwähnung erübrigt sich hier, ein Blick in jede beliebige Tacitus-Ausgabe[304] informiert über den Inhalt dieses Kapitels von Eichhorn. Er beschränkt sich auf eine Wiedergabe der Nachrichten bei Tacitus und verzichtet gänzlich auf Spekulationen über den Ursprung der Germanen.

aa) Markgenossenschaft

Speziell von Interesse ist der nachfolgende Abschnitt über die „Aelteste Verfassung“, als deren Grundlage die „*Vereinigung in Markgenossenschaften*“ erscheint. Diese hat man sich als „*größere Volksgemeinden*“ vorzustellen, die von einzelnen Gemeinden gebildet werden, die sich durch die gemeinsame Nutzung von Grund und Boden auszeichnen. Ein einzelnes Volk umfasst eine oder auch mehrere solcher Markgenossenschaften, die von den Gemeinden bewohnten Landstriche werden als Gaue (nach lat. pagus) bezeichnet. Die Benutzung

---

einer Gesamtdarstellung aufzubereiten. Er erhob Anspruch auf vollständige Berücksichtigung der gesamten Forschung und auf die Vollständigkeit der Literaturangaben zu den jeweiligen Abschnitten, womit er eine unentbehrliche Fundgrube für die ältere Literatur zum Thema darstellt. Vgl. in 7. Aufl.: SCHRÖDER/KÜNSSBERG (wie Anm. 85). Eine vergleichbare Stellung wie Eichhorn im 19. Jht. und Schröder/Künßberg Ende des 19., 1. Hälfte des 20. Jht. mit ihren Werken eingenommen haben, kam danach CONRAD, Deutsche Rechtsgeschichte I[2] (Karlsruhe 1962) II (Karlsruhe 1966) zu.

302 EICHHORN (wie Anm. 21) 37. Auf die bei Eichhorn gängige synonyme Verwendung von germanisch und deutsch wurde schon hingewiesen; vgl. oben Kap. II. A.

303 Vgl. ebd. 37 f.

304 Vgl. etwa GERHARD PERL, Tacitus. Germania. Lateinisch und Deutsch (Darmstadt 1990), mit ausführlicher Einführung in die „Germania“ als Geschichtsquelle und Kommentar. Der immer noch gängige Hauptkommentar zur Germania des Tacitus ist: RUDOLF MUCH, Die Germania des Tacitus[3] (Heidelberg 1967); erstmals erschienen 1927 und dementsprechend „germanophil“.

der Mark, des gemeinsamem Bodens, sei überall von einer Markverfassung geregelt worden.[305]

Kroeschell führt ein Zitat aus der 2. Auflage von Eichhorns Darstellung an, das in der vorliegenden 5. Auflage nicht mehr vorkommt. Dort wird die älteste Verfassung einleitend auch dahingehend charakterisiert, dass die *„bürgerliche Verfassung (...) streng und wie alle Urverfassung der abendländischen Völker auf die Freiheit einer herrschenden Volksgemeinde gegründet*“[306] gewesen sei. Die politische Verbindung eines Volkes beruhe auf dessen Vereinigung in „Gaugemeinden“, die im Mittelpunkt aller öffentlichen Geschäfte gestanden hätten: *„bei ihnen war die Gesetzgebung, die richterliche Gewalt, Krieg und Friede; alle wichtigen Rechtsgeschäfte, insbesondere die Erwerbung des Grundeigenthums waren vor ihnen zu vollziehen, nur die vollständige Genossenschaft in ihnen machte frei und rechtsfähig.*“[307] Also nur wer als Mitglied der Volksgemeinde an den „thing“ genannten Volksversammlungen teilnehmen konnte, konnte auch am Rechtsleben teilhaben.

bb) Ständische Gliederung

In Zeiten des äußeren Friedens sieht Eichhorn an der Spitze der Gemeinden „Obrigkeiten“, die das Richteramt ausüben und generell als die vollziehende Gewalt der Rechtsordnung erscheinen. Diese seien als die „Aeltesten“ bezeichnet worden.[308] Sie entstammten dem Stand der „edlen Geschlechter“ und seien durch Wahl bestimmt worden. Im Unterschied zu anderen Freien, hätten diese Edlen ein Dienstgefolge gehabt und ein Schutzrecht über unfreie Personen ausgeübt. Unklar sei, woraus sich das Vorrecht des Adelsstandes begründet habe, als eine mögliche Erklärung könne die Verbindung mit religiösen Aufgaben dienen, wenn man annimmt, dass dem Adel auch das Priesteramt übertragen war. Aber auch kriegerischer Ruhm eines Geschlechts habe zu den wesentlichen Grundlagen der Sonderstellung dieses Standes gezählt.[309]

Ausführlicher setzt sich Eichhorn dann mit den „Unfreien“ auseinander: Neben der Sonderstellung des Adels innerhalb der Gruppe der Freien nennt er auch noch die Unterscheidung zwischen den Freien und den „pflichtigen Mit-

---

305 Vgl. EICHHORN (wie Anm. 21) 57 f.

306 Zitiert bei KROESCHELL, Germania (wie Anm. 46) 91, nach der 2. Aufl. des 1. Bandes von Eichhorns Staats- und Rechtsgeschichte von 1818 (vgl. Anm. 21).

307 EICHHORN (wie Anm. 21) 60 f.

308 In der von KROESCHELL, Germania (wie Anm. 46) 91 benutzten 2. Aufl. ist Eichhorn noch davon ausgegangen, dass es sich dabei um „Grafen“ gehandelt habe, wie in der fränkischen Zeit Innhaber dieser richterlichen Funktion bezeichnet wurden. Jetzt merkt er aber an: „Daß auch die fränkische Verfassung späterhin so gewöhnlich gewordene Benennung Graf (...) auf den Begriff eines Aeltesten zurückführe, wie früherhin gewöhnlich angenommen worden ist, muß nach Grimm (...) aufgegeben werden.“ EICHHORN (wie Anm. 21) 62, Anm. g.

309 Vgl. ebd. 61 ff.

gliedern" einer Gemeinde. Diese genössen nur unvollkommene Rechte in der Volksversammlung.

> *„Tacitus schon nennt die letzteren Unfreie (servi), und wir haben keinen Ausdruck der das Verhältnis im Allgemeinen besser bezeichnet, sobald man unter der Unfreiheit blos eine Verminderung politischer und bürgerlicher Rechte, keineswegs ein gänzliches Entbehren derselben versteht, welches, wie schon Tacitus beobachtete, die germanische Unfreiheit zu keiner Zeit gwesen ist.*"[310]

Es wäre mit der Auffassung von der allem zugrundeliegenden germanischen Freiheit nicht in Einklang zu bringen gewesen, hätte Eichhorn die „servi" etwa mit den römischen Sklaven verglichen. Berufen konnte er sich dabei auf Tac., Germ. 25, wo selbst die Unfreiheit noch als Ausdruck der herrschenden Freiheit erscheint.

Die Entstehung der Unfreiheit, deren dingliche Seite durch eine der Stellung eines Pächters vergleichbare selbständige Bewirtschaftung von Landbesitz, verbunden mit Abgaben an den Herrn, zum Ausdruck kommt, sieht Eichhorn als Folge der Eroberungen, durch welche die germanischen Völker großteils ihre Wohnsitze gewonnen hätten. Er nennt drei Abstufungen der Unfreiheit: Erstens konnte die Freiheitsbeschränkung in der Auferlegung von Abgaben – ohne dabei das Grundeigentum aufzugeben – bestehen, also eine milde Form der Unterwerfung, die nur in einer Zinspflicht bestand. Als häufigeren zweiten Fall sieht er die Forderung des Siegers nach Abtretung eines Teiles des Landes an, die unmittelbar eine „gemischt freie Bevölkerung" nach sich zog, langfristig aber in die Unfreiheit führte. Drittens schließlich konnte die Folge von Eroberung der gänzliche Verlust des Eigentums sein, das in einen dem Schutzrecht des neuen Herrn unterstellten und mit Abgaben belasteten Besitz umgewandelt wurde.[311]

Warum sich Eichhorn so genau mit der Unfreiheit beschäftigt, wird am Ende der entsprechenden Passage klar:

> *„Nicht bloß die Unfreiheit, auch die bloße Zinspflicht, muß auf den Umfang der Genossenschaftsrechte in den Gemeinden Einfluß gehabt haben; die späteren Verhältnisse lassen nicht daran zweifeln. Ueber ihre rechtlichen Folgen, fehlt aber eben so wie über die Gemeindeeinrichtungen, wenn die Bevölkerung gemischt war, jede geschichtliche Spur.*"[312]

---

310 Ebd. 65.

311 Vgl. ebd. 67 ff.

312 Ebd. 72. Noch in der zweiten Auflage hatte er betont: „Eigene Leute dieser Art (durch Unterwerfung in die Unfreiheit gelangte Vorbewohner von erobertem Land, Anm.) hatten keine Volksgemeinde sondern wurden durch ihren Herrn in der freien Volksgemeinde vertreten; für diese bauten sie das Land und gegen ihn hatten sie kein

cc) Gefolgschaft, Ehre und Treue

Neben der ständischen Gliederung folgt die Behandlung der Gefolgschaft als wesentliches Verfassungsmerkmal der alten germanischen Gesellschaftsordnungen. Ein „*besonderes Band zwischen Edlen und einzelnen Freien*" sei durch den Eintritt in die Dienstgefolgschaft geknüpft worden.

> „*Freie Leute verpflichteten sich, unbeschadet ihrer Freiheit, wohl schon damals durch ein förmliches Gelöbnis der Treue, einem Edlen als Dienstherrn, im Frieden zum Ehrendienst, im Krieg, selbst wenn er fremden Kriegsabentheuern nachzog, als seine vertrauten Waffengefährten.*"[313]

Ehre und Treue sind somit erstmals in Zusammenhang mit der Gefolgschaft genannt. Während das Ansehen des adeligen Dienstherrn von der Größe und dem kriegerischen Ruhm seines Gefolges abhing, fand der Freie im Dienst für seinen Herrn den Lebensunterhalt, die Befriedigung seiner kriegerischen Neigung und Dienstehre.

Die Eroberungen seien dem Gefolge überlassen worden und nicht gemeinsame Sache der Volksgemeinde gewesen. Auch seien deshalb den Herrn die Erfolge solcher Unternehmungen zugefallen, was deren Machterweiterung erklärt. Die Ausbreitung eines Volkes über seine Grenzen hinaus sieht Eichhorn ebenfalls im Zusammenhang mit der Gefolgschaft. Sie habe primär auf der Gewalt beruht, die die Adelsgeschlechter des herrschenden Volkes bei den anderen Volksgemeinden durch Grundbesitz und Vergrößerung des Dienstgefolges – durch Rekrutierung aus dem Adel und anderen Freien dieser fremden Gemeinden – etablieren konnten. So sei es nicht selten vorgekommen, dass sich auch fremder Adel der Gefolgschaft eines siegreichen Herrn angeschlossen hätte, da er so bei erlittener Niederlage zumindest eine vorrangige Stellung im Umfeld des neuen Mächtigen erlangen konnte.[314]

Auf die Sagen der Langobarden stützt Eichhorn die Behauptung, manche „deutsche Völker" seien ihrem Ursprung nach nichts Anderes als ein großes Dienstgefolge. Man hat sich eine solche Entwicklung so vorzustellen, dass ein Dienstgefolge seinem Herrn auf Abenteuerzüge begleitet, sich dann und wann mit diesem in den Dienst anderer Völker stellt, einen zeitweiligen festen Wohnsitz aneignet, durch Unterwerfung anderer Gefolge vergrößert und bei einer gelungenen Eroberung durch den Zuzug von verwandten Stämmen zu einem großen Volk entwickelt. Solcherart entstandene Völker würden außer den aus Adel und Freien bestehenden Volksgemeinden mit deren Obrigkeiten auch die

---

Recht, nur durch ihn war ihr Recht gegen jeden Dritten gesichert, weil sein Schutz sie rechtsfähig machte"; zitiert bei KROESCHELL, Germania (wie Anm. 46) 92. Es fällt auf, dass Eichhorn verglichen mit den ersten Ausgaben seines Werks bei der Rekonstruktion des Rechtslebens der Germanen vorsichtiger geworden ist.

313 EICHHORN (wie Anm. 21) 72 f.

314 Vgl. ebd. 74 f.

darüber stehende *„fürstliche Gewalt eines Königs“* kennen, aus der sich *„eine monarchische Verfassung leicht entwickeln konnte.“*[315] Freilich sei in der älteren Zeit die fürstliche Gewalt noch nicht Ausdruck einer solchen Verfassung gewesen, sondern auch nur eine obrigkeitliche wie jene der „Ältesten“, die den Markgenossenschaften vorstanden.

Ein Hauptbestandteil dieser Gewalt seien die Rechte des Herrn, welche er über sein Gefolge ausüben konnte, gewesen, ebenso wie die Mitwirkung bei der Ausübung der obrigkeitlichen Gewalt, *„da der Fürst bei einem solchen Volk, seiner Entstehung zufolge, die natürliche Obrigkeit für Krieg und Frieden war“*[316]. Der Adel eines solchen Volkes sei im Dienstgefolge des Fürsten gestanden. Der siegreiche Fürst habe bei erfolgreichen Eroberungen die Gewinne unter seinem Volk verteilt, wobei die Rangordnung im Gefolge den Ausschlag für den Anteil – zumeist in Form von Grundbesitz – gab, der König somit immer den größten Teil behielt. Zwar sei die königliche Gewalt an ein bestimmtes Geschlecht gebunden gewesen, jedoch hätte das Volk durchaus aus diesem die Erbfolge bestimmen können.

Auch bei sesshaften Völkern, die durch Eroberungen ihrer adeligen Geschlechter eine herrschende Stellung in ihrem Raum eingenommen hätten, ließe sich zuweilen die Herausbildung einer königlichen Gewalt nachvollziehen. Alle Dienstgefolge der Adeligen eines Volkes hätten sich dann einem Führer untergeordnet. Regelfall in Friedenszeiten sei es aber zur Zeit des Tacitus gewesen, überhaupt keine obrigkeitliche Gewalt zu besitzen. Die gemeinsamen Volksgemeinden, in denen dann der Adel und die Obrigkeiten mit anderen ausgewählten Freien zusammentrat, wurden bei Bedarf nach Beratung aller Gaugemeinden abgehalten. Musste über einen Krieg entschieden werden, den das ganze Volk zu führen hatte, so sei aus der Mitte des Adels für die Dauer des Krieges ein Stammesherzog gewählt worden, der das Heer zu führen hatte.[317]

dd) Freiheit

So verschieden die Art der Obrigkeiten daher auch sein konnte, für Eichhorn scheint es, als habe sie niemals die Rechte der Volksgemeinden einschränken können, die in Friedenszeiten in der Hauptsache für die Einhaltung der Ordnung zu sorgen hatten.

> *„Auch hatte die Gemeinde selbst nur in einzelnen Fällen Gewalt über das Leben eines Freien; in der Regel sicherten sie sowohl den gemeinen Frieden und überhaupt Person und Eigenthum eines jeden Gemeindegenossen nur durch die Buße (mulcta), zu deren Erlegung sie den, welcher den Frie-*

315 Ebd. 76.
316 Ebd. 77.
317 Vgl. ebd. 79.

den gebrochen oder jene verletzt hatte, auf Anruf des Beleidigten oder seiner Verwandten nöthigten.“[318]

Die Volksversammlung garantierte also durch Sühnegeld und subsidiarische Haftung nicht nur der Verwandten (Blutrache), sondern auch der Herrn für den Unfreien und der kleineren Volksgemeinden für ihre Genossen (Kroeschell spricht von einer Gesamtbürgschaft der Volksgemeinde, von der Eichhorn hier ausgehe[319]), für Sicherheit und Herstellung des Rechtsfriedens. Eine Buße war aber überhaupt nur dann vorgesehen, wenn der Verletzte, oder im Falle einer Tötung die Verwandten, nicht mittels Racheausübung zur Selbsthilfe schritt. Das wäre dann ohne Weiteres möglich und berechtigt gewesen, „*wenn die Verletzung für einen Bruch des gemeinen Friedens gehalten wurde*“[320]. Aus diesem Grund sei die Buße auch ursprünglich ein Zeichen der freiwilligen Sühne gewesen, die den Zustand der Feindseligkeit beenden konnte.

„*Eine freie Volksgemeinde trotz ständischer Gliederung in Adel, Freie und Unfreie, adlige Herren mit einem dienenden Gefolge und unfreie Bauern, Schutzpflicht und Erbrecht der Verwandten: dies sind vielleicht die wichtigsten Züge dieses Bildes von der germanischen Verfassung*“[321],

fasst Kroeschell das Bild zusammen, dass Eichhorn von den Germanen zeichnet.

ee) Die literarischen und politischen Vorbilder Eichhorns

Dort wo er über die Aussagen des Germania-Textes hinausgeht, hat er sich – und von daher lässt sich eine allfällige Beeinflussung auf sein Germanenbild herleiten – in früheren Ausgaben laut Kroeschell nur auf drei Autoren seiner Zeit gestützt[322]: Justus Möser[323], Eugen Montag und Johann Christian Majer.

Kroeschell zeigt auf, dass sich Eichhorns frühe Vorstellungen von der Markgenossenschaft teilweise auf Mösers „Osnabrückische Geschichte“ von 1768 berufen. Dort hatte Möser seine Lehre vom germanischen Staat der freien Landeigentümer begründet.[324] Die ausführlichen Ausführungen über Freie und Unfreie stützt er auf Montag und dessen „Geschichte der deutschen staatsbür-

---

318 Ebd. 80.

319 Vgl. KROESCHELL, Germania (wie Anm. 46) 92.

320 EICHHORN (wie Anm. 21) 82.

321 KROESCHELL, Germania (wie Anm. 46) 92.

322 In der hier benutzten 5. Aufl. führt er darüber hinaus auch häufig Grimm und dessen Rechtsalterthümer an. Vgl. sogleich unten.

323 Vgl. zu diesem die Angaben oben in Kap. II. A., Anm. 138 ff.

324 Vgl. KROESCHELL, Germania (wie Anm. 46) 93. Namentlich wird Möser bei EICHHORN (wie Anm. 21) in der 5. Aufl. auf S. 72 genannt. Bei der ersten Erwähnung der „Markgenossenschaften“, ebd. 57, ist er unter Anm. a zitiert.

gerlichen Freiheit"[325]. Für das germanische Erbrecht schließlich, für das sich bei Tacitus c. 20 zur Ausgestaltung eines germanischen Erbrechtssystems nur ungenügende Angaben finden, zog Eichhorn Christian Majers wenig bekannte „Germaniens Urverfassung"[326] von 1798 heran.

Laut Böckenförde, der die Zeitgebundenheit der deutschen verfassungsgeschichtlichen Forschung untersucht hat, orientiert sich Eichhorns Verfassungsbild – abzulesen auch an Hand der genannten „Vorbilder" – an den Verhältnissen des späten 18. Jahrhunderts. Das bedeutet, dass bei ihm von germanischer Zeit begonnen, ein *„Gegenüber von Staat und Gesellschaft, von öffentlich und privat, die Auffassung der Stände als sozialer Schichten vorausgesetzt"*[327] ist. Dementsprechend stünden in seinem Verfassungsbild die Stände der Bürger dem Staat gegenüber, welche je nach rechtlicher Stellung und tatsächlicher Macht Anteil an der öffentlichen Gewalt erlangen könnten. So seien dann auch die Anfänge der deutschen Verfassungsentwicklung in germanischer Zeit nach den angesprochenen Vorbildern Möser und Montag, die ebenfalls in dieser Tradition stehen, als genossenschaftlich-staatlich geschildert.[328]

Bestätigt wird dies durch einen Blick auf die oben in Grundzügen geschilderte Darstellung Eichhorns der Grundlagen des germanischen Verfassungslebens. Böckenförde betont, dass es für Eichhorn vom ständestaatlichen Verfassungsverständnis seiner Zeit her keine Probleme aufwirft, schon in germanischer Zeit von einem durch Geburt bestimmten Stand der Adeligen konfrontiert zu sein, der gewisse Vorrechte genießt. Von da her fasse er auch die germanische Gefolgschaft als ein „Dienstgefolge" von edlen Herrn, eben den Adeligen, auf.

Da für das späte 18. Jahrhundert der Adel die bestimmende ständische Größe in Staat und Gesellschaft sein muss, könne sich Eichhorn so den Weg offen halten, der Gefolgschaft einen zentralen Stellenwert im germanischen Staat zuzuschreiben. Wir haben gesehen, dass sie ja nach seiner Auffassung sowohl die Hauptstreitmacht bei Kriegen des gesamten Volkes bildet, als auch auf ihren Wanderzügen zu einer staatsbildenden Kraft werden kann. Gerade an der Spitze von solcherart ausgebildeten Herrschaftsverbänden sieht Eichhorn einen König.[329]

Die Anfänge, die frühesten Wurzeln des könglichen-monarchischen Herrschaftsstaates sind somit aus persönlichen Dienstverhältnissen, *„letztlich aus*

---

[325] Zitiert bei KROESCHELL, Germania (wie Anm. 46) 94, Anm. 21. Dort findet sich auch der Hinweis, dass schon BÖCKENFÖRDE, Forschung (wie Anm. 4) 44 ff. dieses im Vergleich zu Möser eher unbekannte Werk Montags vorgestellt hat. EICHHORN (wie Anm. 21) 66, Anm. a, befindet über das Werk Montags, es enthalte „schätzbare Materialien" über den germanischen Begriff der Freiheit und Unfreiheit.

[326] Zitiert bei KROESCHELL, Germania (wie Anm. 46) 94, Anm. 23.

[327] BÖCKENFÖRDE, Forschung (wie Anm. 4) 53.

[328] Vgl. ebd.

[329] Vgl. nochmals EICHHORN (wie Anm. 21) 75 ff.; vgl. auch obige Zitate unter Anm. 313 ff.

'privater' Herrschaft und Abhängigkeit"[330] hergeleitet. Eine Auffassung, die bei späteren Rechtshistorikern, die einen „konstitutionellen" Standpunkt vertraten und für die der Staat auf allgemeinen, verfassungsmäßigen Elementen beruhte, auf Widerspruch stoßen musste.[331] *„Gleichwohl oder gerade deswegen, weil er sich nicht an dieses konstitutionelle, 'verfassungsmäßige' Modell hielt, hat Eichhorn wesentliche Elemente der Entwicklung richtiger als jene erkannt und beurteilt*"[332], stellt Böckenförde der Eichhornschen Sicht der germanischen Verfassung ein sehr positives Zeugnis aus.

Eine Parallele der Darstellung bei Eichhorn und dem politischen Gegebenheiten seiner Zeit tut sich noch bei der Betonung der „Freiheit" jener auf, die entweder in die Gefolgschaft eines Adeligen eingetreten sind oder selbst bei jenen, die als „Unfreie" in Abhängigkeit zu ihrem Herrn stehen. Offensichtlich ist es ihm ein Anliegen zu zeigen, dass die Betroffenen durchaus kein hartes Los trifft. Sonst müsste ja auch der Untertanenverbandsstaat, wie er im 18. Jahrhundert teilweise existiert, mit seinen Grundherrschaften und nach wie vor unfreien Bauern ebenfalls in einem schiefen Licht stehen.[333]

ff) Resümee

Ganz allgemein erscheint das Germanenbild von Eichhorn durchaus auf – wenn auch mittlerweile kritischer zu bewertende – Quellen gestützt, das nicht auf allzu gewagten Konstruktionen beruht und sich über den Quellenbefund hinaus nur vereinzelt auf seinerzeit angesehene und verlässliche Autoren beruft. Ziele wie das Finden eines germanischen Urrechts sind ihm fremd, er zeichnet ein Bild eines geschlossenen Rechtssystems, wie er es in den Quellen vorzufinden glaubt. Wenn auch die germanische Periode positiv bewertet wird, so hat man durchaus nicht den Eindruck, es werde einem überschwängliche Germanenromantik dargeboten, sondern man sieht sich mit einer für den damaligen Kenntnisstand bemerkenswerten und ernstzunehmenden Leistung konfrontiert.

Halten wir daher fest, dass sich bei Eichhorn zunächst das germanische Gefolgschaftswesen, die ständische Gliederung der Gesellschaft, die Markgenossenschaft – allesamt gekennzeichnet durch eine größtmögliche Freiheit – grundgelegt finden.

b) Der Beitrag Jacob Grimms

Einen weiteren wichtigen Beitrag für die Herausbildung des Germanenbildes der deutschen Rechtsgeschichte lieferte als nächster Jacob Grimm mit sei-

---

330 BÖCKENFÖRDE, Forschung (wie Anm. 4) 55.

331 Dazu noch unten.

332 BÖCKENFÖRDE, Forschung (wie Anm. 4) 55.

333 Am Besten kommt das im oben unter Anm. 310 angeführten Zitat und der sich daran anschließenden Darstellung zum Ausdruck, die eine solche Vermutung nahe legt.

nen „Deutschen Rechtsalterthümern", erstmals erschienen 1828.[334] Ihm ging es im Gegensatz zu anderen Rechtshistorikern seiner Zeit nicht um eine in Epochen gegliederte Darstellung des Werdens des deutschen Rechts, wie das etwa bei Eichhorn der Fall war, sondern vielmehr um eine Zusammenstellung von „Rechtsdenkmälern" – gleich welchen Alters – die einen Eindruck vom Rechtsleben der älteren Zeit geben konnten.[335] Hier ist deutlich das den Romantikern so eigene Bedürfnis nach einer Sammlung von Kulturzeugnissen einer möglichst alten eigenen Vergangenheit erkennbar. Ebenso wie Märchen, Volkslieder oder alte Gedichte wird hier eben das Recht in seinem „Urbild" zur Darstellung gebracht, um ein Abbild eigener möglichst alter Identität zu erzeugen.

Es ist hier nicht möglich, auf das umfangreiche Material, das Grimm zusammengetragen hat, auch nur annähernd einzugehen. Wichtig erscheinen die Grundzüge des alten Rechts, die er in sechs Büchern anschaulich machen will. Im ersten Buch über den „Stand" ist von der ständischen Gliederung der Gesellschaft die Rede, vom Herrschenden, Edlen, Freien und Knecht sowie dem Fremden. Das zweite Buch handelt vom „Haushalt", womit er sich einer germanischen Rechtsinstitution zuwendet, die bei Eichhorn nicht weiter in Betracht gezogen wurde, die aber in der Folge als eine der grundlegendsten herrschaftsbegründenden germanischen Rechtseinrichtungen[336] gewürdigt werden sollte.

In diesem Abschnitt finden sich auch die Anfänge des Sippenbegriffs in der deutschen Rechtsgeschichte, hier noch im Zuge des Erbrechts angeführt.[337] Von dieser Erwähnung ausgehend entwickelte man die Vorstellung von der Sippe als ursprüngliche, vorstaatliche Rechts- und Friedensgemeinschaft.[338] Um die Wende zum 20. Jahrhundert glaubte man dann, einen solchen Nachweis erbracht zu haben. Die germanische Gesellschaft besteht demnach seit jeher aus den Sippen, die auch nach der Ausbildung von Herrschaftsstrukturen bestehen bleiben und dem „Staat" gegenüberstehen.

Sie sind Geschlechtsverbände, zusammengehalten durch die einigende Blutsverwandtschaft, was ihre Bedeutung ins Irrationale steigert. Diese Ansichten erscheinen angesichts der aufkommenden Abstammungslehren, der Übersteigerung des Biologischen in der allgemeinen Geistesgeschichte nicht unerklärlich. Eine solcherart begründete Bedeutungsübersteigerung führt dann auch

---

[334] Hier wird, wie bereits erwähnt, die 4. Aufl. aus 1899 verwendet; vgl. GRIMM, Rechtsalterthümer (wie Anm. 30).

[335] Vgl. KROESCHELL, Germania (wie Anm. 46) 96.

[336] Dazu KROESCHELL, Haus und Herrschaft (wie Anm. 7).

[337] Vgl. GRIMM, Rechtsalterthümer (wie Anm. 30) 642 ff. In dieser überarbeiteten Auflage ist die Sippe schon in der Form beschrieben, wie es die Forschung im Verlauf des 19. Jht. herausgearbeitet hat. Ursprünglich beschränkte sich die Erwähnung der Sippe bei Grimm auf einige begriffliche Hinweise. Vgl. dazu die nachstehende Anm.

[338] Vgl. KROESCHELL, Die Sippe im germanischen Recht, in: DERS., Studien zum frühen und mittelalterlichen deutschen Recht (Berlin 1995) 21 f.

dazu, dass ihnen gegen Ende des 19. Jahrhunderts bereits eine zentrale Rolle als Rechtsinstitution zugeschrieben wird.[339]

Dem „Eigenthum" – liegendem wie fahrendem, heute würde man sagen festem und beweglichem – wendet sich dann Buch drei zu, während Buch vier vom „Gedinge", dem Vertrag, handelt. Buch fünf und sechs widmen sich schließlich den Verbrechen sowie dem Gericht. Grimm konstruiert und wertet in all diesen Abschnitten nicht, einzig und allein an einer anschaulichen Zusammenstellung von Zeugnissen des alten Rechts ist ihm gelegen. Es ist daher auch schwer möglich, ein Germanenbild Grimms nachzuzeichnen. Er übte aber insofern Einfluss auf nachfolgende Arbeiten aus, als keiner mehr über germanisches Recht schrieb, ohne Grimm als Beleg für die Existenz oder Wichtigkeit eines germanischen Rechtsinstituts heranzuziehen.

c) Waitz und seine „Deutsche Verfassungsgeschichte"

Einen wesentlichen Beitrag zum Germanenbild lieferte dann Georg Waitz mit seiner „Deutschen Verfassungsgeschichte", deren erster Band über „Die Verfassung des deutschen Volkes in ältester Zeit" 1844 erschien.[340] Wie Böckenförde gezeigt hat[341], steht Waitz schon in einer gänzlich anderen Tradition als noch Eichhorn. Er wird bei diesem unter dem Kapitel „Die verfassungsgeschichtliche Forschung im Zeichen der nationalen Bewegung und des 'organischen' Liberalismus" behandelt, die Verfassungsgeschichte von Waitz stünde demnach im Blickpunkt des nationalpolitisch-konstitutionellen Verfassungsideals.[342]

Bedeutsam ist die Darstellung von Waitz in unserem Zusammenhang vor allem aus dem Grund, als sie ein anschauliches Beispiel darstellt, wie im Vormärz der „Freiheit" als eine Grundlage im alten Recht große Bedeutung zugeschrieben wird. Demnach sei das Bild, welches uns Waitz von der altgermanischen Verfassung schildert, auch eines des liberal-konstitutionellen Verfassungsstaates, wie er nach den Vorstellungen der Zeit der altgermanischen Freiheit entsprochen hätte.[343]

Gegenüber dem von Eichhorn erarbeiteten Bild von einem Adelsstand mit politischen Vorrechten, der Gefolgschaft als Dienstgefolge bei adeligen Herrn, welche die maßgeblichen Kräfte der Verfassungsentwicklung hin zum fränkischen Staatswesen gebildet hätten, vertritt Waitz ein „*streng staatsbürgerlich-konstitutionelles Bild der alten politischen Ordnungen.*"[344] Demnach begründet sich das Gefolgschaftswesen auch nicht aus einem Standesvorrecht des Adels,

---

339 Vgl. ebd. 22 f.
340 Liegt im Nachdruck der 3. Aufl. von 1880 vor; siehe WAITZ (wie Anm. 294).
341 Vgl. BÖCKENFÖRDE, Forschung (wie Anm. 4).
342 Vgl. ebd. 99 ff.
343 Vgl. ebd. 102.
344 Ebd.

sondern aus der durch das Erlangen eines Amtes, in das man gewählt wird, vermittelte Stellung. Die Gefolgschaften sind nicht Dienstgefolgschaften wie bei Eichhorn, sondern Amtsgefolgschaften im Rahmen einer staatlichen Konstitution.[345] An eine adelsherrschaftliche Struktur war auf Grund der herrschenden Idee von der germanischen Freiheit als Leitmotiv des Rechts nicht zu denken.

Bezeichnend ist auch die Stellung des germanischen Königs. Die Existenz eines Königs steht der Volksfreiheit nicht im Wege, vielmehr bilden sie eine konstitutionelle Einheit zur Einschränkung der abzulehnenden grenzenlosen Volkssouveränität. Nicht auf den Wurzeln von Hausherrschaft, auf sakrale Überhöhung oder eine dienstmäßige Gefolgschaftsstruktur baue das germanische Königtum auf, sondern vielmehr auf der Volksfreiheit. Das Volk erhebt den König durch einen frei gefassten Wahlentschluss in seine Stellung.[346]

Auch die Treue findet bei Waitz Beachtung:

> „*Vor allem aber ist die Treue heilig; sie soll im ganzen Leben, des Hauses und der Familie wie der Gemeinde und des Staates, walten; der Gatte der Frau, der Freund dem Freunde, der junge Mann dem Fürsten dem er dient, alles Volk ist dem Herrscher in Treue verbunden. Aber stolz und Freiheitsliebend wie der Deutsche ist* (man beachte die Präsensform, Anm.), *nicht geneigt das eigene Recht mehr als nöthig zu beschränken oder aufzugeben, kennt der Freigeborene nicht den Begriff des Gehorsams.*“[347]

Bei Waitz traten auf Grund seiner offensichtlich gegenwartsbezogenen Interpretationen der Germanenzeit die archaischen Züge der frühen Gesellschaftsordnung weit in den Hintergrund. Kroeschell fühlt sich bei der Betrachtung der Darstellung sogar *„bisweilen geradezu an den bürgerlich-liberalen Verfassungsstaat des 19. Jh.“*[348] erinnert. Derart eindringlich zeichnet Waitz ein Bild von staatsbürgerlicher Gleichheit trotz ständischer Gesellschaftsordnung, einem Adel ohne öffentliche Herrschaftsausübung, von gewählten Amtsträgern und einer Identität von Freiheit und Recht.

d) Das Ideal der germanischen Treue

War das Ideal der germanischen Freiheit eine Schöpfung der Rechtshistoriker des Vormärz, so erfolgt die *„rechtshistorische Rezeption der allgemeinen Vorstellung von der ‘deutschen Treue’* (...) *eben zu der Zeit, als diese ihre kon-*

---

345 Vgl. WAITZ (wie Anm. 294) 236 ff.
346 Vgl. ebd. 294 ff.; dazu BÖCKENFÖRDE, Forschung (wie Anm. 4) 104 f.
347 WAITZ (wie Anm. 294) 46 f.
348 KROESCHELL, Germania (wie Anm. 46) 99.

servative Färbung anzunehmen begann"[349], beobachtet Kroeschell und bringt damit zum Ausdruck, dass sich das Prinzip der Treue als grundlegender Bestandteil des Germanenbildes zu der Zeit durchsetzte, als nach dem Scheitern der liberalen großdeutschen Verfassungsbewegung nach 1848 der Konservativismus Oberhand gewinnt und eine „*irrationale Rechtsbegründung das aktive Prinzip der 'germanischen Freiheit' in den Hintergrund drängt.*"[350] Als Begründer der rechtshistorischen Lehre von der germanischen Treue wird Ludwig Uhland genannt.[351]

So kam es mit Gierkes berühmter „Rechtsgeschichte der Genossenschaft" im Rahmen seines Lebenswerkes „Das deutsche Genossenschaftsrecht"[352] zu einer zentralen Bedeutung der Treue.

> „*Herrschaft und Genossenschaft sind die beiden Brennpunkte, um die sich die Rechtsgeschichte bewegt, und Haus und Sippe sind ihre ursprünglichsten Erscheinungsformen. Dem Bereich von Haus und Herrschaft aber gehört die Treue zu, als das Band zwischen Gefolgsherrn und Gefolgsmann.* (...) *So ist die Treue nicht länger eine Tugend des freien Mannes,* (...) *sondern wird zur Grundlage einer festen Bindung* (...)."[353]

War also für Waitz vor dessen Hintergrund eines liberalen Verfassungsideals die Treue noch eine unpolitische Tugend, so findet sie sich jetzt „verpolitisiert" an der Seite von Herrschaft wieder. „*Konservative Treuevorstellungen wie die des 'Treubundes für König und Vaterland' oder von Bismarcks Vasallentreue fanden hier ihre Entsprechung und Rechtfertigung*"[354], urteilt Kroeschell.

e) Gefolgschaft „neu"

Bei Gierke finden wir auch die Bedeutung der Gefolgschaft grundgelegt, wie sie in die „klassische Lehre" eines Heinrich Brunner einfließen sollte. Eichhorn hatte von „Gefolge" im Sinn von privatem Dienstgefolge gesprochen,

---

349 KROESCHELL, Die Treue in der deutschen Rechtsgeschichte, in: DERS., Studien zum frühen und mittelalterlichen deutschen Recht (Berlin 1995) 159.

350 Ebd. 160.

351 Vgl. ebd. Genannt wird Ludwig Uhlands Werk „Schriften zur Geschichte der deutschen Dichtung und Sage", Bd. I, aus 1865. Das irrationale Moment in der neuen Rechtsbegründung besteht darin, dass die Rechtsgeschichte in der Folge von Grimm von der Überzeugung der Verwandtschaft von Recht und Dichtung ausgeht, die Uhland beschwört. Für Grimm, Schüler Savignys, entwachsen Recht und Dichtung dem Volksgeist, sie sind somit von niemanden gemacht und daher auch nicht verfügbar. Sie sind etwas natürlich Gegebenes, „Außergeschichtliches".

352 Vgl. GIERKE, Das deutsche Genossenschaftsrecht I. Rechtsgeschichte der deutschen Genossenschaft (Berlin 1868).

353 KROESCHELL, Treue (wie Anm. 349) 160 f.

354 Ebd. 161.

welches zu unterhalten ein ständisches Vorrecht des Adels gewesen sei. Demgegenüber ordnete Waitz, wie wir gesehen haben, die Einrichtung des Gefolges in eine öffentliche Verfassung ein, in der es als Amtsgefolge der gewählten Obrigkeit erscheint. Demgegenüber vollzieht sich mit dem Verblassen des Glaubens an die germanische Freiheit als prägende Rechtskraft ein Bedeutungswandel. Für Gierke ist die Gefolgschaft bereits ein „Privatinstitut", das dem Haus entwachsen sei und eine große Rolle bei der Überwindung der Genossenschaft durch die Herrschaft in merowingischer Zeit gespielt habe.[355] Damit war der Weg geebnet für eine institutionalisierte Auffassung von „Gefolgschaft", die auch den ursprünglichen Begriff „Gefolge" ablöste.

Wichtig dabei ist auch der Beitrag Paul Roths in seiner „Geschichte des Beneficialwesens"[356] von 1850. Er wandte sich in diesem Zusammenhang zwar gegen die Auffassung von Waitz, dass die gewählten Obrigkeiten Hundertschaftsführer seien, doch unterstützt er durchaus die generellen Ansichten über die Gefolgschaft als ein den gewählten Fürsten zustehendes Gefolge für die Erfüllung von öffentlichen Angelegenheiten. Die Vorzüge der alten „deutschen" Verfassung hebt Roth zusammenfassend folgendermaßen hervor:

> *„Der Adel hat keine politischen Vorzüge vor anderen Stammesgenossen; die Obrigkeiten sind ohne willkürliche Gewalt von der Gemeinde gewählt, ihr verantwortlich. Nur wo es gemeinsames Handeln gilt, im Kriege, in der Rechtspflege, in der Volksversammlung zeigt sich ihre Wirksamkeit. Alles ist von dem Princip der Selbstregierung durchdrungen. Wie der einzelne seine Familie, so regiert sich das Dorf, die Markgenossenschaft, der Gau selbst. Und doch ist diese vielgliedrige Gestaltung nicht ohne einen gemeinsamen Mittelpunkt. Die aus allen Freyen gebildete Volksversammlung ist das Oberhaupt des Stammes, in ihrer Hand liegt die Leitung des Ganzen"*.[357]

f) Einzelhof vs. Dorfgemeinschaft

Einen wichtigen Beitrag zur Sichtweise der Mark-, Hof-, Dorf- und Stadtverfassung der Germanen leistete Georg Ludwig Maurer[358]. Er lehnte eine ältere

---

[355] Vgl. GIERKE, Genossenschaftsrecht (wie Anm. 352) 93 ff.; vgl. dazu KROESCHELL, Führer, Gefolgschaft und Treue, in: DERS., Studien zum frühen und mittelalterlichen deutschen Recht (Berlin 1995) 202, auch 187.

[356] Vgl. ROTH, Geschichte des Beneficialwesens von den ältesten Zeiten bis ins zehnte Jahrhundert (Erlangen 1850). Das „Erste Buch", S. 1–42, befasst sich mit der Gefolgschaft und der Heeresverfassung „Von den ältesten Zeiten bis zur Völkerwanderung".

[357] Ebd. 32.

[358] Vgl. sein gleichnamiges Werk: GEORG LUDWIG MAURER, Einleitung zur Geschichte der Mark-, Hof-, Dorf- und Stadtverfassung und der öffentlichen Gewalt (München 1854), eine 2. Aufl. erschien in Wien 1896.

Theorie von den ursprünglichen Einzelhöfen, wie sie als erster der oben erwähnte Möser vertreten hatte, ab. Für Maurer bestand kein Zweifel, dass die Ansiedelungen von Geschlechtern und Stämmen am Anfang standen, welche gemeinsam Dorfgemeinschaften bildeten. Auch ging er von einer Feldgemeinschaft der Dorfgenossen aus, eine historisch folgenreiche Ansicht, da diese von Marx und Engels als Beweis für das Gemeineigentum in germanischer Zeit herangezogen wurde.[359]

Auf diesen Grundlagen aufbauend konnte die nachfolgende Generation von Rechtshistorikern das solcherart vorgezeichnete Germanenbild zu einer abgerundeten Darstellung bringen.

B. Das Germanenbild der „Klassik“ und ihr Erbe

Diese Periode der deutschen Rechtsgeschichte von den 1870-er Jahren des 19. bis in die 30-er Jahre des 20. Jahrhunderts[360] ist primär gekennzeichnet von der Grundlegung moderner – auch im heutigen Sinn dieser Wissenschaft – Ansätze in der deutschen Rechtsgeschichte. Methodik und Darstellung jener Zeit wurden vorbildlich für die folgenden Generationen deutscher Rechtshistoriker. Bemerkenswert ist vor allem der Wandel des Selbstverständnisses der Disziplin. Bis dahin galt in der deutschen Rechtsgeschichte, geprägt von der Historischen Rechtsschule, ein dogmatischer Ansatz, wie ihn beispielsweise Otto von Gierke (siehe auch oben unter Kap. II. B.) so herausragend repräsentierte. Um mit Karl von Amira, einem herausragenden Vertreter des neuen Ansatzes, zu sprechen: *„hatte die Rechtsgeschichte keinen Beruf, wenn nicht im Dienst der Dogmatik des heutigen Rechts.*“[361]

Eben dieser dogmatische Ansatz wurde nun im letzten Viertel des 19. Jahrhunderts in Frage gestellt. Maßgeblich dabei waren der eben zitierte Karl von Amira und Heinrich Brunner, für die nicht mehr rechtsdogmatische und rechtspolitische Zielsetzungen leitend waren, sondern die Erforschung der Vergangenheit als Selbstzweck. Die oben schon angesprochene Privatrechtskodifikation in Form des deutschen BGB trug in weiterer Folge das Ihrige zu diesem Wandel bei. Amira war es auch, der die deutsche Rechtsgeschichte um die ger-

---

359 Vgl. KROESCHELL, Germania (wie Anm. 46) 101; hier auch weiterführende Angaben zu Marx und Engels in diesem Zusammenhang.

360 Die Grundlegungen, die in dieser „klassischen Zeit“ durch die hervorragenden Repräsentanten der Rechtsgeschichte wie Heinrich Brunner oder Karl von Amira geschehen, wirken natürlich noch weit über die 30-er Jahre des 20. Jht. hinaus. Diese Zäsur wird hier nur gesetzt, weil die NS-Zeit als gesonderte Periode behandelt wird, da es in ihr zu einem folgenschweren Aufeinandertreffen des im gegenständlichen Zeitraum gefestigten Germanenbildes und einer „germanophilen“ Rassenideologie des Nationalsozialismus kommt.

361 So geäußert in seiner für das neue Verständnis der Rechtsgeschichte richtungsweisenden Abhandlung: AMIRA, Zweck und Mittel (wie Anm. 37) 7; vgl. ausführlicher zu diesem Wandel oben unter Kap. II. C.

manische Vorzeit und skandinavische Quellen als konkreten Forschungsgegenstand erweiterte, und so zum eigentlichen Begründer einer spezifisch germanischen Rechtsgeschichte – über einen Prolog zur deutschen Rechtsgeschichte hinaus – wurde.[362]

Vor dem Hintergrund dieser allgemeinen Entwicklungen ist auch das rechtshistorische Werk Heinrich Brunners zu sehen, das selbst maßgeblich wurde und im Folgenden behandelt wird.

1. Heinrich Brunner als „Klassiker" der deutschen Rechtsgeschichte[363]

a) Leben und Werk

Welch herausragende Bedeutung Heinrich Brunner[364] für die Rechtsgeschichte besaß, macht schon der erste Satz in seinem Nachruf in der ZRG deutlich, wo es heißt: *„Am 11. August 1915 erlag in Bad Kissingen einem rasch und schmerzlos verlaufenden Leberleiden der Meister, der, wenn einer, den Namen eines Klassikers der deutschen Rechtsgeschichte verdient.*"[365] Er legte mit seiner „Deutschen Rechtsgeschichte" für Jahrzehnte das Programm der Germanisten fest, verband auf einmalige Weise Quellenforschung, Methode und Darstellung und schuf damit ein Werk, das in seiner Differenziertheit und Genauigkeit so manches nachfolgende, moderne anmutende, in den Schatten stellte, wenn auch heute bei ihm das Fehlen kultur- und sozialgeschichtlicher Bezüge und eine zu scharfe Begrifflichkeit kritisiert wird.

Geboren wurde Heinrich Brunner am 21. Juni 1840 in Wels in Oberösterreich. 1863 schloss er den Ausbildungskurs des damals jungen Instituts für Österreichische Geschichtsforschung ab und promovierte 1864 zum Doktor beider Rechte in Wien. Zu seinen Lehrern zählten Joseph Unger[366], Lorenz von Stein, Theodor Sickel und Albert Jäger. Daran schloss sich ein Studienaufenthalt in Göttingen bei Waitz an. Fortan befasste sich Brunner mit rechtshistorischen Themen und brachte es zu einer ansehnlichen Zahl an Veröffentlichungen, so über „Erholung und Wandlung im gerichtlichen Verfahren" oder einen Abriss über französische, englische und normannische Rechtsquellen. Mit der Arbeit „Zeugen- und Inquisitionsbeweis der karolingischen Zeit" habilitierte sich

---

362 Vgl. oben unter Kap. II. C.

363 Den folgenden personenbezogenen Abschnitten, mit Ausnahme des Teils über den Nationalsozialismus, liegt ein einheitliches Schema zu Grunde: Kurze Angaben zur Person und zum wissenschaftlichen Gesamtwerk; Darstellung der für diese typischen Darstellungen und Interpretationen der gewählten Inhalte der germanischen Rechtsgeschichte; abschließend wird jeweils versucht, zusammenfassend hervorzuheben, wo auf der Skala zwischen Wissenschaft und Ideologie der Autor bei seiner Behandlung der Germanen eingeordnet werden kann.

364 Zu Person und Werk siehe die Angaben oben in Kap. II. B.

365 STUTZ (wie Anm. 262).

366 Vgl. zu diesem oben unter Kap. II. B.

Brunner noch 1865 in Wien. 1868 war er Ordinarius in Lemberg, 1870 in Prag, 1872 in Straßburg, bis er schließlich 1872 nach Berlin berufen wurde. 1884 wurde er in die Königliche Akademie der Wissenschaften in Berlin aufgenommen. Zahlreiche Einzelabhandlungen[367] gingen seinem 1887 erschienen ersten Band seines Hauptwerkes „Deutsche Rechtsgeschichte“ voraus. Der zweite Band folgte 1892.

Er war mehrmals Dekan seiner Fakultät und 1896/97 Rektor der Berliner Universität. Lange Jahre hindurch war Brunner auch Mitherausgeber der ZRG. Darüber hinaus gehörte er der Zentraldirektion der MGH an, wo er die Abteilung Leges leitete. Dadurch, dass Brunner den weiten Stoffbereich der Rechtsgeschichte mit juristischer Genauigkeit durchdrang, wurde er der *„eigentliche Begründer der historisch-germanistischen Rechtswissenschaft“*.[368] Er gab ihr das „klassische“ Gepräge, das bis in die Gegenwart an Bedeutung besitzt und erst jüngst etwas ins Wanken gerät.

b) Germanen und germanisches Recht bei Brunner

Wie äußert sich nun das germanische Rechtsgefüge im Werk Heinrich Brunners? Für sein Verständnis von deutscher und spezifisch germanischer Rechtsgeschichte sei aus der Einleitung seiner „Deutschen Rechtsgeschichte“ zitiert:

> *„Die deutsche Rechtsgeschichte will das Recht des deutschen Volkes in seiner geschichtlichen Entwicklung ergründen und zur wissenschaftlichen Darstellung bringen. Keinen Bestandteil ihrer Aufgabe bildet die Geschichte der Schwesterrechte und der Tochterrechte des deutschen Rechtes, sowie die Geschichte der von dem deutschen Volke adoptierten fremden Rechte. Die deutsche Rechtsgeschichte deckt sich nicht mit der germanischen Rechtsgeschichte, denn sie hat es nicht mit den Rechten der sämtlichen germanischen Stämme zu tun. Allerdings gab es eine Zeit, in der die Rechtseinrichtungen der deutschen und der nicht deutschen Germanen im wesentlichen gleichartig waren.“*[369]

Darin kommt schon eine gewisse Programmatik gegenüber der germanischen Zeit zum Ausdruck: Als deutsch werden die westgermanischen Stämme angesehen, deren Rechtstraditionen ins deutsche Recht übergegangen seien. Angelsächsisches und ostgermanisches Recht wird als Tochterrecht des deutschen charakterisiert, dessen Kenntnis für die deutsche Rechtsgeschichte notwendig ist, aber sich deren Darstellung entzieht. Die Deutsche Rechtsgeschichte

---

[367] Vgl. zu diesen die Angaben bei SCHUBART-FIKENTSCHER, Brunner (wie Anm. 172) 525.

[368] Zitiert ebd.

[369] BRUNNER, Rechtsgeschichte (wie Anm. 21) 1.

wird, anders als gegenwärtig (siehe Einleitung, Definition Kroeschells) als ein Teilgebiet der germanischen angesehen! Damit ist auch impliziert, dass (west-)germanische Rechtsgrundsätze doch rein und unverfälscht ins deutsche Recht übertragen wurden. Das Einfließen fremder Rechte – namentlich des kanonischen, römischen und langobardischen Rechts – wird mit dem Ende des 15. Jahrhunderts angesetzt.[370]

In der Einleitung legt Brunner auch eine Periodisierung fest, die für die nächsten 100 Jahre in Geltung blieb und ausdrücklich durch punktuelle Ereignisse umrissene starre Zeitgrenzen ablehnt, sondern die Perioden als fließend ineinander übergehend betrachtet – ein sehr moderner Ansatz[371].

aa) Periodisierung

Er legt die „germanische Zeit“ zwischen dem Beginn der „rechtsgeschichtlichen Kunde“ und dem Ende der Völkerwanderung fest. Daran schließt sich die „fränkische Zeit“ an, in der von den Reichsgründungen auf römischem Territorium und der Gründung des Frankenreiches sowie durch intensive Berührung mit christlichen und römischen „Bildungselementen“ neue Impulse für das Rechtsleben neue Impulse ausgehen. Mit dem Ende des Frankenreiches beginnt für Brunner eine dritte Periode, die ihren Geschichtskreis auf das deutsche Reich beschränkt, „*welches die nicht verwelschten deutschen Stämme als politische Einheit umfaßt.*“[372]

Sie sei von einer „rein volkstümlichen“ Rechtsbildung gekennzeichnet, die zu einem Rechtspartikularismus geführt habe, weshalb sich das deutsche Recht nicht selbständig in seiner Entwicklung vollenden konnte. Offensichtlich hätte Brunner ohne die Übernahme römischer und kanonischer Rechtssätze einen natürlichen Entwicklungsendpunkt des reinen deutschen Rechts gesehen.

Die eigentliche Darstellung beginnt dann mit den Abschnitten über „Das deutsche Volk“, „Das Auftreten der deutschen Stämme“ und Abschnitten über die Völkerwanderungszeit. Richtig stellt Brunner fest, dass der Germanennamen eine Bezeichnung der Gallier für ihre östlichen Nachbarn darstellte, die von römischen Autoren wie Caesar und Tacitus übernommen wurde.[373] Anschaulich beschreibt dann Brunner das Auftreten der einzelnen Stämme aus den Quellen heraus und versucht eine historische Einordnung der verschiedenen Völkerschaften. Bei der Darstellung der germanischen Völkerwanderung und der Phase der „Landnahme“, also der Ansiedlung auf römischem Territorium, folgt er den vorhandenen historischen Quellen.

---

370 Vgl. ebd. 3.

371 Vgl. ebd. 7.

372 Ebd.

373 Siehe dazu auch die diesbezügliche Darstellung bei SCHWARCZ (wie Anm. 32) 17 und bei WOLFRAM, Germanen (wie Anm. 32).

bb) Ein „aufrechter Deutscher“

Bevor Brunner auf die grundlegenden Institutionen des germanischen Rechtslebens zu sprechen kommt, gibt er noch eine Übersicht über „Das Wirtschaftsleben der Urzeit“. Es fällt auf, dass er dabei – wie auch generell – häufig das identifizierende „unser“ verwendet, so beispielsweise, wenn er von „*unserer ältesten Agrarverfassung*“ spricht[374].

Dass Brunner ein sehr national denkender Mensch war, der etwa das deutsche Volk des 19. Jahrhunderts als Deszendenten der Germanen ansah, ist auch in seinem Nachruf in der ZRG bezeugt, wo davon die Rede ist, dass die Berufung nach Berlin 1872 ihn „*vollends zu dem*“ machte, „*was er in seinem Herzen und seiner ganzen Denkweise nach zuvor schon war, zum Deutschen auch im politischen Sinn und aus vollster Überzeugung zum Angehörigen des neuen Reiches.*“ Und weiter: „*Aber nicht bloß als Gast fühlte er sich auf preußisch-deutscher Erde, sondern ganz als Reichsdeutscher und nur als solcher ohne jeglichen Vorbehalt.*“[375]

cc) Das germanische Haus, Sippe und Magschaft

Endlich ist Brunner bei der Beschreibung der einzelnen Rechtsinstitute angelangt. Das germanische „Haus“[376] sieht er als Organisationsform der Familie und der Verwandtschaft. Das Haus und die häusliche Gemeinschaft stellt eine Rechts- und Friedensordnung dar, die nicht wie die Sippe auf genossenschaftlicher, sondern auf herrschaftlicher Grundlage beruht. Der „munt“ des Mannes unterstehen die Mitglieder des Hauses, von der Frau über die Kinder bis zum freien Gesinde, was bis zum Veräußerungs- und Tötungsrecht reicht.

Das Haus regelt auch intern einzelne Rechtsbeziehungen, wovon das Erbrecht eine sehr wesentliche ist. Die Erben waren dabei „*geborene, und nicht gekorene*“[377], es galt also das Erbrecht der Blutsverwandten. Dem Haus wird insgesamt solch grundlegende Bedeutung eingeräumt, dass es selbst als Ursprung der Heeres- und Stammesorganisation erscheint[378]. Brunner hat somit die oben angesprochenen Grundlegungen des „Hauses“ als Rechtsinstitut und Ursprung von Herrschaftsstrukturen gewissermaßen „vollendet“[379].

Die „Sippe“ und „Magschaft“ (Verwandtschaftsbeziehung) sieht Brunner als geblütlichen Geschlechtsverband, der erst das Rechtsleben des Einzelnen ermöglicht. „*Die Bedeutung der Blutsverwandtschaft griff so tief in das Volks- und Rechtsleben ein, daß der verwandtenlose Mann tatsächlich sich wenig vom rechtlosen unterschieden haben mag*“, beschreibt Brunner die rechtskonstituie-

---

374 Vgl. BRUNNER, Rechtsgeschichte (wie Anm. 21) 83.
375 STUTZ (wie Anm. 262) XVII und XVIII.
376 Vgl. BRUNNER, Rechtsgeschichte (wie Anm. 21) 91 ff.
377 Ebd. 106.
378 Vgl. ebd. 103 ff.
379 Siehe oben unter Kap. III. A. 2.

rende Bedeutung der Sippen. Es werden zwei Begriffsbedeutungen der Sippe voneinander unterschieden: Einerseits bezieht er sich auf den agnatischen Geschlechtsverband, andererseits aber auch auf die Gesamtheit der Blutsverwandten einer bestimmten Person[380]

Dies schließe eine genossenschaftliche Verfassung der Sippe aus, da sich die Sippe ja dann für jeden verschieden ausnehme. Auf dem Geschlechtsverband beruhen nach Brunner in der frühesten Zeit die Agrarverfassung[381], seit jeher die Heeresverfassung, die vorsieht, dass das Heer nach den Sippen gegliedert wird, und gewisse öffentlich-rechtliche Funktionen, also Aufgaben der Staatsgewalt innerhalb der Abstammungsgemeinschaft.

Sie wird auch als der älteste Friedensverband angesehen, da sie ihren Mitgliedern Schutz und Unterstützung bei Fehdehandlungen gewährte, die sogar Pflicht des Sippenverbandes waren[382]. Freilich ist auch diese herausragende streng abgegrenzte Bedeutung der Sippe heute ebenfalls in Diskussion geraten und wurde schon häufiger Kritik unterzogen.[383]

dd) Das germanische Gesellschafts- und „Staats"-Gefüge

(1) Die Stände

Nach Brunner gliedert sich die germanische Gesellschaft in Stände. Bestimmend für die ständische Zugehörigkeit waren dabei Rechtsfähigkeit oder Rechtsunfähigkeit, Freiheit und Unfreiheit. Zunächst gibt es den Stand der Freien, der sich in Adelige und die „Gemeinfreien" teilt. Erstere entstammen angesehene Adelssippen oder gar Königssippen. Die Freien können weitgehend ungehindert am Rechtsgeschehen teilnehmen. Daneben stehen die Knechte, die rechtlos und unfrei sind und der sachenrechtlichen Verfügung ihres Herrn unterstehen.

Knechtschaft entstand aus der Kriegsgefangenschaft und wurde von den Eltern auf die Kinder übertragen. Mitunter konnten sich Freie aus wirtschaftlicher Not in die Unfreiheit und Knechtschaft verkaufen. Die Freilassung aus der Knechtschaft führt nicht zum Aufstieg in den Stand der Gemeinfreien sondern es bleibt eine gewisse Abhängigkeit in Hörigkeit zum Herrn zurück, der Freigelassene ist nur beschränkt rechtsfähig. Bei den Westgermanen gibt es noch den Stand der „Liten", die zwischen Freien und Knechten stehen, sie werden auch als Halbfreie bezeichnet. Sie waren schollegebunden und ihren Herrn gegenüber zu Abgaben und Dienstleistungen verpflichtet. Der Lite ist persönlich unfrei aber rechtsfähig[384].

---

380 Vgl. BRUNNER, Rechtsgeschichte (wie Anm. 21) 112.
381 Vgl. ebd. 117.
382 Vgl. ebd. 119 ff.
383 Vgl. unten unter Kap. III. E.
384 Vgl. BRUNNER, Rechtsgeschichte (wie Anm. 21) 133 ff.

(2) Königtum

An der Spitze des germanischen Gesellschaftsverbandes steht der König oder Fürst[385]. Es wird zumindest bei den antiken Autoren zwischen Königs- und Prinzipatsverfassung unterschieden. In dieser fehlt es zumindest in Friedenszeiten an einem obersten Stammesführer, einzelne Fürsten stehen an seiner Stelle. Die Germanen selbst dürften der Quellenlage nach zu urteilen diese Unterscheidung nicht gekannt haben.

Das germanische Königtum scheint erblich zu sein, allerdings eingeschränkt durch die Wahl der Volksversammlung, die dabei aber meist ohnehin auf eine traditionelle Königssippe von hoher Abkunft beschränkt war. Im Gegensatz zum König, der der ganzen Völkerschaft vorstand, dürfte der Fürst ein Herrscher über eine kleinere Einheit, vielleicht einen territorialen Gau oder einen Teilstamm, gewesen sein, worin das Volksherzogtum begründet liegen mag[386].

(3) Gefolgschaft und Heeresverfassung

Brunner sieht den germanischen „Staat" auf *„dem Grundsatz der gleichen Pflichte und Rechte aller freien und wehrhaften Volksgenossen"* beruhen[387]. Deshalb sind das Kriegswesen und die „Gefolgschaft" weitere konstituierende Elemente der Stammesverfassung. Recht und Staat seien sogar *„in wesentlich kriegerischem Sinne gestaltet."*[388] Das germanische Volksheer – jeder Freie ist zum Heeresdienst verpflichtet, Volksversammlung ist zugleich Heeresversammlung – ist in Tausendschaften und Hundertschaften gegliedert.

Innerhalb der Heeresgliederungen kämpfen die Sippengenossen nebeneinander[389]. Daneben tritt die „Gefolgschaft" auf.

> *„Spielen der Krieg und alles, was ihn angeht, die hervorragendste Rolle in der Lebensführung jedes freien Germanen, so gibt es doch eine Rechtsinstitution, die für eine gesteigerte militärische Tätigkeit berechnet war und als die germanische Pflanzschule kriegerischen Heldentums und staatsmännischer Tüchtigkeit betrachtet werden darf. Es ist die Gefolgschaft, ein den Germanen charakteristisches Dienst- und Treueverhältnis, das unter den Einrichtungen ihres öffentlichen Lebens in Lied und Sage die farbigsten und dauerhaftesten Spuren hinterlassen hat"*[390], führt Brunner zur Einleitung zur Gefolgschaft[391] aus.

---

385 Vgl. ebd. 164 ff.
386 Vgl. ebd. 170.
387 Ebd. 180.
388 Ebd. 181.
389 Vgl. ebd. 183.
390 Ebd. 185 f.
391 Vgl. diese Sicht mit jener des früheren 19. Jht., oben unter Kap. III. A. 2.

Entstanden dürfte sie aus dem Umstand sein, dass junge Krieger sich einem fürstlichen Heerführer unterstellten, um unter seiner Leitung Kriegszüge zu unternehmen. Das Gefolgschaftsverhältnis ist ein vorübergehendes, das keine dauernden persönlichen Bindungen schafft. Die eigentliche Gefolgschaft erhielt ihre Ausprägung dadurch, dass die Gefolgsleute auch dauerhaft in die Hausgenossenschaft des Herrn aufgenommen werden. Freie behalten beim Eintritt in ein solches Verhältnis ihre Freiheit, sie erlegen sich nur durch den Treueeid Pflichten gegenüber dem Herrn auf und werden im Gegenzug von diesem verpflegt und ausgerüstet. Natürlich konnten sich nur Könige und Fürsten eine stattliche Gefolgschaft aufbauen.

Schon Brunner betont, dass die Gefolgschaft durch ihre spezielle institutionelle Ausgestaltung eine Keimzelle des Lehenswesens ist, insbesondere dann, wenn an Stelle der unmittelbaren Verpflegung die Hingabe von Grund und Boden zur Selbstversorgung des Gefolgsmannes tritt, was aber erst in der späteren fränkischen Zeit der Fall gewesen sein dürfte.

ee) Fortleben in der „fränkischen Zeit" und „Judenrecht"

Im zweiten Teil des Buches, der „fränkischen Zeit" verfolgt dann Brunner diese genannten Rechtsinstitute innerhalb des sich ausdehnenden Frankenreichs. Insbesondere wird dabei auf das Personalitätsprinzip der Rechtsordnung hingewiesen, d.h. der einzelne untersteht jenem Recht, dem er von Geburt an oder von Abstammung wegen angehört.

Bemerkenswert erscheint auch noch der Abschnitt über Fremden- und Judenrecht[392], der sich mit der Rechtsstellung der Juden auseinandersetzt, denen insbesondere unter den Karolingern Schutzrechte gewährt wurden, die ihre Stellung als Fremde im Rechtssinn verbesserten. Brunner selbst, wenn es in diesem Abschnitt seiner Darstellungen auch nicht zum Ausdruck kommt, dürfte dem Judentum sehr skeptisch gegenübergestanden haben. Dies bezeugt ein entsprechender Satz in seinem Nachruf in der Zeitschrift für Rechtsgeschichte: „(...) *und vielleicht auch darin, daß ihn eine starke instinktive Abneigung beseelte nicht gegen durch Bildung und Edelsinn hervorragende einzelne Vertreter des Judentums, wohl aber gegen dieses selbst und seine Rasseneigentümlichkeiten.*"[393]

ff) Die Festigung des deutschrechtlichen Germanenbildes

Welches Germanenbild erschließt sich uns also aus dem Werk Heinrich Brunners? Auf Grund seiner oben belegten nationalen Einstellung dürfte er in einem Teil des Germanentums einen reinen und unverfälschten Vorläufer der Deutschen und im germanischen Verfassungsleben die Grundformen deutscher

392 Vgl. BRUNNER, Rechtsgeschichte (wie Anm. 21) 399 ff.

393 STUTZ (wie Anm. 262) XVIII.

Verfassungselemente gesehen haben (z.B. wenn auf die Kontinuität von Gefolgschaft zum Lehenswesen hingewiesen wird[394]).

Grundsätzlich folgt die Darstellung strengen wissenschaftlichen Grundsätzen und Methoden. Spezielle Intentionen, die der Autor über das Selbstverständnis der Kontinuität von germanischer zu deutscher Rechtsgeschichte – die Brunner im Gegensatz zur heutigen Auffassung in der deutschen Rechtsgeschichte als eine engere germanische ansieht – hinaus verfolgt, sind vordergründig nicht zu erkennen. Im Gegenteil referiert er gegebenenfalls Forschungskontroversen und sucht diese zu ergründen.

Vieles wird von Heinrich Brunner sehr differenziert dargeboten, viel differenzierter als es so Mancher nach ihm tat. Mit dieser Vorwegnahme einer differenzierten und selbstkritischen Darstellungsweise – freilich auf den damaligen Forschungsstand beschränkt – sicherte er seinem Werk eine lange und überragende Geltung, die in gewissen – nicht gänzlich überholten – Bereichen bis heute ihren Wert hat.

2. Völkische Identifikationen in einer orientierungslosen Zeit – das Germanenbild im frühen 20. Jahrhundert

Selbstverständnis, Methodik und Umfang der germanischen bzw. deutschen Rechtsgeschichte waren also vor der Jahrhundertwende festgelegt. Darauf aufbauend konnte das frühe 20. Jahrhundert eine rege rechtshistorische Forschungstätigkeit auf breiter Basis entwickeln. Spätere Generation an Rechtshistorikern, die teilweise geboren wurden, als Brunner oder Amira erstmals ihre grundlegenden Arbeiten vorlegten, führten deren Tradition fort. Dabei standen frühmittelalterliche (germanische) und allgemein mädievistische Themenfelder im Vordergrund.[395]

a) Zunehmende Ideologisierung

Diese Dominanz verwundert nicht, ging doch die Intention allgemein immer mehr in die Richtung, das unverfälschte, rein germanische und somit deutsche Recht aufzuarbeiten. Die Konturen zwischen „heimischen", germanischen Rechtstraditionen und dem „fremden" römischen oder kanonischen Recht, das durch die Rezeption in Deutschland „eindrang", wurden zusehends schärfer und zu regelrechten Grenzlinien mit gewissen ideologischen Ansprüchen: Die Rückkehr zum ursprünglichen, unverfälschten deutschen Recht wurde ins Spiel gebracht.

Zum Synonym für diese Entwicklung, die zu diesem Zeitpunkt natürlich unbewusst in die Nähe und damit Kompatibilität zu den späteren Forderungen

394 Vgl. BRUNNER, Rechtsgeschichte (wie Anm. 21) 195.

395 Siehe beispielsweise die entsprechenden Jahrgänge der ZRG (1900 bis 1933), wo ausgewiesene Rechtshistoriker in diesem Zeitraum überwiegend über mittelalterliche Themen schreiben.

des Nationalsozialismus nach einer Neugestaltung des Rechts – dem „natürlichen Volksempfinden“ der Deutschen entsprechend – rückte, wurde ein in diesem Zusammenhang vielzitierter Aufsatz Freiherr von Schwerins mit dem vielsagenden Titel: „Der Geist des altgermanischen Rechts, das Eindringen fremden Rechts, und die neuerliche Wiedererstarkung germanischer Rechtsgrundsätze“.[396] Das Selbstverständnis der Rechtsgeschichte wurde mehr und mehr ein „germanisches“[397]. Eine Entwicklung, auf die, wie unten zu sehen sein wird, das Verhältnis Rechtsgeschichte - Nationalsozialismus aufbaut.

b) Das Beispiel Hans Fehrs

Die rechtsgeschichtliche Darstellung der Germanen bei Hans Fehr eignet sich besonders gut für eine Betrachtung der Entwicklung des deutschrechtlichen Germanenbildes in der Nachfolge der „klassischen“ Periode, geprägt durch die Arbeiten Brunners und Amiras, hin zum Nationalsozialismus und damit hin zu einem doch großflächig unrühmlichen Paarlauf von Wissenschaft und Politik, auch im Bereich der deutschen Rechtsgeschichte. Er knüpft in den zwanziger Jahren inhaltlich und methodisch eng an Brunner an und gilt als ein herausragender Repräsentant seiner Zunft zu jener Zeit, dessen Überblickswerk über die deutsche Rechtsgeschichte[398] von der Zwischenkriegszeit über den Zweiten Weltkrieg bis in die Nachkriegszeit sechsmal aufgelegt wurde und sich dabei politisch wie inhaltlich Manches – mitunter sehr abrupt – ändern sollte.

aa) Leben und Werk

Hans Fehr wurde am 9. November 1874 in St. Gallen in der Schweiz geboren. Er studierte in Würzburg (hier trat er in das akademische Corps „Nassovia“ ein) und Berlin Recht, zu seinen Lehrern zählten Gierke[399] und Heinrich Brunner. Fehr promovierte schließlich 1899 in Bern. Danach schlug er kurz eine diplomatische Laufbahn ein, kehrte aber bald an die Universität zurück und habilitierte sich bei Rudolf Sohm, einem angesehenen Rechtshistoriker, mit der Arbeit „Die Entstehung der Landeshoheit im Breisgau“.

Danach nahm Fehr Professuren in Jena (1907), in Halle (1912), Heidelberg (1917) und schließlich in Bern selbst an (1924–1944). Die Kriegs- und Nachkriegsjahre des Ersten Weltkrieges nutzte Fehr zur Erstellung zahlreicher kleiner rechtshistorischer Arbeiten, die 1921 in der ersten Auflage seiner „Deutschen Rechtsgeschichte“ mündeten. Dieses Werk, dass ihn über den Kreis von Fach-

---

396 Vgl. SCHWERIN, Geist (wie Anm. 230).

397 Vgl. dazu auch KROESCHELL, Rechtsgeschichte (wie Anm. 11) 12 (v.a. die Anmerkung zu Schwerins Aufsatz unter „Literaturhinweise“).

398 Vgl. FEHR, Deutsche Rechtsgeschichte (Berlin/Leipzig 1921).

399 Siehe zu diesem die Angaben oben in Kap. II. B.

genossen hinaus bekannt machte wurde mancherorts als „*höchst liebenswürdig*“[400] beschrieben, ob seiner prägnanten und einfachen Darstellung.

Allgemein kommt Fehr in der Rechtsgeschichte das Verdienst zu, „*die Schranken der positivistisch verengten rechtshistorischen Wissenschaft der Jahrhundertwende gesprengt zu haben.*“[401] Dies erreichte Fehr durch seine fächerübergreifenden Arbeiten mit denen er den Blickwinkel der Rechtsgeschichte erweiterte. Seine „Rechtliche Volkskunde“ steht paradigmatisch für diese neuen Ansätze. Weiters bezog Fehr Volkslied, Dichtung und Sage in seine Arbeiten ein („Das Recht in der Dichtung“ von 1933). In solchen Darstellungen liegt auch die Hauptbedeutung des Werks von Hans Fehr.[402]

bb) Fehrs Germanenbild

Wie gestaltet sich die Darstellung der Germanen in Hans Fehrs „Deutscher Rechtsgeschichte“? Rein äußerlich unterscheidet sie sich kaum von der Brunners, auch Fehr gliedert die spezifisch germanische Rechtsgeschichte in eine „germanische Zeit“ und in eine „fränkische Zeit“ (daran schließt sich die von ihm so betitelte „Kaiserzeit“ an). Fehr leitet die germanische Zeit mit einer allgemeinen Einführung über „Heimat, Landnahme und Siedlung der Germanen“ ein, die in allen Auflagen gleichlautend bleibt und die vagen Kenntnisse der Wissenschaft über diese Themen referiert.

Interessant wird seine Interpretation von Sippe und Gefolgschaft, die er im darauf folgenden Kapitel zusammenfasst:

> „*Was das Blut zusammenhält ist Sippe (Magschaft). Die Magen sind die Blutsverwandten, die Menschen die durch natürliche Bindung aneinander gekettet sind.*“ Und: „*Diese Sippen oder Geschlechtsverbände standen da wie Felsblöcke, auf denen Recht und Staat ruhten.*“[403]

Gegenüber dem noch durchaus differenzierten Bild der Sippe bei Heinrich Brunner (siehe oben), stellt sich diese bei Fehr schon unumstößlich als Grundfeste gesellschaftlicher und rechtlicher Ordnung dar. Dieses starke Bild der Sippe wird bis in die letzte Auflage 1962 aufrechterhalten, obwohl zu diesem Zeitpunkt in der Rechtsgeschichte schon ein intensiver Diskurs über die Relativität solcher vormals als „unerschütterlich“ angesehener germanischer Rechtsinstitute im Gang war.

---

400 So im Nachruf in der ZRG von BADER, Hans Fehr +, ZRG GA 80 (1963) XXIX sowie bei ERLER, Fehr, Hans, HRG Bd. I (1971) 1094.

401 Ebd.

402 Diese Angaben zur Person sind entnommen aus ebd., wo auf die einschlägigen Werke Fehrs verwiesen wird.

403 FEHR, Rechtsgeschichte (wie Anm. 398) 5.

Als einen „*zweiten Grundstein des germanischen Staatsgebäudes*“[404] sah Fehr die Gefolgschaft. Durchaus den üblichen Begriffsumfängen dieses Instituts folgend, bringt er eine „doppelte Treue“ ins Spiel: Der Gefolgsmann kämpft nicht für den Staat, sondern für seinen Herrn, dem er unbedingte Treue halten musste.

> „*Wer in die Zukunft sieht* (mit Blick auf das Lehenswesen, Anm.), *der errät sofort die Tragweite dieser Überlieferung: Die staatliche Idee ist durchbrochen. Die Treue gilt dem Einzelnen, das Schwert wird für den Gefolgsherrn gezogen.*“[405]

Da dämmert schon ein wenig die dem Führer geschuldete Treue herauf, bemerkenswerter Weise zu einer Zeit, als es noch keineswegs politisch „gesollt“ war, schon gar nicht auf einem Schweizer Lehrstuhl. In der letzten Auflage ist die Gefolgschaft nicht mehr „*Grundstein des germanischen Staatsgebäudes*“, sondern „*Grundstein der germanischen Stämme*“[406]. Relativierend stellt Fehr nun auch dem 5. Kapitel des germanischen Teils „Staat und Volk“ den Satz voran: „*Wenn im folgenden von Staat und staatlicher Gewalt die Rede ist, so darf natürlich unser heutiger, durch Leben und Wissenschaft festgelegter Staatsbegriff keine Anwendung finden.*“[407]

Eine Darstellung von Heeres- und Gerichtswesen sowie ein kurzes Kapitel über die Völkerwanderung runden das Bild der germanischen Zeit ab. Fehr gesteht beim „Heerwesen“ zu, dass die in den Quellen auftauchende „Hundertschaft“ für die Forschung völlig unklar definiert ist[408], folgt also nicht Konstruktionen, wonach diese auf den Sippenverband aufbauen würden.

Inhaltlich ändert sich auch in der einzigen während des Nationalsozialismus herausgegebenen 3. Auflage (1943) bezüglich der germanischen Zeit abgesehen von stilistischen Korrekturen wenig. Wo sich in Fehrs „Deutscher Rechtsgeschichte“ allerdings ein Bezug zum NS-Regime ergibt, das ist der 1943 um den § 61 ergänzten Abschnitt „Die Zeit des Verfassungsstaates (1800–1940)“ mit der Überschrift „Das nationalsozialistische Reich“, was uns anschließend unter dem Kapitel „Deutsche Rechtsgeschichte und Nationalsozialismus“ interessieren wird.

Mit Germanenideologie hat aber Fehrs Kommentar zum nationalsozialistischen Staat (man ist versucht zu sagen: im Gegensatz zu so mancher Ausführung zum historischen Rechtsleben der Germanen selbst) – der sich übrigens nach 1945, in der folgenden 4. Auflage von 1948, naturgemäß in sein Gegenteil

---

404 Ebd. 7.

405 Ebd.

406 FEHR, Rechtsgeschichte (wie Anm. 398, 6. Aufl. 1962) 6.

407 Ebd. 12.

408 Vgl. FEHR, Rechtsgeschichte (wie Anm. 398, 1.Aufl. 1921) 10 (6. Auflage ebenfalls S. 10).

verkehrt – nichts zu tun. Er rekurriert, zumindest in seiner „Deutschen Rechtsgeschichte", nicht auf germanische Rechtstraditionen um gegenwärtige politische Verhältnisse zu beschreiben oder gar zu legitimieren.[409] Germanenideologie in Verbindung mit gegenwärtigen politischen Gegebenheiten findet sich allerdings in anderen rechtshistorischen Werken Fehrs, die ebenfalls in der Zeit des Nationalsozialismus entstanden oder erschienen sind, dazu ebenfalls unten.

c) Diffuse Grenzen zwischen Wissenschaft und Ideologie

Hans Fehr ist Repräsentant einer Generation von Rechtshistorikern, die im Zuge der desolaten politischen und wirtschaftlichen Verhältnisse der Weimarer Republik beginnen, das von Brunner oder Amira gefestigte Germanenbild zunehmend zu idealisieren. Sie geben dem „unnationalen" (römischen, kirchlichen) Recht die Schuld am „Niedergang" Deutschlands und fordern insgeheim und auch offen eine Rückkehr zum „nationalen" deutschen Recht germanischen Ursprungs. Dass diese Haltung in der NS-Zeit eine verhängnisvolle war, wird sich sogleich zeigen.

C. Ein Stück Wirkungsgeschichte: anglo-amerikanische Rezeption

Auf ein ganz außergewöhnliches Stück der Wirkungsgeschichte, welche die rechtshistorische Germanistik im letzten Drittel des 19. Jahrhunderts zu entfalten vermochte, weist Mathias Reimann mit seinem Artikel „'In such forests liberty was nurtured.' Von den germanischen Wurzeln der anglo-amerikanischen Freiheit" hin,[410] der die Grundthese dieser Untersuchung – das Germanenbild wie es von der deutschen Rechtsgeschichte entwickelt wurde bewege sich entlang diffuser Grenzen zwischen Wissenschaft und Ideologie – auch in einem wirkungsgeschichtlichen Zusammenhang bestätigt.

1. Freiheit germanischen Ursprungs

In den 70-er Jahren des 19. Jahrhunderts verbreitete sich an den amerikanischen Universitäten die Auffassung, dass die anglo-amerikanische Vorstellung von der Freiheit germanischen Ursprungs sei. Dies beruht auf der herrschenden Meinung vor allem der amerikanischen Historiker jener Zeit, die englische und amerikanische Freiheit – und damit das Prinzip der Selbstverwaltung – gehe auf eine angelsächsische Urtradition zurück. Heute mögen uns solche Kontinuitäten auf Grund unseres Wissens über das germanische Freiheitsideal als romantische Verklärung, der es an der Quellenbasis fehlt, abwegig erscheinen.

---

409 An anderer Stelle lässt aber auch Fehr solche Tendenzen erkennen, wie unten noch zu zeigen sein wird.

410 Vgl. Mathias Reimann, „In such forests liberty was nurtured." Von den germanischen Wurzeln der anglo-amerikanischen Freiheit, in: FS Karl Kroeschell zum 70. Geburtstag (München 1997) 933–951.

Gerade im Lichte dessen, was zuvor schon über die Prämissen der Rechtsgeschichte im 19. Jahrhundert gesagt wurde, sind sie vor dem Hintergrund der zuvor erläuterten zeitgebundenen Grundlagen doch verständlich und konnten Wissenschaftlichkeit für sich beanspruchen. Auf der Grundlage der Methoden wie sie die deutschen Rechtshistoriker entwickelt hatten[411], wuchs der „Germanismus“ in der Staats- und Verfassungsgeschichte durch die Rezeption der deutschen Ansichten zunächst durch die englischen, dann durch die amerikanischen Germanisten zu einem internationalen Phänomen des späteren 19. Jahrhunderts.[412]

a) Englische Verfassungsgeschichte

In England stellte man sich beginnend mit den 30-er Jahren[413] die Frage nach der Tradition der eigenen Verfassung. Zu entscheiden wäre, ob diese überwiegend angelsächsisch beeinflusst sei und damit größtenteils germanische Züge enthalte, oder ob mehr die römischen Elemente erhalten geblieben seien. Bis zur Mitte des 19. Jahrhunderts behielt die romanistische Sicht die Oberhand, dann allerdings trat immer stärker die Betonung der germanischen Elemente in den Vordergrund, die dazu führte, die angelsächsische Periode der englischen Verfassungsgeschichte als durch germanische Selbstverwaltung und freie Volksherrschaft gekennzeichnet anzusehen[414] – eine Sichtweise, die nicht vollkommen neu war, hatte doch bereits hundert Jahre davor Montesquieu[415] in seinem epochalen „De l'Esprit des lois“ von 1748 mit Bezugnahme auf Tacitus davon gesprochen *„daß die Engländer die Idee ihrer Staatsregierung von diesen*

---

[411] Reimann weist in diesem Zusammenhang der Beeinflussung auf die angloamerikanische rechtshistorische Methode durch die deutsche Historische Rechtsschule (siehe oben Grundlagenteil Kap. I. C.) auf seine eigene Arbeit hin: REIMANN, Historische Schule und Common Law: die deutsche Rechtswissenschaft des 19. Jahrhunderts im amerikanischen Rechtsdenken (Berlin 1993) 103 ff. und 110 ff.

[412] Vgl. REIMANN, Wurzeln (wie Anm. 410) 933 f.

[413] Als Autoren nennt Reimann John Allen und den für die „romanistische Ansicht“ einflussreichen Francis Palgrave, der im Vorwort zu seinem Werk „The Rise and Progress of the English Commonwealth“ von 1832 ausdrücklich auf die Lehre der römischen Kontinuität Savignys (vgl. oben Kap. I. B. und I. C.) Bezug nimmt; vgl. ebd. 935 f.

[414] Genannt werden für die Jht.-Mitte der Historiker John Mitchell Kemble, der bei Grimm in Deutschland studiert hatte, sowie für das letzte Drittel des 19. Jht. die Historiker der sog. „Oxford School“ Stubbs, Green und Freeman; vgl. ebd. 936 f. Hier war Green jener, der die germanische Freiheit als angelsächsisches Verfassungsprinzip am Stärksten betonte. Romantisch verklärt berichtet er von „kleinen Dörfern freier Bauern mit einem Gerichtshügel oder heiligem Baum in der Mitte, mit der Mark ringsumher und mit der Versammlung der freien Männer, die sich selbst verwalten und ihre Führer wählen.“ Ebd. 938.

[415] Zu Montesquieu, der als Jurist weniger bekannt ist denn als Philosoph der Aufklärung, vgl. KLEINHEYER/SCHRÖDER (wie Anm. 17) 291–297.

Germanen bezogen haben. Dies herrliche System wurde in den Wäldern gefunden."[416]

Hatte John Mitchell Kemble schon zur Jahrhundertmitte in seiner Arbeit „The Saxons in England"[417] die angelsächsische Zeit als eine von Grund auf germanische dargestellt, in der die Gesellschaft im Kern aus Freien bestand, so propagierte dann vor allem der bedeutende Mediävist William Stubbs durch das Erscheinen des ersten Bandes seiner „Constitutional History of England" von 1874 den germanischen Charakters der Verfassung in angelsächsischer Zeit. Die Prinzipien der Freiheit und Selbstverwaltung seien nach Stubbs zwar durch die normannische Herrschaft im 11. Jahrhundert überlagert aber eben nicht vollkommen verdrängt worden. Die Ursprünge der späteren englischen Verfassung würden daher in Niederdeutschland zwischen Elbe, Ems und Rhein liegen.[418]

Am stärksten ausgeprägt war das Bild einer auf germanischen Elementen ruhenden englischen Verfassung bei Edward Freeman. Für ihn haben die Angelsachsen alle römisch-britischen Elemente ausgerottet und urgermanische Einrichtungen eingeführt. Die Kontinuität der solcherart zur Durchsetzung gelangten germanischen Verfassungstradition habe auch durch die normannische Periode hindurch unvermindert die Organisation des englischen Gemeinwesens geprägt. Das britische Parlament wurzelt demnach in der germanischen Versammlung (wenn auch mittlerweile durch ein Repräsentationssystem ersetzt). Freeman ist es auch, der diese Kontinuität auf die USA erstreckt.[419]

Die Vorstellungen dieser englischen Gruppe von Germanisten von der germanischen Freiheit, der Selbstverwaltung, den Stammesversammlungen und der Markgenossenschaft, wie sie grundlegend für die eigene Verfassung sein sollen, ähneln auffällig den Ansichten der deutschen Rechtshistoriker, wie wir sie oben kennen gelernt haben. Nicht zufällig, wie Reimann betont. Die Parallelität lasse sich nicht nur aus dem gemeinsam benutzten Quellenmaterial zur germanischen Zeit, wie Caesar und Tacitus, erklären.

Es habe unmittelbarer wissenschaftlicher Austausch über den Kanal hinweg stattgefunden, wodurch der Großteil der englischen Vorstellungen über germanisches Verfassungsleben direkt aus der deutschen rechtshistorischen Literatur jener Zeit stamme.[420] *„Deutsche und englische Germanisten bildeten damit, beabsichtigt oder unbeabsichtigt, auch eine Art internationaler Allianz im*

---

416 Zitiert bei REIMANN, Wurzeln (wie Anm. 410) 936, Anm. 8.

417 Erschienen 1849.

418 Vgl. REIMANN, Wurzeln (wie Anm. 410) 937.

419 Vgl. ebd. 938 f.

420 Vgl. ebd. 939; Reimann führt hier eine direkte Beeinflussung Stubbs' durch Waitz, Konrad Maurer, Grimm und Heinrich Brunner an. Freeman zitierte daneben auch Eichhorn. Auch umgekehrt lässt sich eine Beeinflussung nachweisen, so bauten Maurers Aufsätze vielfach auf Kemble auf, womit er dessen Ansicht über die Markeneinteilung nach Deutschland brachte.

Kampf gegen die Auffassung von der Vorherrschaft und Kontinuität des römischen Rechts in Europa“[421], urteilt Reimann.

b) Angelsächsische Rechtsgeschichte in den USA

Ihren „Siegeszug“ trat die deutsche Rechtsgeschichte mit ihrem Germanenbild auch über den Atlantik an. Bei den amerikanischen Historikern tauchte in den 1870-er Jahren die Frage auf, inwiefern sich die solcherart als gegeben erachtete germanische Prägung der angelsächsischen Zeit auf das moderne amerikanische Verfassungsleben der Gegenwart auswirke. Die zwei herausragenden Persönlichkeiten, die eine solche Kontinuität bis in deren amerikanische Gegenwart bejahten, waren Henry Brooks Adams und Herbert Baxter Adams.

aa) Henry Brooks Adams

Ersterer[422] gehörte – aus einer alten Präsidentenfamilie stammend – der intellektuellen Elite seines Landes an. Zwischen 1858 und 1860 studierte er in Deutschland und 1870 wurde er Professor für mittelalterliche Geschichte an der Universität von Harvard, eine Tätigkeit, die er 1876 freiwillig aufgab. In dieser Zeit entstanden seine Arbeiten zum angelsächsischen Recht.[423] Er nahm dabei einen entschieden germanistischen Standpunkt ein, wie ihn auch die angesprochenen englischen Germanisten vertraten, der sich beispielsweise folgendermaßen liest:

> „[The] *Germans as such (...) had an actual system of personal and proprietary law of their own, a system as elaborated, as fixed, and as firmly administrated by competent and regular courts, as ever was needed to guarantee security of person and property in a simply constructed, agricultural community. From these laws and this society, not from Roman laws or William the Conqueror's brain, England, with her common-law and constitutional system developed.*“[424]

(1) Erstes Harvard-Seminar aus Rechtsgeschichte

Adams veranstaltete in Harvard das erste wissenschaftliche Seminar nach deutschem Vorbild an einer amerikanischen Universität in der Geschichte der amerikanischen Geisteswissenschaften. Und dieses war ein rechtshistorisches, dass sich mit angelsächsischer Rechtsgeschichte befasste. Im Rahmen dieses rechtshistorischen Seminars entstanden drei Dissertationen über angelsächsi-

---

[421] Ebd. 940.

[422] Henry Adams blieb für ein breiteres Publikum vor allem durch seine verbreitete autobiographische Kulturskizze seiner Zeit bekannt. Vgl. HENRY ADAMS, The Education of Henry Adams (= The modern library of the world's best books 76, New York 1931).

[423] Vgl. REIMANN, Wurzeln (wie Anm. 410) 941.

[424] Zitiert ebd.

sches Recht, die gemeinsam mit einem Beitrag von Adams selbst in einem Sammelband mit dem Titel „Essays in Anglo-Saxon Law“ im Jahr 1876 erschienen[425]. Dieser gilt „*wegen seiner detailgenauen und quellenkritischen Untersuchungen, die sich methodisch stark am deutschen Vorbild orientierten, als Geburtsstunde der wissenschaftlichen Geschichtsforschung in den USA.*“[426]

Reimann betont, dass sich die darin enthaltenen Beiträge von Adams, Henry Cabot Lodge, Ernest Young und James Laurence Laughlin bemerkenswerter Weise nicht überwiegend auf die englische sondern auf die deutsche rechtshistorische Literatur stützen würden. Alle wichtigen bis dahin erschienenen deutschen rechtshistorischen Arbeiten seien im Literaturverzeichnis enthalten, wobei sich die Autoren mit den deutschen Ansichten durchaus auch kritisch auseinander setzen würden.

(2) Germanische Wälder und US-Ostküste

Der Rote Faden, der sich durch alle Beiträge zieht, sei die Auffassung, dass die Institutionen des modernen anglo-amerikanischen Rechts in der angelsächsischen und damit in der germanischen Welt wurzelten, die in der Hauptsache von den Prinzipien der Freiheit, Gleichheit und Demokratie geprägt gewesen sei.[427] Vor allem Adams versuchte das in seinem Beitrag über „The Anglo-Saxon Courts of Law“ deutlich darzulegen, indem er einen Nachweis für die Kontinuität zwischen germanischer Frühzeit und angelsächsischer Periode an Hand der Hundertschaft zu erbringen sucht, wobei er sich ausdrücklich auf den Deutschen Rudolph Sohm[428] beruft.

bb) Herbert Baxter Adams

Beim zweiten Adams, Herbert Baxter, der hier interessant ist, kann der vertretene Germanismus nicht mehr wie bei Henry Adams als wissenschaftliche Überzeugung gelten, sondern bereits als „*ein politisches und kulturelles Glaubensbekenntnis.*“[429] Reimann begründet das mit dessen Studienzeit in Deutschland, wo er bei Droysen, Treitschke, Winkelmann, Erdmannsdörffer und Bluntschli Vorlesungen besucht hatte, um 1876 in Heidelberg zu promovieren. Im gleichen Jahr wurde er noch Professor für Geschichte an der nach europäischem Modell neu eingerichteten Johns Hopkins University in Baltimore. Wie schon bei Henry Adams gesehen, galt ein Studienaufenthalt in Deutschland offensicht-

---

425 Vgl. für das volle Zitat ebd. 943, Anm. 39.

426 Ebd. 942.

427 Vgl. ebd.

428 Wohl auf dessen Hauptwerk: RUDOLPH SOHM, Die altdeutsche Reichs- und Gerichtsverfassung I. Die fränkische Reichs- und Gerichtsverfassung (Weimar 1871), 1911 in Leipzig als unveränderter Neudruck wiedererschienen.

429 REIMANN, Wurzeln (wie Anm. 410) 944.

lich als bestmögliche Qualifikation für eine Geschichtsprofessur an einer amerikanischen Universität.[430]

(1) Village communities

Herbert Adams, bekannt geworden weniger durch seine Arbeiten, als vielmehr durch seine nach deutschem Vorbild abgehaltene Seminare, die eine Vielzahl bekannter amerikanischer Historiker hervorzubringen vermochten, widmete sich hautsächlich der „village community" in den USA.[431] Die „germanisierende Sicht"[432] bei Adams führt Reimann auf mehrere Faktoren zurück: Zum einen beruhe sie auf den Hauptwerken der deutschen und englischen Germanisten jener Zeit, wie Waitz und Stubbs, sowie auf Henry Adams und seinen Schülern. Zum anderen auf der deutschen Spezialliteratur über das germanische Dorf und die Markgenossenschaft, wie etwa auf Georg Ludwig Maurers „Einleitung in die Geschichte der Mark-, Hof-, Dorf- und Stadtverfassung und der öffentlichen Gewalt"[433]. Den Glauben an die Kontinuität der Entwicklung habe er vom oben angeführten Freeman vermittelt bekommen, mit dem er zusammenarbeitete.[434]

Seine Überzeugungen legte Adams in dem Band „The Germanic Origin of New England Towns" von 1882 dar. Darin vertritt er die These von der ungebrochenen Kontinuität der Entwicklung, begonnen bei den von Georg Ludwig Maurer untersuchten germanischen Dörfern mit ihren Marken über die „village community" der Angelsachsen bis zu den Ansiedelungen der europäischen Einwanderer in Neu-England. Davon bis zur Gegenwart des Autors war es dann verglichen mit den Zeithorizonten davor ohnehin nur mehr ein kleiner Schritt. Die Kommunen seiner Gegenwart an der Ostküste der USA waren Adams wörtlich *„reproductions of the village community system of the ancient Germans."*[435] *„Normannische Eroberung und hochmittelalterlicher Feudalismus, Glorious Revolution und amerikanischer Unabhängigkeitskrieg konnten dieser Kontinuität nichts anhaben"*[436], fügt Reimann dem ironisch hinzu.

---

[430] Vgl. zum Vorbildcharakter der deutschen Universitäten durch ihre Umgestaltung zu Forschungsuniversitäten mit Institutsgliederung und Seminarbetrieb, wie sie nach Amerika „exportiert" wurden – wovon das obige Beispiel des ersten Seminars in Harvard und der Professur Herbert Adams an der Johns Hopkins Universität Zeugnis geben – BERNHARD VOM BROCKE, Wege aus der Krise. Universitätsseminar, Akademiekommissionen oder Forschungsinstitut, in: FÜRBETH u.a. (Hrsg.), Zur Geschichte und Problematik der Nationalphilologien in Europa. 150 Jahre Erste Germanistenversammlung in Frankfurt am Main (1846–1996) (Tübingen 1999) 359–378, insbes. 360 ff.

[431] Vgl. REIMANN, Wurzeln (wie Anm. 410) 944.

[432] Ebd.

[433] Vgl. MAURER (wie Anm. 358).

[434] Vgl. REIMANN, Wurzeln (wie Anm. 410) 944 f.

[435] Zitiert ebd. 945, Anm. 51.

[436] Ebd. 945.

(2) Kontinuitätsthese

Herbert Adams wusste dem aber noch die Krone aufzusetzen. Mit den Gemeinden als Hort der alten germanischen Verfassung mit einem von freien Bürgern getragenen System der Selbstverwaltung, seien die germanischen Verfassungsprinzipien im 5. Jahrhundert von Deutschland nach England und von dort im 17. Jahrhundert nach Amerika gelangt. Überall hätten sich aus diesen Gemeindezusammenschlüssen die jeweiligen Staaten – Deutschland, England, USA – herausentwickelt. Die selbe germanische Urfreiheit sei all diesen Entwicklungen zu Grunde gelegen, weshalb sie allesamt in einer großen, germanischen Familie vereint seien.[437]

Reimann bezeichnet solche Kontinuitätsthesen zurecht als grotesk, merkt aber an, dass Adams damit keineswegs allein stand. Der erwähnte Engländer Freeman teilte sie mit ihm und andere amerikanische Wissenschafter gingen teilweise sogar noch darüber hinaus. Genannt ist James Kendall Hosmer, für den „*ancient Germany and modern America, the ancient prolific mother and the youngest child*“[438] waren, oder ein Alexander Johnston, für den die amerikanische Bundesverfassung von den neuenglischen Gemeinden und damit von den Gemeinden der germanischen Wälder abstammte.[439] Diese Ansichten galten in jenen Jahrzehnten als unumstößliche Dogmen in der amerikanischen Geschichtswissenschaft, die kaum jemand anzuzweifeln wagte.

cc) Mögliche Beweggründe

In drei Stufen fasst Reimann die Beweggründe solcher Ansichten am Ende seines Aufsatzes zusammen[440]:

Auf einer ersten Stufe sieht er die von fast allen anglo-amerikanischen und deutschen Gelehrten vertretene und zu jener Zeit wissenschaftlich gut fundierte Überzeugung, dass die angelsächsische Zeit germanisch geprägt gewesen sei, es keine Kontinuität zwischen römischer Antike auf der britischen Insel und dem Frühmittelalter gegeben habe, womit die germanische Freiheit an der Wiege der englischen Geschichte stehen konnte. Begründet liege das in der gemeinsamen Abneigung gegenüber römischen Einflüssen und einer gewissen Feindseligkeit in England gegen normannisch-französische Traditionen, was eine Sympathie für die germanisch-deutsche Kultur befördert hätte.

Auf einer zweiten Stufe siedelt Reimann jene Überzeugungen an, die nun zusätzlich zur Hervorstreichung des germanischen Charakters der angelsächsi-

[437] Vgl. ebd.

[438] Zitiert ebd. 946, Anm. 57.

[439] Vgl. ebd. Anm. 58; auf S. 946 noch weitere solcher Beispiele, etwa die Aussage Albert Harts: „Our institutions are Teutonic in origin: they have come to us through English institutions.“ Genannt sind ferner Andrew D. White, Moses Coit Tyler sowie John W. Burgess.

[440] Vgl. ebd. 947 ff.

schen Zeit eine Kontinuität in die englische Neuzeit konstruieren. Das erlaubte es, die englische Verfassung nach wie vor als eine germanische anzusehen. Dies sei schon von weniger Autoren als auf der ersten Stufe vertreten worden, da die meisten – wie Stubbs nur eine teilweise Kontinuität anerkannten und die englische Verfassung daneben auch auf normannischen Elementen gegründet sahen. Motive für die Abkehr von wissenschaftlich fundierbaren Tatsachen hin zu einer germanischen Kontinuitätskonstruktion wie etwa bei Green sieht Reimann in der Sehnsucht nach einfacheren, idyllischen Verhältnissen im Gegensatz zur Wirklichkeit der rasch voranschreitenden Industrialisierung jener Jahrzehnte mit ihrem sozialen Elend.

Auf der dritten Stufe schließlich stehe der Glaube an eine ununterbrochene Entwicklungslinie von den germanischen Wäldern über England bis nach Amerika, die unglaubliche Resonanz in einschlägigen Wissenschaftskreisen in den USA besaß und auch von amerikanischen (Rechts-)Historikern entwickelt wurde. Kein Zufall sei es gewesen, so Reimann, dass die führenden Vertreter dieser auf keinerlei ernstzunehmender wissenschaftlicher Basis mehr stehenden These gerade aus alteingesessenen angloamerikanischen Familien der Ostküste stammten. Hier sei eine Sehnsucht zu Verbindungen zur alten Welt, verstärkt durch eine allgemeine sozialkonservative Grundhaltung und der Angst vor den Einwanderermassen aus Ost- und Südeuropa, feststellbar. Der „fremdvölkische" Zustrom in die Neue Welt hätte eine Besinnung auf die ehrwürdigen Wurzeln der als überlegen gedachten eigenen Kultur befördert.

Auf all diesen Stufen habe sich zudem der allgemeine Glaube an geschichtliche Kontinuität – verwurzelt im Evolutionsdenken jener Zeit – sowie die Dominanz der aufsteigenden Großmacht Deutsches Reich als politisches, militärisches und auch kulturelles – erinnert sei nur nochmals an die deutschen Universitäten, denen sich die führenden anglo-amerikanischen Germanisten verbunden fühlten – Vorbild bemerkbar gemacht.

dd) Abkehr

Wie das Germanenbild der deutschen Rechtsgeschichte entpuppt sich so auch das angloamerikanische des späteren 19. Jahrhunderts als ein primär zeitbedingtes, in das die deutschen Überzeugungen wirkungsmächtig hineinspielten. In England setzte eine Umorientierung aber dann bereits gegen Ende des Jahrhunderts ein, sodass heute das damalige Germanenbild und dessen Bedeutung für die eigene Neuzeit als „*wholly romantic*"[441] außer Kraft gesetzt ist. Und auch in den USA „*wandte man sich schon bald von der Vorstellung ab, die eigene freiheitliche Verfassung sei durch die village community von den Germanen her überliefert worden.*"[442]

---

[441] Vgl. ebd. 950.
[442] Ebd.

Bemerkenswerter Weise war es vor allem der Schüler von Herbert Adams, Charles McLean Andrews, der sich gegen das Dogma seines Lehrers wandte und auf die mangelnde Quellenbasis hinwies. So setzte auch in den USA in den 1890-er Jahren ein diesbezügliches Umdenken ein.

> *„Natürlich beruhte auch die amerikanische Sicht der germanischen Zeit noch bis auf weiteres auf den traditionellen Vorstellungen von Stammesversammlung und Hundertschaft, Gefolgschaft und Friedlosigkeit, das hatte jedoch mit bekennerischem Germanismus* (und mit der Konstruktion einer germanischen Kontinuität in der amerikanischen Verfassungsordnung, Anm.) *nichts mehr zu tun.*"[443]

Wo sich derartige Ansichten aber in bemerkenswerter Weise bis heute erhalten haben ist die Ursprungsquelle ihrer selbst, die deutsche Rechtsgeschichte. So heißt es in der aktuellen Auflage im Lehrbuch von Mitteis und Lieberich nach wie vor: *„Von England aus sind westgermanische Rechtselemente nach Übersee gelangt*"[444], oder *„Die Wurzeln der Selbstverwaltung liegen also schon im germanischen Staate; in England sind sie kräftig weiterentwickelt worden* (...)."[445]

D. Das Germanenbild im Nationalsozialismus

Damit ist der Bogen nun gespannt von den Anfängen eines Germanenbildes in der Deutschen Rechtsgeschichte zu Beginn des 19. Jahrhunderts über die quellenmäßige Erweiterung und Festigung in der „klassischen Zeit" dieser Disziplin – maßgeblich beeinflusst von Brunner oder auch Amira – bis in die in diesem Kapitel zu behandelnde Zeit des Nationalsozialismus, der bekanntlich de iure in Deutschland 1933, in Österreich 1938 die Macht an sich riss, de facto aber schon vorher politische Relevanz besaß.

1. Wissenschaftliches Selbstverständnis und politische Ideologie

a) Politische und wissenschaftliche Geschichtsbilder

„Deutsche Rechtsgeschichte" und „Nationalsozialismus", ein Begriffspaar das konsequenter Weise ein Naheverhältnis impliziert? Um diese Frage zu beantworten, ist zu untersuchen, ob und inwieweit sich Parallelen zwischen NS-Geschichtsbildern und von der NS-Ideologie besonders forcierten „altgermanischen" oder „nordischen" Ursprungsmythen einerseits[446] und dem Selbstver-

443 Ebd. 951.

444 MITTEIS/LIEBERICH, Rechtsgeschichte (wie Anm. 12) 20.

445 Ebd. 32.

446 Vgl. dazu ALLAN A. LUND, Germanenideologie im Nationalsozialismus. Zur Rezeption der „Germania" des Tacitus im „Dritten Reich" (Heidelberg 1995).

ständnis der deutschen Rechtsgeschichte zu jenem Zeitpunkt andererseits ergeben, auf denen ein solches beruhen könnte. In dieser Periode erscheint aber nicht nur das Germanenbild der deutschen Rechtsgeschichte berücksichtigenswert, sondern in besonderer Weise auch das allgemeine Verhältnis der Disziplin zum NS-Regime. In der Tat hatte sich – wie gezeigt – die Sicht vom eigenen Fach im bisherigen Verlauf des 20. Jahrhunderts bei einigen namhaften Rechtshistorikern geändert. Es hatte sich so etwas wie eine *„verschwommene Germanenbegeisterung"* breit gemacht, die *„dazu neigte, aus grauer Frühzeit Brücken zur Gegenwart zu schlagen"*[447].

Die allgemeine geistige Stimmung im Deutschland der Zwischenkriegszeit – eine eigenartige Mischung aus romantisch verklärten, aus dem 19. Jahrhundert übernommenen, Vorstellungen über die eigene Geschichte und den ideellen Folgen der Enttäuschung über die geradezu als „nationale Schmach und Schande" empfundene Niederlage im Ersten Weltkrieg, die eine Überbetonung des nationalen Ehrgefühls unter Rekurrierung auf „die gute alte Zeit" und somit auch auf germanische Ideale zur Folge hatte – wirkte natürlich auch auf die zumeist ohnehin sehr national eingestellte[448] Professorenschaft des Faches deutsche Rechtsgeschichte. In diesem schien nun ein Rückgriff auf germanische Ideale in einem solchen Umfeld geradezu naheliegend zu sein.[449]

Ein bereits oben angesprochenes paradigmatisches – und daher besonders erwähnenswertes – Beispiel für diese Entwicklung und solche Einflüsse, die eine besondere „germanische" Sicht der deutschen Rechtsgeschichte[450] zur Folge hatten, stellt der Aufsatz von Claudius von Schwerin „Der Geist des altgermanischen Rechts, das Eindringen fremden Rechts und die neuerliche Wiedererstarkung germanischer Rechtsgrundsätze"[451] dar. Nach Meissel ist die Situation der Deutschen Rechtsgeschichte um 1933 auf Grund der bisherigen Entwicklung zusammenfassend so zu charakterisieren: *„eine Art juristischer Kulturgeschichte mit nationalem Einschlag, der die Rechtsdogmatik und die Rechtsgestaltung als Domäne verwehrt sind."*[452]

Es trafen sich mit der Machtergreifung zwei Größen, die beide – wenn auch in unterschiedlicher Art und Weise und vor allem aus unterschiedlichen Motiven[453] – auf germanische Gesellschaftsphänomene zurückgriffen: die deut-

---

447 KROESCHELL, Rechtsgeschichte (wie Anm. 11) 11.

448 Vgl. die diesbezüglichen biographischen Anmerkungen zu den bereits oben unter Kap. II. B. vorgestellten Wissenschaftern.

449 Dies sagt natürlich nichts über die persönliche wissenschaftliche Qualifikation und die Qualität der Forschungsergebnisse aus, die auch in dieser Zeit mitunter hervorragend sein konnten, nur eben in einem veränderten Licht dargestellt wurden.

450 Nach KROESCHELL, Rechtsgeschichte (wie Anm. 11) 12.

451 Vgl. SCHWERIN, Geist (wie Anm. 230).

452 MEISSEL (wie Anm. 167) 415.

453 Die wissenschaftliche Überbetonung der germanischen Zeit und germanischer Rechtsgrundsätze resultierte eben aus dem geschilderten Selbstverständnis – das schon

sche Rechtsgeschichte aus wissenschaftlichem Interesse in Folge des Selbstverständnisses der Disziplin, damit aber auch vor- bzw. außerwissenschaftlich motiviert, und eher auf das Recht beschränkt, der Nationalsozialismus aus rein ideologischen Gründen zur Untermauerung des politischen Programms und eher auf allgemeiner Basis.

b) Politische „Schlagwortideologie“

Wenn daher im Parteiprogramm der Nationalsozialisten aus dem Jahr 1920 in Punkt 19 der „*Ersatz für das der materialistischen Weltordnung dienende römische Recht durch ein Deutsches Gemeinrecht*“ gefordert wird[454], bedeutet dies nicht die Erhebung der Deutschen Rechtsgeschichte in eine rechtsgestaltende Position. Vielmehr sollte die juristische Germanistik nun vermehrt der Legitimationserhöhung der geplanten nationalsozialistischen Rechtserneuerungstendenzen (die in erster Linie nationalsozialistischen Idealen und nicht germanischen entsprechen sollten) dienen.

Aufschlussreich in dieser Beziehung ist ein Zitat von Heinrich Himmler. Zwar betonte er:

> „*Wir wollen unsern Männern und wollen dem deutschen Volke klarmachen, daß wir nicht ein barbarisches Volke gewesen sind* (...). *Wir wollen unser Volk wieder stolz machen auf seine Geschichte, wollen ihm klarmachen: Ewiger als Rom* (...) *ist Deutschland.*“[455]

In dieser Hinsicht war gerade die deutsche Rechtsgeschichte prädestiniert, die entsprechende Aufgabe zu übernehmen, hatte sie doch schon in ihrer Entstehungszeit damit begonnen, dem römischen Recht ein mindestens ebenbürtiges deutsches Recht gegenüberzustellen.[456]

Aber dass den NS-Spitzen keineswegs daran gelegen war, das alte germanische Recht wieder auferstehen zu lassen, kommt ebenso in einem Himmler-Zitat zum Ausdruck, dass sich auch mit der Auffassung Hitlers selbst[457] decken dürfte:

---

bei H. Brunner bemerkbar ist und in der Zwischenkriegszeit intensiviert wurde –, dass das ursprüngliche deutsche Recht überwiegend auf germanischen Rechtstraditionen fuße.

454 Siehe dieses Parteiprogramm in: REINHARD KUHNL, Der deutsche Faschismus in Quellen und Dokumenten (Köln 2000) 96 ff. (Dokument 61, Parteiprogramm der NSDAP vom 25. Februar 1920).

455 Zitiert bei NUNWEILER (wie Anm. 297) 39, Anm. 1.

456 Vgl oben Kap. II. B und II. C.

457 Vgl. zu dieser NUNWEILER (wie Anm. 297) 365, wo davon die Rede ist, dass Hitler die „Germanenschwärmer“ mit Spott bedacht habe, da er sie und ihre „selbstgebastelten ‘Germanen-Mythen’ für realitätsferne, ‘spinnerige Jenseitsapostel’“ gehalten habe, deren Ideen für einen modernen nationalsozialistischen Staat nicht taugen würden; vgl. ebd. 366 ff. Diese Meinung vertritt auch WAHSNER (wie Anm. 179) 173 f.

„*Es ist uns höchst gleichgültig, ob sich die Vorgeschichte der germanischen Stämme in Wirklichkeit so oder anders abgespielt hat.* (...) *Worauf es uns einzig und allein ankommt, und wofür diese Leute bezahlt werden* (die Professoren, Anm.), *sind geschichtliche Vorstellungen, die unserem Volk den notwendigen Nationalstolz stärken. Wir haben bei diesem ganzen zweifelhaften Betrieb nur das einzige Interesse, daß wir das, was wir als Zukunftsbild für unser Volk hinstellen, in die graue Vergangenheit hineinprojizieren. Der ganze Tacitus mit seiner Germania ist eine Tendenzschrift. Unsere Wissenschaft vom Deutschtum hat jahrhundertelang von einer Fälschung gelebt. Wir haben das Recht, dasselbe jederzeit zu wiederholen. Vorgeschichte ist die Lehre von der überragenden Bedeutung der Deutschen in der Vorzeit.*“[458]

So kommt dann auch Meissel zu dem Schluss:

„*Im Rahmen der Schaffung des 'Deutschen Gemeinrechts' war den Rechtshistorikern, auch den germanistischen, keineswegs eine prominente Rolle zugedacht. Es ging ja auch nur darum, das zu schaffende Recht als 'deutsch' zu qualifizieren, um die Legitimität desselben zu erhöhen. Eingedenk der Diskussionen am Beginn des Jahrhunderts nahmen die Nationalsozialisten bewußt Stellung gegen das 'wertentleerte voraussetzungslose' Recht der Pandektistik, die Deutsche Rechtsgeschichte sollte lediglich dazu dienen, historisches Material dafür zu liefern, wie anschaulich, volkstümlich und 'gesund' das 'arteigene' Recht gewesen sei, bevor es durch den verderblichen Vorgang der Rezeption 'artfremden römischen Rechts' verdrängt worden war. Darüber hinaus aber war es nicht Ziel der Nationalsozialisten, historische 'germanische' Vorstellungen an sich zu übernehmen, vielmehr wählte man einzelne topoi aus, die man selektiv einzusetzen wußte. Der Rechtsgeschichte fiel die Rolle zu, zu diesem Zwecke Versatzstücke zu liefern und die juristische 'Schlagwortprogrammatik' des Nationalsozialismus mehr oder weniger wissenschaftlich zu illustrieren.*“[459]

Auf der rechtsdogmatischen und damit rechtsgestaltenden Ebene änderte sich also für die deutsche Rechtsgeschichte wenig bis gar nichts.[460] Bleibt zu fragen, inwieweit die historischen Darstellungen des germanischen Rechtslebens nun von nationalsozialistischem Gedankengut beeinflusst wurden (oder

---

458 HERMANN RAUSCHNING, Gespräche mit Hitler (Wien 1988) 214; auch zitiert bei NUNWEILER (wie Anm. 297) 39.

459 MEISSEL (wie Anm. 167) 416 f. Er bezieht sich bei diesen Ausführungen auf Dieter Schwab (vgl. folgende Anm.).

460 Siehe dazu auch SCHWAB (wie Anm. 177). Anderer Ansicht ist hingegen WAHSNER (wie Anm. 179).

auch umgekehrt) und somit eine Germanenideologie in Anlehnung an die herrschenden politischen Verhältnisse geschaffen haben (Schwab geht dabei von einer bloßen „Schlagwortideologie“ in den einschlägigen Arbeiten der Rechtshistoriker aus[461]).

2. Wissenschaft oder willfährige Legitimationsdienste?

a) Die Aufarbeitung innerhalb der Rechtsgeschichte

Die Thematik Rechtsgeschichte - Nationalsozialismus wurde lange Zeit von der Wissenschaft nicht in ausreichendem Maß bis gar nicht behandelt. Erst 1969 erschien ein nennenswerter Aufsatz von Dieter Schwab „Zum Selbstverständnis der historischen Rechtswissenschaft im Dritten Reich“.[462] Zu seinen Ansichten äußerte sich Roderich Wahsner „Die deutsche Rechtsgeschichte und der Faschismus“[463] sehr kritisch, vor allem der methodische Ansatz Schwabs, der nach Ansicht Wahsners zu wenig das wissenschaftspolitische Umfeld des NS-Regimes einbeziehen würde, gab ihm Anlass zur Kritik.

Erst Ende der 80-er und in den 90-er Jahren kam dann mehr Leben in diese Debatte. Den Anfang machte ein dritter Aufsatz zum Thema von Manfred Messerschmidt, „Die deutsche Rechtsgeschichte unter dem Einfluss des Hitlerregimes“[464], der 1989 abermals in der gleichen Zeitschrift erschien. Im Jahr darauf wurde „Deutsche Rechtsgeschichte im nationalsozialistischen Staat“[465] von Franz Stefan Meissel publiziert.

In diese Zeit fällt auch der erste umfassendere Sammelband mit weiteren Einzelbeiträgen zur Thematik: In der Reihe „Beiträge zur Rechtsgeschichte des 20. Jahrhunderts“ erschien 1989 der Band „Rechtsgeschichte im Nationalsozialismus“[466]. 1995 folgte in der selben Reihe der Band „Deutsche Rechtsgeschichte in der NS-Zeit“[467]. Am Wertvollsten für die Themenstellung dieser Arbeit ist dann die 1996 im Druck erschienene Dissertation von Andrea Nunweiler, „Das Bild der deutschen Rechtsvergangenheit und seine Aktualisierung im ‘Dritten

---

461 Vgl. SCHWAB (wie Anm. 177) 63.

462 Vgl ebd.

463 Vgl. WAHSNER (wie Anm. 179).

464 Vgl. MANFRED MESSERSCHMIDT, Die deutsche Rechtsgeschichte unter dem Einfluß des Hitlerregimes, KJ 21. Jg. (1989) 121–136.

465 Vgl. MEISSEL (wie Anm. 167).

466 Vgl. STOLLEIS/DIETER SIMON (Hrsg.), Rechtsgeschichte im Nationalsozialismus. Beiträge zur Geschichte einer Disziplin (= Bd. 2 der Beiträge zur Rechtsgeschichte des 20. Jahrhunderts, Tübingen 1989).

467 Vgl. JOACHIM RÜCKERT/WILLOWEIT (Hrsg.), Die Deutsche Rechtsgeschichte in der NS-Zeit. Ihre Vorgeschichte und ihre Nachwirkungen (= Bd. 12 der Beiträge zur Rechtsgeschichte des 20. Jahrhunderts, Tübingen 1995).

Reich'"[468], das naheliegender Weise ein ausführliches Kapitel über die Sicht der germanischen Zeit in den Jahren zwischen 1933 und 1945 enthält.

Auf diese genannten Beiträge zur Thematik stützt sich auch dieser Abschnitt. Eine umfassende Monographie fehlt bis jetzt, was vielleicht an der außerordentlichen Komplexität des Themas liegt, das ein Einzelner kaum zu bewältigen vermag.

b) Konkrete rechtshistorische Germanenbilder in der NS-Zeit

Was sind nun die markantesten Berührungspunkte zwischen der deutschen Rechtsgeschichte und dem Nationalsozialismus? Welche Rolle spielt die im NS-Regime vorherrschende Germanenideologie für die Darstellung der germanischen Zeit bei den Rechtshistorikern?

aa) Hans Fehr

Kehren wir vielleicht zunächst zu Hans Fehr zurück: Wie oben bereits angesprochen, manifestiert sich bei ihm die neue politische Situation weniger in der Darstellung der germanischen Zeit. Sie bleibt gegenüber den ersten Auflagen seiner „Deutschen Rechtsgeschichte"[469] nahezu unverändert. In diesem seinem Überblickswerk ergeben sich Bezugspunkte zum Nationalsozialismus – ohne Verbindung zu den Germanen – in der 3. Auflage von 1943: Der neu hinzugefügte § 61 handelt von der Machtergreifung der NSDAP.
Das klingt zu diesem Zeitpunkt folgendermaßen:

> *„Zu allen Zeiten war es das Los des Besiegten, Fesseln zu ertragen. Aber der Versailler Vertrag hat nach dem Kriege von 1914/18 allzu harte, vor allem unvernünftige Fesseln angelegt, Fesseln, die über kurz oder lang gesprengt werden mußten. (...) Hier setzte Adolf Hitler ein, und in dieser Erkenntnis lag sein Erfolg. Zu allen Zeiten ist ein Staatsmann dann zum Organisator großen Stils geworden, wenn er sich in der richtigen Stunde entschied, ob er den Staat fortbilden, oder von Grund auf neu gestalten müsse. Hitler hat den zweiten Weg gewählt. (...) Man kann das System auf die kurze Formel bringen: Jeder wächst aus dem Volke, jeder lebt in dem Volke, jeder stirbt mit dem Volke.* (Dieser Satz ist im Text hervorgehoben, Anm.)"[470]

Eine Seite weiter heißt es dann: „*Und endlich im Jahre 1938, ist der Traum so Vieler verwirklicht worden: der Anschluß Österreichs.*"[471] (Auch dieser Satz

---

[468] Vgl. NUNWEILER (wie Anm. 297).
[469] Vgl. FEHR, Rechtsgeschichte (wie Anm. 398).
[470] FEHR, Rechtsgeschichte (wie Anm. 398, 3. Aufl. 1943) 335 f.
[471] Ebd. 337.

ist hervorgehoben gedruckt.) In den Nachkriegsauflagen, beginnend mit der vierten aus 1948, stellt sich das schon ganz anders dar:

> *„Adolf Hitler, ein Massenpsychologe großen Formats, hatte die Situation erfaßt und den Versuch gewagt – mit einer Rücksichtslosigkeit ohnegleichen –, die völlige Umformung des Staates in die Hand zu nehmen. (...) Der Versuch trug Früchte, aber die verderblichsten Früchte für das deutsche Volk und für die deutsche Kultur.*“[472]

War noch in der dritten Auflage das „Judenproblem“ und dessen gesetzliche Lösung durch die Rassengesetze angesprochen worden[473], so enthalten die Nachkriegsauflagen davon kein Wort. Was 1943 noch als der „*Traum so vieler*“ galt, der Anschluss Österreichs, wird jetzt als „*die Eroberung und die Einverleibung fremder Staaten*“ [474] (z.B. Österreich) bezeichnet.

Noch weiter als Fehr geht in dieser Beziehung Claudius von Schwerin[475], der im Nationalsozialismus einen vorläufigen Entwicklungsendpunkt des deutschen Volkes sieht, indem dieses neue System es vermag „*die ungermanische Zweiheit und Gegensätzlichkeit von Staat und Einzelnem durch eine Dreigliederung von Staat, Bewegung und Volk*“ zu überwinden, „*indem die politische Bewegung den Staat wie das Volk durchdringt und zum einheitlichen Ganzen zusammenschließt. Dem entspricht die Aufnahme des germanischen, auf Treue und Gefolgschaft beruhenden Führergedankens als Grundprinzip des nationalsozialistischen Staatsaufbaus, im Gegensatz zu Kommandieren und Herrschen.*“[476]

Eine Bemerkung im Zusammenhang mit Fehrs „Deutscher Rechtsgeschichte“ verdient noch die Widmung, die der sechsten Auflage vorangestellt ist: „*Gewidmet den Stillen im Lande, die mithelfen am Neubau der europäischen Kultur*“[477], ein Satz den man – bei aller gebotenen Vorsicht – mit dem Wissen um die Person Fehrs auch zu seinen Ungunsten interpretieren kann.

Wo Fehrs Schaffen während der NS-Zeit sehr wohl massiv mit Germanenideologie in Verbindung steht, ist sein Aufsatz „Kraft und Recht“ von 1938, in dem er herausarbeitet, dass bei den Germanen dem Stärkeren das bessere Recht zugekommen sei. Aussagen wie: „*Das Volk, das mit Waffengewalt Land okku-*

---

472 Ebd. 258.

473 Siehe ebd. 337.

474 FEHR, Rechtsgeschichte (wie Anm. 398, 4. Aufl. 1948) 259.

475 Zu Person und Werk vgl. die Angaben in Kap. II. B, Anm. 171.

476 SCHWERIN, Grundzüge der deutschen Rechtsgeschichte (München/Leipzig 1934) 312. Vgl. zu Schwerins Werk nunmehr auch: ELMAR WADLE, Visionen vom „Reich“. Streiflichter zur Deutschen Rechtsgeschichte zwischen 1933 und 1945, in: RÜCKERT/WILLOWEIT (Hrsg.), Die Deutsche Rechtsgeschichte in der NS-Zeit (Tübingen 1995) 278 ff.

477 FEHR, Rechtsgeschichte (wie Anm. 398, 6. Aufl. 1962) V. Vgl. zu Fehrs „Deutscher Rechtsgeschichte“ nun auch WADLE (wie Anm. 476) 283 ff.

piert hatte, war einziger, rechtmäßiger Besitzer.“[478]; oder „*Der körperlich allzu Schwache, der Zwerg, der Verkrüppelte, sie alle mögen einstens vom Vater ausgesetzt oder getötet worden sein. Waren sie doch, nach damaliger Anschauung keine Förderer der Sippe. Sie waren entartet* (!, Anm.) *und galten als schweres Hemmnis für die Fortentwicklung der Gemeinschaft.*“[479]; spiegeln ganz deutlich geschichtliche Bezugnahme auf aktuelle „Kriegs-“ und „Volksgesundheits-Programmatik“ wieder.

bb) Planitz und Meyer

Bei zwei weiteren Rechtshistorikern kommt ein germanenideologisches Naheverhältnis zum Regime in deren Arbeiten mitunter noch deutlicher zum Ausdruck: Hans Planitz und Herbert Meyer.

Eine starke Betonung des „Germanischen“ ist bei Planitz, der ab 1941 in Wien lehrte[480], schon allein durch die von ihm vertretene Fortführung der Tradition einer spezifisch germanischen Rechtsgeschichte innerhalb der allgemeinen deutschen Rechtsgeschichte, wie sie von Amira geprägt wurde, grundgelegt.[481]

So ist es fast konsequent logisch, dass er sehr deutlich in das Bild des Germanisten passt, der die Auflagen der Politik für das Fach erfüllt und Germanenideologie mit herrschenden Gegebenheiten verbindet. Sein Lehrbuch von 1941, welches bereits den bezeichnenden Titel „Germanische Rechtsgeschichte“ trägt und von der germanischen Vorzeit bis zur Rezeption des römischen Rechts im 15. Jahrhundert reicht, erfüllt die Vorstellungen der NS-Wissenschaftspolitik für das Fach Rechtsgeschichte sehr deutlich: die „Gesundheit“ und „Arteigenheit“ das heimischen Rechts aufzuzeigen, bevor es durch die Rezeption des „artfremden Rechts“ verdrängt wurde.[482] Das äußert sich konkret in Formulierungen wie:

> „*Das germanische Recht in seiner vollen Kraft auf die Gegenwart einwirken zu lassen, das ist Ziel einer germanischen Rechtsgeschichte. Sie soll ein Wahrzeichen aufrichten, das bekundet, wieweit die Entwicklung der Neuzeit dem deutschen Menschen seine Eigenart entfremdet hat. Nur wenn die Weisheit der Vorfahren in den Herzen der Enkel lebendig geworden ist, kann die Erneuerung des deutschen Rechtslebens Fortschritte machen.*“[483]

---

478 FEHR, Kraft und Recht, in: Roland FREISLER u.a. (Hrsg.), Festschrift für Justus Wilhelm Hedemann (o.O. 1938) 7 (man beachte den Herausgeber der FS!).

479 Ebd. 4.

480 Siehe zu Person und Werk den Nachruf von CONRAD, Hans Planitz +, ZRG GA 71 (1954) XIII–XXVI.

481 Vgl. MEISSEL (wie Anm. 167) 419 f.

482 Vgl. ebd. 417.

483 PLANITZ, Germanische Rechtsgeschichte (wie Anm. 21) V.

Damit kommt eine sehr deutliche Übereinstimmung mit der oben kurz angesprochenen Programmatik der nationalsozialistischen Rechtspolitik zum Ausdruck.

In die ideologisierende Richtung gehen diverse Darstellungen des germanischen Rechtslebens. Besonders „betroffen" sind natürlich „germanische Tugenden" wie Sittlichkeit, Ehre und Treue. So heißt es beispielsweise:

> *„Die Treue ist die soziologische Grundlage des germanischen Gemeinschaftslebens. Sie verbindet die Freunde zu engem Zusammenhalten. Sie ist eine gefühlsbetonte Rechtspflicht. Freund ist in erster Linie der Blutsfreund. Alle Sippengenossen sind zur Reu- und Freundschaftspflicht verbunden, deren letzte Auswirkung Rachepflicht ist. (...) Treupflicht kann allerdings auch begründet werden durch Vertrag, besonders durch Schwurbrüderschaft oder durch Eingliederung in eine Gefolgschaft. Die Gefolgschaft stellt eine Kameradschaft dar, deren höchstes Ziel die Mannestreue gegenüber dem Führer ist. Die Ehre ist die ethische Selbstbindung des germanischen Kriegers. Aus dem Gebot der Tapferkeit ergibt sich die Aufgabe, Mut, Selbstbeherrschung und Todesverachtung stets zu bewahren. Aus dieser Härte gegen sich selbst folgt die Härte gegen andere. Den Feind zu hassen, die Rache bis zum äußersten zu steigern ist ethische Pflicht. Furcht oder Schwäche zu zeigen ist Schande. Großmut üben darf nur der Mächtige. Aus solcher Ethik entspringt der Wille zur Macht, zum Herrenmenschen als Vorrecht, aber auch als Verpflichtung.*"[484]

Besonders der letzte Teil dieses Abschnitts ist ein besonders markantes Beispiel für die Rückprojezierung aktueller Ideologien in die Geschichte und umgekehrt für die zurechtgerückte Interpretation historischer Phänomene für die Untermauerung einer herrschenden Doktrin, kurz für die Verflechtung von Germanenideologie und Gegenwart, das für sich selbst spricht[485].

Für Planitz gilt generell wie für viele andere Rechtshistoriker auch, dass zumindest versucht wird, die Wissenschaftlichkeit zu wahren. Das heißt, ausfällige Bemerkungen über Juden oder andere „Artfremde" finden sich in den einschlägigen Arbeiten nicht explizit, sondern nur andeutungsweise.

Ein anderes Beispiel liefert der Berliner Ordinarius Herbert Meyer[486]. Er verkündet in einer 1938 im Verlag des NS-Rechtswahrerbundes erschienen Broschüre mit dem Titel „Das Wesen des Führertums in der germanischen Verfassungsgeschichte" geradezu euphorisch als Abschluss seiner Betrachtungen: *„Heil uns, daß in der Not sich der Führer fand, der unser Volk zur Sippe einte,*

---

484 Ebd. 13.

485 Vgl. zu Planitz und seiner „Germanischen Rechtsgeschichte" neuerdings auch WADLE (wie Anm. 476) 287 ff.

486 Siehe zu diesem den Nachruf von ERNST HEYMANN, Herbert Meyer +. In ZRG GA 62 (1942) XIII–XLII, der nicht mit Lob spart.

so daß es mit dem Stolz auf die Art und das Blut der Väter auch den Glauben wiederfand an die göttliche Berufung des geborenen Führers"[487], nachdem zuvor der Bogen vom „*nordischen Heerkönig alter Art*" über den „*preußischen Heerkönig*" bis zum „*gewaltigen vaterländischen Ereignis*", das den „*Weg zur wirklichen Volksgemeinschaft*" gezeigt habe, gespannt wurde[488].

Ist bei Planitz zu sehen, dass es ihm noch um die Wahrung der Wissenschaftlichkeit ging, so ist bei Meyer und auch bei Fehrs „Kraft und Recht" neben dem ideologischen Beiwerk auch die eigentliche wissenschaftliche Qualität der erwähnten Arbeiten nicht überzeugend.[489]

cc) Karl August Eckhardt

Ein Mann verdient noch besondere Aufmerksamkeit, betrachtet man das Verhältnis der deutschen Rechtsgeschichte zum Nationalsozialismus, Karl August Eckhardt:

In seiner Person[490] spiegelt sich in besonders dramatischer Weise eine Verbindung von NS-Wissenschaftspolitik, NS-Ideologie und Germanenideologie wider. Der am 5. März 1901 geborene Eckhardt galt als so etwas wie ein wissenschaftliches Fachgenie: Mit 22 Jahren bereits habilitiert, mit 30 bereits drei Berufungen auf Ordinariate hinter sich, über 70 Publikationen auf höchstem wissenschaftlichen Niveau. Und dieser Karl Eckhardt ist es, der sich ganz dem Nationalsozialismus verschreibt. Bereits 1930, bringt er später zu Papier, habe er sich der neuen Partei angeschlossen – er lehrte zu diesem Zeitpunkt in Kiel, einer Hochburg nationalsozialistischer Studenten.

Im Oktober 1933 trat er in die SS ein, später verbindet ihn mit Himmler ein besonderer Kontakt. 1934 wurde er ins Reichsministerium für Wissenschaft als Hauptreferent für Recht, Staat, Politik, Wirtschaft und Geschichte berufen. Bis 1935 arbeitet er führend an der Umgestaltung des juristischen Studienplans mit,

---

487 HERBERT MEYER, Das Wesen des Führertums in der germanischen Verfassungsgeschichte (Wien 1938) 39. Vgl. zum Bild des germanischen Führertums, das aus naheliegenden zeitbezogenen Gründen in der NS-Zeit besondere Aktualität genoss NUNWEILER (wie Anm. 297) 53 ff.

488 Vgl. zu Meyers Rolle als Rechtshistoriker im NS-Staat neuerdings auch: KLIPPEL, Subjektives Recht und germanisch-deutscher Rechtsgedanke in der Zeit des Nationalsozialismus, in: RÜCKERT/WILLOWEIT (Hrsg.), Die Deutsche Rechtsgeschichte in der NS-Zeit (Tübingen 1995) 31–54.

489 So beurteilt MEISSEL (wie Anm. 167) 423 diese einschlägigen Arbeiten als „Banalitäten".

490 Vgl. dazu besonders den sehr kritisch gehaltenen (was eine Seltenheit in diesem Zusammenhang darstellt!) Nachruf von NEHLSEN, Karl August Eckhardt +, ZRG GA 104 (1987) 497–536, der erst acht Jahre nach Eckhardts Tod erschien, auf den sich auch die biographischen Angaben im Folgenden beziehen. Das Gegenbeispiel dazu ist der Nachruf von HERMANN KRAUSE, Karl August Eckhardt, DA 35 (1979) 1–16, der Eckhardts Rolle im Nationalsozialismus völlig ausblendet und nur das (nicht belastete) wissenschaftliche Werk würdigt.

der unter anderem eine stärkere Betonung der „Germanischen Rechtsgeschichte“ vorsieht. Vor allem durch seine Beziehungen zu Himmler entstehen für unseren Ideologiebezug außerordentlich interessante Werke Eckhardts: „Irdische Unsterblichkeit“, eine Arbeit, die sich vorwiegend auf nordische Quellen stützt, versucht den Nachweis des germanischen Glaubens an die Wiedergeburt zu erbringen. Die darin enthaltenen Ahnenvorstellungen der Germanen haben auf Himmler anscheinend so großen Eindruck gemacht, dass er sie wenige Tage nach Durchsicht der Arbeit vor SS-Gruppenführern bei einer Belehrung ausbreitete.

In vielen Arbeiten kommt Eckhardts Übereinstimmung mit NS-Gedankengut zum Ausdruck, so beispielsweise in einem 1935 im SS-Blatt „Das schwarze Korps“ erschienene Aufsatz „Widernatürliche Unzucht ist todeswürdig“, wo es heißt, schon bei Tacitus sei belegt, dass die Germanen Homosexuelle im Moor versenkt hätten. Es sei kein Wunder,

> *„daß eben die französische Revolution, die uns die Minderbewertung der Homosexualität mitbrachte, auch die Emanzipation der Juden und damit die Gefahr völliger Rassenzersetzung im Gefolge hatte. (...) Wie wir heute in der Frage der Mischehen zwischen artfremden Rassen zu der altgermanischen Auffassung zurückgefunden haben, so müssen wir auch bei der Beurteilung der rassenvernichtenden Entartungserscheinungen der Homosexualität zurückkehren zu dem nordischen Leitgedanken der Ausmerzung der Entarteten. Mit der Reinerhaltung der Rasse steht und fällt Deutschland.“*[491]

Solche besonders drastischen Beispiele der Verquickung von Germanenideologie und NS-Politik finden sich bei Eckhardt mehrere.[492] Nach 1945 wurde Eckhardt nicht mehr an einer Universität angestellt. Er arbeitete in dieser „Isolation“ allerdings weiter an rechtshistorischen Projekten, so beispielsweise in der Leges-Forschung (teilweise für die MGH).

c) Ein schwieriges Urteil

Generell ist abschließend zum Themenfeld Nationalsozialismus - Rechtsgeschichte - Germanenideologie zu betonen, dass die erwähnten Beispiele nicht als für die gesamte deutsche Rechtsgeschichte paradigmatisch gelten dürfen. Sie sind nur paradigmatisch für jene Fälle, in denen es tatsächlich zu einer Ideologisierung kommt. Natürlich war aus naheliegenden und erwähnten Gründen gerade die Disziplin deutsche Rechtsgeschichte massiv in die Wissenschaftspolitik des „Dritten Reiches“ eingebunden (siehe Beispiel Eckhardt).

---

491 Zitiert bei NEHLSEN (wie Anm. 490) 517.

492 Siehe dazu allgemein ebd.

Daraus aber ein einheitliches Bild der Disziplin zu konstruieren, wäre falsch. Es sei in diesem Zusammenhang nochmals auf die oben angeführten Arbeiten zum Thema verwiesen, die diese Diskrepanz zwischen wissenschaftlicher Kontinuität und Anpassung an das neue politische Umfeld aufzuarbeiten versuchen und zu höchst unterschiedlichen Ergebnissen gelangt sind. Das Urteil reicht von bloßer „Schlagwortideologie" (Schwab) bis zur mehr oder weniger pauschalen Einordnung der deutschen Rechtsgeschichte und ihrer Germanenbilder als willfährig im Dienst des Faschismus stehend (Wahsner), wenn nicht gar einzelne Wissenschafter selbst – wie etwa Eckhardt – als faschistisch tituliert werden müssen. Dazwischen bemühten sich etwa Meissel, die beiden Sammelbände von Stolleis/Simon und Rückert/Willoweit, und nicht zuletzt Nunweiler um ausgewogene Aufarbeitungen des komplexen Verhältnisses[493].

E. Kontinuität und Diskontinuität im Germanenbild nach 1945

1. Langsamer Paradigmenwechsel

Nach 1945 kam es nach und nach zu einem Wandel im Germanenbild der deutschen Rechtsgeschichte. Der Bruch ist nicht sogleich mit dem Ende der NS-Zeit eingetreten und hat auch nicht alle festgefügten Vorstellungen vom germanischen Rechtsleben gleichermaßen und zur gleichen Zeit erfasst. Vielmehr gab es selbst in den Jahren zwischen 1933 und 1945 (und schon davor) Stimmen, welche die hergebrachten Lehrmeinungen über die rechtliche Ordnung der germanischen Sozial- und Gesellschaftsverhältnisse in Frage stellten.

Daneben herrschten aber nach 1945, und zwar weit überwiegend, weiterhin – freilich von ideologischem Ballast „befreit" – die tradierten Ansichten über das Germanenbild, wie es im letzten Drittel des vorangegangenen Jahrhunderts festgelegt wurde. Man kann sogar davon ausgehen, dass ein regelrechter Rückgriff auf dieses Bild erfolgt ist, gerade deshalb, weil es noch keineswegs durch übersteigerte Idealisierung oder gar Ideologisierung „angereichert" war, wie in der Zwischenkriegszeit und dann massiv im „Dritten Reich".

Ganz allgemein gesprochen schien es der deutschen Rechtsgeschichte dadurch möglich zu sein, das traditionelle Bild als ein völlig integeres und wissenschaftlich fundiertes gegenüber den Übertreibungen und Verzerrungen der NS-Zeit aufrechtzuerhalten.[494] Als eine Konsequenz der zunehmenden Bereitschaft

---

[493] Siehe oben Anm. 459 ff.

[494] Bände spricht etwa ein Blick in die schon vielzitierte Rechtsgeschichte von Hans Fehr. Aufschlussreich ist ein Vergleich zwischen den Vor- und den Nachkriegsauflagen seiner „Deutschen Rechtsgeschichte". Das Kapitel über die NS-Zeit wird „entschärft", aus der „nationalen Errettung" von 1943 (3. Aufl.) wird ganz einfach die „nationale Katastrophe" von 1948 (4. Aufl.). Ansonsten bleibt alles beim Alten, selbst das hier angesprochene einschlägige Kapitel ist bis auf die Huldigungen des NS-System über weite Strecken unverändert. Vgl. FEHR, Rechtsgeschichte (wie Anm. 398, 3. Aufl. 1943) 335 ff., sowie DERS., Rechtsgeschichte (wie Anm. 398, 4. Aufl. 1948) 258 ff.

auf längst geäußerte Kritik an den traditionellen Anschauungen innerhalb des Faches und auch aus Nachbardisziplinen[495] einzugehen, stellen sich nach und nach kritische Selbstreflexionen über das eigene Germanenbild ein. In den 60-er Jahren kommt es in Folge dessen zu einer regelrechten Flut an „Gegendarstellungen", die den heutigen vorsichtigen Zugang zur germanischen Zeit ausdifferenziert haben.

Diese letzte Entwicklung, die sich im Rahmen der Themenstellung als historisch sinnvoll fassbar erweist, in ihren Grundrissen darzustellen ist die Aufgabe dieses abschließenden Kapitels.

a) Traditionelle Germanenbilder ...

Um den dadurch zu Tage tretenden Kontrast anschaulicher zu machen, sei mit den Worten Karl Kroeschells das traditionelle Germanenbild nochmals kurz charakterisiert, um diesem dann die Kritik und die neueren Erkenntnisse gegenüberzustellen.

> *„Das Bild, das sich die Rechtsgeschichte von den Germanen machte, war das eines kriegerischen Bauernvolkes ohne Städte. Freie Bauern schienen die Masse der Bevölkerung auszumachen. Auch die Unfreien aber wirtschafteten selbständig auf bäuerlichen Stellen, von denen sie Vieh- und Getreideabgaben leisteten; eine Sklaverei im römischen Sinne gab es nicht. Dagegen gab es bei den meisten Stämmen einen Adel, der zwar anscheinend an der bäuerlichen Lebensweise teilhatte, dessen höherer Rang aber an einer höheren Totschlagbuße abzulesen war. Den adeligen Häuptern des Volkes, den Fürsten, kam es zu, die allgemeinen Angelegenheiten zu beraten und für ihre Entscheidungen die Zustimmung des versammelten Volkes einzuholen. Könige aus adeligem Geschlecht gab es anfangs nur bei den östlichen und nördlichen Germanenvölkern. Ihnen schrieb man – vielleicht wegen des Glaubens an ihre göttliche Abstammung – ein besonderes Königsheil zu, eine glückbringende und friedenstiftende Kraft. Auch die richterlichen und priesterlichen Funktionen des Königs wiesen auf sakralen Ursprung hin. Fürsten wie Könige pflegten endlich eine bewaffnete Gefolgschaft um sich zu versammeln, die ihnen durch einen Treueschwur verbunden war und mit der sie auf Krieg und Beute ausgingen.*"[496]

Des Weiteren wird als charakteristisch ausgeführt, dass die Versammlungen des Volkes, bei denen vorwiegend die Rechtsangelegenheiten beraten und entschieden wurden, an sogenannten „befriedeten Plätzen" stattgefunden hätten,

---

[495] Zur Sprache werden da speziell im Folgenden die Historiker Otto Brunner und Reinhard Wenskus kommen, die jeweils am eindrucksvollsten und wirkungsmächtigsten mit hergebrachten Anschauungen ihrer Zeit „aufräumten".

[496] KROESCHELL, Forschungsproblem (wie Anm. 1) 66 f.

wie überhaupt Recht und Friede auf einer gemeinsamen religiösen Grundlage beruhen würden. So konnte die Wahrheit einer Klage oder einer Antwort vor der Volksversammlung durch das Gottesurteil und durch Eid mittels Anrufung der Götter erhärtet werden.[497] Schließlich gründete sich der Urteilsspruch auf gutes altes, nicht von Menschen geschaffenes Recht.

Noch deutlicher wird dieser Zusammenhang an Hand der Tatsache, dass für Kapitalverbrechen ein sakrales Strafrecht in Geltung gestanden sei, in dem die Hinrichtung des Täters die Götter versöhnen sollte. Für Taten geringer als Mord bis hin zum Totschlag mussten Bußen verrichtet werden, die in Form von Vieh oder Waffen an den Verletzten oder dessen Angehörige zu leisten waren. Weigerte sich der Schuldige, die auferlegte Sühne zu begleichen, so wurde er als Friedloser aus der Gesellschaft ausgestoßen. Niemand durfte dem „vargus" dann Zuflucht gewähren, er war dazu verdammt wie ein Wolf durch die Wälder zu irren und konnte von jedermann erschlagen werden.

Ein weiteres Hauptmerkmal der germanischen Rechtsverhältnisse habe das Band der Sippe dargestellt, welches die Blutsverwandten umschloss und dem Einzelnen Schutz und Hilfe bieten konnte. Durch die Unterstützung der Sippe war es dem Einzelnen möglich, Verbrechen öffentlich zu verfolgen, an sie war das Bußgeld für einen Getöteten zu entrichten und ihre Mitglieder verfolgten aus Rache einen friedlosen Täter. Auf der anderen Seite hatte die Sippe einem für schuldig befundenen Genossen bei der Aufbringung der Bußzahlung zu helfen, um ihn der Rache einer anderen Sippe zu entziehen. Durch diese festen Bande, die die Mitglieder einer Sippe zusammenhielten, sei sie schließlich auch zur Grundlage der Markgenossenschaften geworden, in denen Acker- und Weideflächen gemeinschaftlich genutzt wurden.[498]

Wie wir bereits wissen, beruht all das großteils auf Tacitus und einigen Nachrichten bei Caesar, diese können aber nicht für alle Institutionen (wie beispielsweise für die Sippe oder die Friedlosigkeit) ausreichend Belege liefern. Diese Einrichtungen wurden mittels der schon im Grundlagenteil[499] erläuterten rückschließenden Methode konstruiert, welche die Stammesrechte aus fränkischer Zeit, die nordischen Rechte des Hochmittelalters und vereinzelt auch deutsche Weistümer aus dem Spätmittelalter zur Rekonstruktion eines altgermanischen Rechts heranzog.

Diesem methodischen Weg lag die sogenannte „Abstammungshypothese" zu Grunde, die von der indogermanischen Sprachforschung übernommen wurde

---

497 Sehr anschaulich beschreibt das auch HOKE (wie Anm. 113) im ersten Teil seines Lehrbuchs (insbes. 8 ff.), wo in der Literaturangabe mit Conrad, Planitz und Mitteis genau jene für diese Zeit in Frage kommenden Vorlagen angeführt sind, die KROESCHELL, Forschungsproblem (wie Anm. 1) 66 in Anm. 9 als typisch für das herkömmliche, seit dem 19. Jahrhundert kontinuierliche, Germanenbild der deutschen Rechtsgeschichte anführt.

498 Vgl. zu dieser Kürzestzusammenfassung der gängigen Vorstellungen des germanischen Rechts- und Verfassungslebens ebd. 67.

499 Vgl. oben unter Kapitel II. C.

und die davon ausging, dass sämtliche germanischen Rechtsfamilien – analog zur Sprache – auf ein urgermanisches Recht zurückgeführt werden könnten. Seinen Ausdruck fand diese Grundannahme in der Konstruktion verzweigter Stammbäume von Rechtsfamilien und deren Instituten. So finden wir dann auch bei führenden Germanisten wie Brunner, Gierke, Amira und Schwerin häufig die Ausdrücke „Abstammung“, „Entwicklung“ und „Verzweigung“, sie suchen die Ursprünge von Rechtsinstituten auf und ermitteln eben die angesprochenen Stammbäume.[500] Dieser „Entwicklungsgedanke“ im deutschen Recht[501] – sicher auch unter dem Einfluss des Darwinismus stehend – brachte es mit sich, dass *„schließlich die ganze deutsche Rechtsgeschichte in allen ihren Entwicklungsstadien eng mit dem germanischen Recht“*[502] zusammenhing.

All das lässt sich sehr gut an Hand der gängigen Darstellungen zum germanischen Recht bis weit nach 1945 nachvollziehen, was insofern als Beleg für eine gewisse Kontinuität im Germanenbild der deutschen Rechtsgeschichte dienen kann. Ein Blick in die bekanntesten und bei weitem am Meisten benutzten Lehrbücher nach 1945 – dies sind wohl Hermann Conrads zweibändige „Deutsche Rechtsgeschichte“, dann Hans Planitz in der Bearbeitung von Karl August Eckhardts „Deutscher Rechtsgeschichte“, sowie das außerordentlich erfolgreiche gleichnamige Lehrbuch von Heinrich Mitteis, bearbeitet von Heinz Lieberich (aktuell in 19. Auflage)[503] – bestätigt die kurze Skizze von Kroeschell voll und ganz.[504]

b) ... vs. neue Ansätze

Wie gesagt, erfährt dieses festgefügte Germanenbild, wie es in Rückgriff auf das späte 19. Jahrhundert unmittelbar nach 1945 wieder aus der Taufe gehoben wurde, in der zweiten Hälfte des 20. Jahrhunderts bei aller Behauptung und Weitertradierung[505] traditioneller Ansichten oder gar fest in der Fachtradition verankerter Verzerrungen nach und nach eine Revision.

---

500 Vgl. KROESCHELL, Forschungsproblem (wie Anm. 1) 67 f.

501 Vgl. dazu die programmatische Schrift von FRANZ BEYERLE, Der Entwicklungsgedanke im Recht (Leipzig 1938).

502 Ebd. 68.

503 Vgl. CONRAD, Rechtsgeschichte I (wie Anm. 301); PLANITZ/ECKHARDT, Deutsche Rechtsgeschichte^3 (Graz/Köln 1971); MITTEIS/LIEBERICH, Rechtsgeschichte (wie Anm. 12).

504 Vgl. auch die Darstellung der Herausbildung dieses Germanenbildes im Verlauf des 19. Jahrhunderts oben unter Kapitel III. A. Auf weitere auffällige Kontinuitäten wurde schon in anderen Kapiteln hingewiesen, besonders erwähnt seien hier nochmals die Dissertation von FLIESS (wie Anm. 20) – vgl. oben unter Kapitel II. A. – sowie der Aufsatz von SCHWAB (wie Anm. 177), der ja – nicht unwidersprochen – die inhaltliche und methodische Kontinuität in der deutschen Rechtsgeschichte über die NS-Zeit hinweg betont hat.

505 Vgl. nur die oben in der vorangegangenen Anm. genannten Beispiele.

Systematisch untersucht hat diesen Umdenkprozess zuerst Karl Kroeschell – an ihm führt in dieser Frage kein Weg vorbei –, der dafür drei Hauptgründe ins Treffen führt: Erstens habe sich eine Neubewertung und damit eine Bedeutungsveränderung der einzelnen Quellengruppen vollzogen. Zweitens sei eine kritische Auflösung vieler hergebrachter Denkmodelle vonstatten gegangen – woran Kroeschell selbst maßgeblich beteiligt war – und drittens sei ein Grund auch in einer generellen Fragwürdigkeit des Germanenbegriffs zu sehen.[506]

2. Die Rolle der Neubewertung der Quellen

a) Neue archäologische Befunde

Zunächst sei ein zusammenfassender Blick auf die Neubewertung der Quellen geworfen.[507] Eine der Quellengruppen umfasst archäologische Sachfunde. War die Archäologie schon im 19. Jahrhundert eine wichtige Hilfswissenschaft für die germanische Rechtsgeschichte gewesen[508], so haben auch nach 1945 neue archäologische Erkenntnisse das Germanenbild beeinflusst.

Das lässt sich kurz an Hand von drei bekannten Beispielen illustrieren: Waren gewisse Funde schon seit jeher rechtshistorisch schwierig zu interpretieren, so neigte man doch oft dazu, einer einmal durchgesetzten Deutung festen Glauben zu schenken. So leitete man die Entstehung der Heergewäte aus den aufgefundenen Grabbeigaben ab.[509] Solche Festlegungen, die oft nicht mehr als bloße Vermutung oder bestenfalls eine von mehreren möglichen Interpretationen darstellen, wurden stark in Zweifel gezogen.[510] Ganz ähnlich verhält es sich mit den Funden von Moorleichen. Auch ihre rechtsgeschichtliche Interpretation ist umstritten und mehrdeutig. Einerseits zog man aus diesen Funden Schlüsse für germanische Strafrechtsgepflogenheiten, andererseits wollte man sie als Beweis für sakrale Menschenopfer verstanden wissen.[511] Der gegenwärtige Forschungsstand hält beide Möglichkeiten für plausibel.[512]

---

506 Vgl. KROESCHELL, Forschungsproblem (wie Anm. 1) 68.

507 Das Folgende stützt sich im Wesentlichen auf ebd. 68 ff.

508 Herausragend auf diesem Gebiet war Karl von Amira. Sein Schüler Claudius Frhr. von Schwerin veröffentlichte 1943 nach den diesbezüglichen Aufzeichnungen Amiras das Standardwerk „Rechtsarchäologie". Vgl. AMIRA/SCHWERIN, Rechtsarchäologie I. Gegenstände, Formen und Symbole germanischen Rechts (Berlin 1943).

509 Vgl. zur Diskussion vor 1945 HANS VON VOLTELINI, Nordgermanische Grabfunde in ihrer Bedeutung für die germanische Rechtsgeschichte, ZRG GA 51 (1931) 111–131, insbes. 125 ff.

510 Vgl. WILFRIED BUNGENSTOCK, Heergeräte (Heergewäte), HRG Bd. II (1978) 29–30.

511 Bereits Amira hatte versucht, beide Möglichkeiten miteinander zu verbinden, indem er auf den sakralen Charakter der germanischen Todesstrafe hingewiesen hat. Vgl. dazu AMIRA, Die germanischen Todesstrafen. Untersuchungen zur Rechts- und Religionsgeschichte (München 1922).

512 Vgl. HERBERT JANKUHN, Moorleichen, HRG Bd. III (1984) 655–663.

Daneben haben neue archäologische Erkenntnisse aber auch zu einer völligen Widerlegung hergebrachter Hypothesen geführt. Abschließendes Beispiel dazu: die neuen Erkenntnisse zur germanischen Agrarverfassung, welche die Meinung, bei den Germanen habe es einen Gemeinbesitz am Ackerland gegeben, widerlegen, basierend auf der archäologischen Feststellung fester Grenzen in den Ackerfluren.[513]

b) Neubewertung der antiken Autoren und der mittelalterlichen Rechtsaufzeichnungen

aa) Tacitus und seine Germania

Eine noch wichtigere Quellengruppe, die ein Neubewertung erfahren hat, sind die Zeugnisse antiker Schriftsteller, allen voran die Germania des Tacitus. Allzu oft wurde diese herausragende Quelle im Lichte eines modernen deutschen Germanenverständnisses interpretiert und wenig Bedacht auf die Intentionen des Autors genommen. Heute ist man sich darüber einig, dass bei der Heranziehung der Germania drei Problemfelder beachtet werden müssen. Zunächst stellt sich die Frage, ob der Schriftsteller Tacitus historische Tatsachen durch die Priorität der literarischen Form übergangen oder gar verfälscht hat.

Dann ist die antike Toppik zu beachten, die den Wahrheitsgehalt gemindert haben könnte und schließlich wird Tacitus auch eine moralisierende, idealisierende Darstellungsweise vorgeworfen – die diene dazu, der dekadenten römischen Gesellschaft ein anderes Idealbild vor Augen zu halten. Im Bewusstsein der Problematik rund um diese wichtigste Quelle zum germanischen Altertum kam es nach 1945 zu einer größeren Offenheit bei der Auslegung, die es erleichterte, gewisse Aussagen in das richtige Verhältnis zu stellen und zu relativieren.[514]

bb) Die Volksrechte

Neben den antiken Quellen haben die früheren Rechtshistoriker im Besonderen auch auf spätere Rechtsquellen zurückgegriffen, vor allem in der Überzeugung des Entwicklungsgedankens und der Kontinuität von germanischem zu deutschem Recht. So wurden die Volks- oder Stammesrechte des Frühmittelalters ebenso zur Rekonstruktion altgermanischen Rechtslebens herangezogen wie spätmittelalterliche Weistümer. Für alle diese Quellen erwies sich dieses „Rückschlussverfahren“ aber zunehmend als bedenklich und gar undurchführbar.

Was die Volks- oder Stammesrechte betrifft, so wurde ihr Nutzen zur Auffindung altgermanischer Rechtsverhältnisse durch die „Entdeckung“ des west-

---

513 Vgl. KARL WÜHRER, Agrarverfassung, RGA Bd. I (1973) 100–110.

514 In diesem Zusammenhang sei nochmals auf den Beitrag von KROESCHELL, Germania (wie Anm. 46) hingewiesen.

römischen „Vulgarrechts" beträchtlich in Frage gestellt. Bahnbrechend auf diesem Gebiet war der bedeutende Romanist Ernst Levy. Er erbrachte den Nachweis, dass diese Aufzeichnungen von germanischen Stammesrechten im Frühmittelalter weniger die Kodifikation von althergebrachten, rein germanischen Gewohnheitsrechtstraditionen darstellen, als vielmehr Ausdruck der sogenannten „Frührezeption" römischen Rechts in Form des landläufig gebrauchten „Vulgarrechts" sind.[515] Konsequenzen aus dieser Erkenntnis, die das Germanenbild nun revidierten, zog allen voran Kroeschell, der in seinem Lehrbuch nicht müde wird, auf diesen Umstand bei der Behandlung der „leges barbarorum" hinzuweisen.[516] Des Weiteren führte er die Ergebnisse Levys in seiner Detailuntersuchung „Söhne und Töchter im germanischen Erbrecht" für diesen speziellen Fall näher aus.[517]

cc) Die „nordischen" Rechtsaufzeichnungen

Eine weitere Quellengruppe aus dem Kreis der späteren Zeugnisse, die traditionell starken Einfluss auf das Germanenbild genommen hatte, waren die „nordischen Rechte", mittelalterliche Rechtsaufzeichnungen aus Skandinavien. Das große Augenmerk, das ihnen die deutsche Rechtsgeschichte beigemessen hatte, verdanken diese Quellen der schon bekannten Annahme, dass die Nordgermanen auf Grund des fehlenden romanischen Einflusses altgermanische Traditionen ganz besonders gewahrt hätten. Der Umstand, dass die Rechte der Schweden, Norweger und Dänen dem 12. und 13. Jahrhundert – also dem Hochmittelalter – angehörten, fiel dabei nicht ins Gewicht.

Dass diese Prämissen bezüglich der Brauchbarkeit der nordischen Rechte für eine germanische Rechtsgeschichte auch weit über 1945 hinaus Geltung be-

---

[515] Mehreren Abhandlungen zum „Vulgarrecht" seit den späten 1920-er Jahren folgte im amerikanischen Exil 1951 sein Hauptwerk „West Roman Vulgar Law", in dem der Nachweis geführt wird, dass es zwischen dem späten weströmischen gelehrten Juristenrecht und den kodifizierten Germanenrechten auffallende Parallelen gibt (als Beispiele seien nur die fehlende Unterscheidung von Eigentum und Besitz – traditionell als Ausfluss der deutschrechtlichen Gewere interpretiert –, welche sich auf vulgarrechtliche Vorstellungen zurückführen lässt, oder aber der Ausschluss der Frauen aus dem Erbrecht an Grundstücken – ursprünglich für germanisch gehalten, wird jetzt ebenfalls im Lichte des römischen Vulgarrechts gesehen – erwähnt). Vgl. neben dem zwei Bücher umfassenden Hauptwerk Ernst Levy, West Roman Vulgar Law. The Law of Property (Philadelphia 1951) sowie Ders., Weströmisches Vulgarrecht. Das Obligationenrecht (Weimar 1956) auch die folgenden Beiträge: Ders., Zum Wesen des Weströmischen Vulgarrechts, in: Ders., Gesammelte Schriften I (Köln/Graz 1962) 184–200; Ders., Reflections on the First „Reception" of Roman Law in Germanic States, in: ebd. 201–209; Ders., Vulgarization of Roman Law in the Early Middle Ages, in: ebd. 220–247.

[516] Vgl. Kroeschell, Rechtsgeschichte (wie Anm. 11) 30 ff.

[517] Vgl. Kroeschell, Söhne und Töchter im germanischen Erbrecht, in: Ders., Studien zum frühen und mittelalterlichen deutschen Recht (Berlin 1995) 35–64.

saßen, beweist ein Aufsatz Karl Wührers aus dem Jahr 1959, in dem er euphorisch feststellt:

„*Wenn wir bei Tacitus, also im ersten Jahrhundert unserer Zeitrechnung, bestimmte Rechtsvorstellungen, wenn auch oft nur in groben Zügen, wiederfinden, die uns in den schwedischen Landschaftsrechten des 13. und 14. Jh.s begegnen, dann haben wir den klaren Beweis des ehrwürdigsten Alters dieser Vorstellungen, den Beweis ihres Zurückreichens bis in die älteste Urzeit, auch wenn sie erst 1200 Jahre später aufgezeichnet wurden.*“

Und weiter, fast so als wollte er in einem Aufwaschen auch gleich ein anschauliches Exempel für die Grundlage dieser Annahme für unsere Zwecke abliefern:

„*Gegenüber den Zweifeln am Uralter bestimmter nordgermanischer Rechtsvorstellungen muß auch auf die Kontinuität des altgermanischen Rechts an und für sich hingewiesen werden.*“[518]

Fast trotzig und verklärt Wührers Resümee am Ende seines Aufsatzes:

„*Durch den Vergleich der taciteischen Angaben mit den Bestimmungen der Landschaftsrechte ist nun gewiß geworden, daß der Inhalt dieser Rechte bis in die Zeiten um Christi Geburt zurückreicht. Hier haben wir also wirklich die ältesten Äußerungen altgermanischen, altschwedischen Geistes vor uns, die in ihrer Treuherzigkeit und Innigkeit die antiken Rechtsquellen übertreffen.*“[519]

Freilich begann dann in Skandinavien selbst ein Umorientierungsprozess bei der Interpretation dieser Rechtsquellen, der zu dem Ergebnis gelangte, dass viele der Rechtsvorstellungen in den nordischen Rechten weniger unverfälschten germanischen Ursprungs seien, sondern vielmehr lehn- oder kirchenrechtliche Bestimmungen des Hochmittelalters enthielten. In der deutschen Forschung selbst gab der bekannte Philologe Klaus von See den Anstoß zu einer Neubewertung. Seine Arbeit über „Altnordische Rechtswörter“[520] 1964 brachte ans Tageslicht, dass die wesentlichen Rechtsbegriffe der skandinavischen Aufzeichnungen allesamt auf der Entwicklungsstufe des Hochmittelalters standen und nachweislich lehns- oder kirchenrechtlich geprägt waren. Daneben führten mehrere Einzeluntersuchungen zu ähnlichen Ergebnissen, sodass gegenwärtig an

---

[518] WÜHRER, Die schwedischen Landschaftsrechte und Tacitus' Germania, ZRG GA 76 (1959) 2 f.

[519] Ebd. 52.

[520] Vgl. VON SEE, Altnordische Rechtswörter. Studien zur Rechtsauffassung und Rechtsgesinnung der Germanen (Tübingen 1964).

den traditionellen Prämissen bezüglich der Rolle der nordischen Rechtsquellen nicht mehr festgehalten werden kann.[521]

dd) Weistümer

Als letzte Quellengattung erfahren die spätmittelalterlichen Weistümer eine Revision, was ihre Aussagekraft zum germanischen Recht betrifft. Der Problematik der Heranziehung mittelalterlicher – zuweilen sogar neuzeitlicher – Weistümer zur Rekonstruktion altgermanischen Rechts war sich schon Jacob Grimm in seinen „Rechtsalterthümern" bewusst:

> „*Schwerer wird es beinahe werden, die alzukühne verbindung und nebeneinanderstellung ferner zeiträume zu rechtfertigen. Stellen aus Tacitus, aus den alten gesetzen, aus urkunden des mittelalters und aus weisthümern, die vielleicht erst vor hundert Jahren aufgeschrieben wurden, beweisen in einem athem.* (...) *In der langen zeit von tausend und bald zweitausend jahren sind aber überall eine menge von fäden losgerißen, die sich nicht wieder anknüpfen laßen, ohne daß man darum die offenbaren spuren ihres ehemaligen zusammenhangs verkennen dürfte. Das auf solche weise innerlich verwandte kann, wie mich dünkt, unschädlich an einander gereiht werden und nirgends will ich damit seinen unmittelbar geschichtlichen zusammenhang behaupten. Fortgesetzte forschung mag entweder die verlornen zwischenglieder der kette auffinden oder die vermuthete verbindung widerlegen.*"[522]

Vor allem die geschmückten Redewendungen und ihre sprachliche Nähe zu den alten Volksliedern erklären den „Reiz" der Weistümer für die Romantiker wie Grimm. Die neueren „*fortgesetzten forschungen*", die Grimm anspricht, haben, wie bei den anderen Quellengruppen auch, kein gutes Haar an den Weistümern als Zeugnisse für altgermanische Rechtsvorstellungen gelassen. Neben den üblichen Zweifeln an der Kontinuität mündlicher Überlieferungen über mehrere Jahrhunderte hinweg führten vor allem Feststellungen, dass die Rechtssprichwörter des Mittelalters, wie sie in den Weistümern in aufgezeichneter Form zu Tage treten, ebenfalls auf das gelehrte Recht (römisch oder kanonisch) zurückgehen, zu einer „Entzauberung" dieser Quellengattungen.[523]

Soweit zur Rolle der Neubewertung der wichtigsten Quellengruppen für die Revision des Germanenbildes der deutschen Rechtsgeschichte nach 1945, die als Basis für einen noch weiter gehenden Paradigmenwechsel im Verständnis des germanischen Rechts fungiert.

---

[521] Vgl. dazu die Angaben bei KROESCHELL, Forschungsproblem (wie Anm. 1) 73, in Anm. 32.

[522] GRIMM, Rechtsalterthümer (wie Anm. 30) VIII f.

[523] Vgl. KROESCHELL, Forschungsproblem (wie Anm. 1) 73 f.

3. Die Auflösung hergebrachter Denkmodelle[524]

a) Otto Brunner und der Neuansatz in der mittelalterlichen Verfassungsgeschichte

Die Vorstellungen vom altgermanischen Recht sahen sich – in einer ersten „Welle" – seit Ende der 30-er Jahre des 20. Jahrhunderts massiver Kritik ausgesetzt, ausgelöst durch einen völligen Neuansatz in der mittelalterlichen Verfassungsgeschichte, wie er in Otto Brunners[525] epochaler Arbeit „Land und Herrschaft"[526], erstmals erschienen 1939, zum Ausdruck kam. Das Verdienst Brunners war es, gegenüber der älteren Verfassungsgeschichte – ein Gebiet, auf dem im 19. Jahrhundert die Rechtsgeschichte dominant war – den Vorwurf erhoben zu haben, „*sie arbeite mit anachronistischen Begriffen, die nicht dem oder der germanischen Frühzeit selbst entnommen seien, sondern dem liberalen bürgerlichen Verfassungsgedanken des 19. Jahrhunderts entstammen.*"[527]

Mitteis schreibt dazu in einer Rezension der 3. Auflage in der Zeitschrift für Rechtsgeschichte:

> „*Br.*[unner] *weist wiederholt darauf hin, daß er nicht vom Staat des Mittelalters handeln wolle, sondern von Volk und Reich, wenn auch nur in der Absicht, Prolegomena zu einer künftigen Geschichte der politischen Volksordnung zu geben* (...); *daß es ihm aber völlig fernliege, dem Mittelalter die Staatlichkeit schlechthin bestreiten oder die Darstellung des mittelalterlichen Staates für eine Aufgabe minderen Ranges halten zu wollen. Wogegen er sich energisch wendet, ist die Übertragung eines abstrakten, an die Dogmatik des 19. Jahrhunderts gebundenen Staatsbegriffs auf das politische Leben des Mittelalters, ferner die Gleichsetzung der 'Verfassung' als existenzieller Lebensform, in der das Volk jeweils 'ist', mit der 'Konstitution', die der moderne, anstaltlich organisierte Staat 'hat'. Dieses konstitutionelle Denken in den Bahnen der 'modernen' Staatslehre soll aus seinen letzten Schlupfwinkeln vertrieben und dann ein verfassungsgeschichtlicher Neubau errichtet werden, der aus sachgerechten, konkreten Begriffen in quellenechter Sprache ein richtiges Bild der Zeit entwirft.*"[528]

---

524 Vgl. allgemein ebd. 74 ff.

525 Vgl. zur Person Otto Brunners (1898–1982) den Kurzeintrag bei KLEINHEYER/SCHRÖDER (wie Anm. 17) 469, mit weiterführenden Literaturangaben.

526 Vgl. OTTO BRUNNER, Land und Herrschaft. Grundfragen der territorialen Verfassungsgeschichte Österreichs im Mittelalter (unveränderter Nachdr. der 5. und letzten Aufl. Wien 1965, Darmstadt 1973).

527 KROESCHELL, Forschungsproblem (wie Anm. 1) 74.

528 MITTEIS, Besprechung zu Otto Brunners „Land und Herrschaft", in: ZRG GA 64 (1944) 411. Vgl. auch dessen Rezension von 1941 zur Erstauflage, von der Max Weltin sagte, „daß keiner so sicher an die Substanz des Buches herangeführt hat wie Mitteis" (Beleg unten in Anm. 532): MITTEIS, Land und Herrschaft. Bemerkungen zu dem gleichnamigen Buch Otto Brunners, HZ 163 (1941) 255 ff.

Sein Programm umschreibt Brunner – ausgehend von der Einsicht, dass „*im Mittelalter mit Vorstellungen von Staat und Verfassung zu rechnen ist, die mit dem, was wir mit diesen Worten bezeichnen, nicht übereinstimmen*“ selbst folgendermaßen: „*Wir wenden uns nunmehr der Frage zu, wie unter diesen Umständen der innere Aufbau, die Verfassung jener politischen Gebilde, die wir gemeinhin auch im Mittelalter 'Staaten' nennen, sachgemäß beschrieben werden kann.*“[529]

Was in den Ausführungen folgt, war eine Behandlung der Grundfragen der mittelalterlichen Verfassungsgeschichte im „süddeutschen“ Raum, in einer neuartigen, quellennahen „*historischen Terminologie*“, womit er eine Abkehr von der bis dahin vorherrschenden „*juristischen Verfassungsgeschichte*“ einleitete.[530] Auf einen kurzen Nenner gebracht, plädiert Brunner für die Ersetzung des Begriffs „Staat“ durch „Herrschaft“, da man damit den realen mittelalterlichen oder gar antik-germanischen Verhältnissen der politischen Einheit und Ordnung gerechter werden könne.[531] In diesem Sinn versucht er, den Prozess der mittelalterlichen „Herrschaftsbildung“ als Grundlage moderner Staatlichkeit darzustellen.[532]

Speziell der Rechtsgeschichte wirft Brunner vor, durch das Festhalten am Rechtspositivismus eine normative Trennung von Staat und Gesellschaft vorgenommen zu haben. Dies führt zu der Voraussetzung der Trennung zwischen Recht und Staat auf der einen sowie der Wirtschaft und den durch diese fundierten sozialen Verhältnissen – wie sich Brunner ausdrückt – auf der anderen Seite. Er stellt nun die Frage „*ob denn überhaupt die Behandlung des inneren Baues der mittelalterlichen Welt eine Scheidung in autonome Sphären 'Recht', 'Staat', 'Wirtschaft' usw. verträgt, wenn man sie in ihrem Funktionieren begreifen will.*“

Und weiter:

> „*Man darf fragen, ob nicht die Gefahr besteht, wesentliche Erscheinungen im Aufbau der mittelalterlichen Welt zu übersehen, weil sie im systematischen Zusammenhang der modernen Fachwissenschaften* (entweder in der Wirtschafts- und Sozialgeschichte oder in der Rechtsgeschichte, jeweils aus dem fachspezifischen Blickwinkel und in Verfolgung eigenständiger methodischer Wege, Anm.) *an einen Ort gehören, von dem aus ihre Bedeutung für die älteren Jahrhunderte nicht gesehen werden kann.*“[533]

---

529 BRUNNER, Land und Herrschaft (wie Anm. 526) 111.

530 Vgl. KLEINHEYER/SCHRÖDER (wie Anm. 17) 469.

531 Vgl. BRUNNER, Land und Herrschaft (wie Anm. 526) 111 ff.

532 Vgl. zur Wirkungsgeschichte des epochemachenden Werks Otto Brunners zuletzt MAX WELTIN, Der Begriff des Landes bei Otto Brunner und seine Rezeption durch die verfassungsgeschichtliche Forschung, ZRG GA 107 (1990) 339–376.

533 BRUNNER, Land und Herrschaft (wie Anm. 526) 117 f. Dazu merkte MITTEIS, Besprechung (1944) 411 f. an: „Was das Verhältnis der Verfassungs- zur Rechtsgeschichte anbetrifft, so unterstreicht Br. mehr als früher das unbestreitbare Recht der letzteren, als Teil der Rechtswissenschaft ihr eigenes System aufzustellen und ihre eigene

War Otto Brunner bei weitem der einflussreichste Autor, der auch die Rechtsgeschichte zu einem Umdenkprozess „zwang“, so war er dennoch nicht der einzige außerhalb der eigentlichen Zunft der Rechtshistoriker stehende Wissenschafter, der an diesem Prozess maßgeblich beteiligt war. Auch andere Historiker veröffentlichten noch in der NS-Zeit Arbeiten, die schon speziell auf germanische Verhältnisse eingehend den bevorstehenden Paradigmenwechsels im Germanenbild der deutschen Rechtsgeschichte vorwegnahmen.

1941 erschien der Aufsatz des deutschen Mediävisten Heinrich Dannenbauer mit dem Titel „Adel, Burg und Herrschaft bei den Germanen“.[534] Dieser zweifelte darin die Sichtweise des germanischen Gemeinwesens als eine Art Bauernrepublik freier Bürger, das Adelige und Fürsten nur in Form von gewählten Beamten, die den Willen des Volkes vollzogen, gekannt habe – eine Darstellung, wie sie uns besonders bei Georg Waitz begegnet ist.[535] Auf den ersten Seiten seiner Arbeit referiert Dannenbauer diese auf Waitz beruhende Anschauung und führt in den Anmerkungen nahezu alle damals gängigen Überblickswerke zur deutschen Rechtsgeschichte an, um zu belegen, wie sich diese Sicht bis in seine Gegenwart der Mitte des 20. Jahrhunderts weitertradiert hat.[536]

Demgegenüber erbringt der Autor den Nachweis, dass die Germanen sehr wohl eine Adelsherrschaft gekannt hätten, diese sogar ein wesentliches Element ihres Verfassungslebens gewesen sei und überhaupt das alte, verklärte Bild von der germanischen Freiheit nicht mit dem historischen Befund übereinstimme. Denn, so fasst Dannenbauer seine Ergebnisse am Ende zusammen, es seien die adeligen Familien gewesen, die „*zur Zeit des Tacitus über die germanischen Stämme geherrscht*“ und „*sie im Krieg angeführt und im Frieden gerichtet*“ hätten.

Methode zu befolgen. ‘Aufgabe der Rechtsgeschichte ist es, die gegenwärtige Rechtsordnung in ihrem geschichtlichen Werden zu verstehen, Aufgabe der Verfassungsgeschichte des Historikers, die konkreten Ordnungen zu beschreiben, in denen sich das politische Geschehen abspielt’ (...). Besonders unsere Lehrwerke (...) müssen eine streng gegliederte Systematik aufweisen, die aber gar nichts mit ‘Trennungsdenken’ (Brunner hat damit die Scheidung der Wissenschaften von Staat und Gesellschaft zur Mitte des 19. Jht. bezeichnet, Anm.) und mangelnder Synthese zu tun hat. Andererseits wird sich der Rechtshistoriker, wo er als Forscher mit dem Historiker in Wettbewerb um das Gebiet der Verfassungsgeschichte treten will, sich der heute sehr verfeinerten und eigenständig gewordenen historischen Methode anpassen müssen. (...) Historische und juristische Methode, Querschnitt und Längsschnitt müssen sich gegenseitig ergänzen und die Behandlung jedes Teilgebietes muss in ganzheitlicher Bezogenheit auf das von Br. richtig gewiesene Ziel, die politische Volksordnung, ausgerichtet sein.“

[534] Vgl. HEINRICH DANNENBAUER, Adel, Burg und Herrschaft bei den Germanen, in: DERS., Grundlagen der mittelalterlichen Welt. Skizzen und Studien (Stuttgart 1958) 121–178.

[535] Vgl. oben unter Kapitel III. A.

536 Vgl. DANNENBAUER (wie Anm. 534) 121 ff., insbes. Anm. 2, 4 und 6.

„Sie standen hoch über dem übrigen Volk wegen ihrer Abkunft, wegen ihres Reichtums und ihrer Macht, sie geboten über Land und Leute, hatten kriegerisches Gefolge und Burgen. So konnten sie ihrem Willen Achtung verschaffen und in Zeiten der Not ihrem Volk Schutz bieten. Sie waren die geborenen Häupter ihrer Stammesgenossen, ihre Fürsten, und ihre Herrschaft wurde ohne Widerspruch anerkannt“.[537]

Wie Kroeschell betont[538], ließ sich diese Neubewertung des germanischen Adels gut mit den schon früher geäußerten Zweifeln an der Lehre von den freien germanischen Markgenossenschaften durch den Wiener Historiker Alfons Dopsch[539] verbinden, der zu dem Ergebnis gekommen ist, dass *„die Grundherrschaft schon von allem Anfang an in Deutschland vorhanden gewesen ist*“.[540]

Bemerkenswert ist, dass diese erste Welle der Kritik an rechtshistorischen Anschauungen bezüglich altgermanischer Verfassungsverhältnisse allesamt von „außen“, also von nicht juristisch gebildeten Historikern gekommen ist und sie dennoch – wenn auch nur langsam – Anerkennung und positive Reaktionen innerhalb der deutschen Rechtsgeschichte hervorgerufen hat. Dieser ersten Welle kommt das Verdienst zu, schon vor 1945 den Boden für eine auch von „innen“ erfolgende Revision traditioneller Anschauungen und Lehrmeinungen bereitet zu haben. Kroeschell fasst die Bedeutung dieser Kritik wie folgt zusammen: *„Resultate der älteren Forschung, die auf zeitgebundene Fragestellungen und Leitbildern des 19. Jahrhunderts zu beruhen schienen, waren damit aus dem Bilde vom germanischen Recht getilgt*“.[541] Ernst-Wolfgang Böckenförde konnte 1961 bereits die Behauptung aufstellen, *„daß die neuere Forschung das Wesen der altdeutschen und mittelalterlichen politischen Ordnung in ihrem un-staatlichen Charakter weit richtiger sieht als die ältere.*“[542]

b) Interne Revision alter rechtshistorischer Denkmodelle

In einer *„zweiten Welle*“[543] der Kritik an traditionellen Denkmodellen der juristischen Germanistik nach 1945, in der sich nun auch Rechtshistoriker selbst an der Revision des Germanenbildes beteiligten, wurden dann auch jene alten Lehrmeinungen angegriffen, die von der ersten Welle der neueren verfassungshistorischen Richtung im Gefolge Otto Brunners noch unberührt geblieben waren. Nun ging die Wissenschaft daran, die zentralen Begriffe für das Verständnis des germanischen Rechts wie Sippe, Gefolgschaft, Treue oder Friedlosigkeit einer völligen Neubewertung zu unterziehen.

---

537 Ebd. 177.
538 Vgl. KROESCHELL, Forschungsproblem (wie Anm. 1) 75.
539 Vgl. ALFONS DOPSCH, Die freien Marken in Deutschland (Baden u.a. 1933)
540 Ebd. 98.
541 KROESCHELL, Forschungsproblem (wie Anm. 1) 75.
542 BÖCKENFÖRDE, Forschung (wie Anm. 4) 20, Anm. 18.
543 Vgl. KROESCHELL, Forschungsproblem (wie Anm. 1) 75 ff.

aa) Die Neubewertung der germanischen „Sippe“

Den Anfang machte Felix Genzmer, als er 1950 in der Zeitschrift für Rechtsgeschichte den Artikel „Die germanische Sippe als Rechtsgebilde“[544] veröffentlichte. Die herkömmliche Lehre sah die Sippe – auf der Blutsverwandtschaft beruhend – als einen Schutz- und Trutzverband, der gleichzeitig ein Friedens- und Kulturverband war. Daraus leitete man auch deren Aufgaben im Rechtsleben ab: Die wehrfähigen Männer einer Sippe bilden eine geschlossene Heeresabteilung, die Sippe hat die Blutrachepflicht, gibt und empfängt das Wergeld, sie ist Trägerin des Sippenstrafrechts und übt die Sippengerichtsbarkeit aus. Weiters übt sie die Schutzgewalt (Munt) über schutzbedürftige Mitglieder aus, wozu die Vormundschaft über Unmündige und das Verlobungsrecht für die Frauen zählt.[545]

Im Anschluss daran betrachtet Genzmer näher die Quellenbefunde bezüglich der Rolle der Sippe in den Heeresabteilungen, im Bereich der Rache und Fehde sowie bezüglich des Wergeldes und kommt zu dem Schluss, dass sich die bisherige Lehrmeinung nicht halten lässt. Zwar habe sich die Verwandtschaft bei den verschiedenen Rechtseinrichtungen geltend gemacht, und man möge den jeweiligen Verwandtschaftskreis, der bei den Rechtseinrichtungen eine je unterschiedliche Rolle gespielt habe, auch ruhig als „Sippe“ bezeichnen. Aber man dürfe nicht glauben, *„mit diesem Wort ein bestimmtes Rechtsgebilde gewonnen zu haben. Die Sippe als Rechtsbegriff, insbesondere als rechtlich gestalteter Verband, ist vielmehr eine Erfindung der Professoren des 19. Jahrhunderts.“*[546] Soweit Genzmers scharfes Urteil.

An diese Einwände Genzmers knüpfte dann auch Karl Kroeschell in seiner akademischen Antrittsvorlesung im Jahr 1959 mit dem Titel „Die Sippe im germanischen Recht“[547] an. Er beweist an Hand des angelsächsischen Rechts, dass die Sippe als umfassendes Rechtsinstitut bei den Germanen nicht existiert hat. Er kommt vielmehr zu dem Schluss, dass die maßgebliche Rechtsstellung nicht durch die Zugehörigkeit zur Sippe determiniert wird, sonder durch die Zugehörigkeit zu einem Herrn, also durch ein Herrschaftsverhältnis. Die Familie sei zwar die kleinste Einheit, innerhalb der die Herrschaft als rechtlich relevante Größe auftritt, diese sei aber nicht in der Form eines großen Sippenverbandes, sondern als kleinere Hausgemeinschaft zu denken.[548] Der Frage nach dem Haus als Wurzel der mittelalterlichen Herrschaftsformen widmete sich Kroeschell dann später ausführlicher in seiner Arbeit „Haus und Herrschaft im frühen deutschen Recht“.[549]

---

[544] Vgl. FELIX GENZMER, Die germanische Sippe als Rechtsgebilde, ZRG GA 67 (1950) 34–49.

[545] Vgl ebd. 34 f.

[546] Ebd. 49.

[547] Vgl. KROESCHELL, Sippe (wie Anm. 338), erstmals erschienen 1960.

[548] Vgl. ebd. 33 f.

[549] Vgl. KROESCHELL, Haus und Herrschaft (wie Anm. 7).

So kann man gegenwärtig im „Handwörterbuch zur Deutschen Rechtsgeschichte“ unter Sippe nachlesen, dass die Beziehungen der Verwandtschaftsgruppen zur „öffentlichen Gewalt“ und ihren Strukturen als Rechts- und Friedensgemeinschaft zwar von Bedeutung seien, sich aber nicht als genau bestimmbare Rechtsgebilde oder gar verfassungsmäßige Institutionen erfassen ließen.[550]

bb) Die Neubewertung der germanischen Gefolgschaft

Ähnlich gravierende Einwände brachte Hans Kuhn 1956 gegen die Lehre von der Gefolgschaft vor.[551] Er kritisiert die „Monopolstellung“, die die Gefolgschaft in der bisherigen Forschung zu genießen schien, vor allem in Bezug auf die Treue, die ihr zu Grunde liegt, sie zusammenhält. Kuhn wendet sich in erster Linie gegen Walter Schlesinger – der auch von Kroeschell als der Verfechter der traditionellen Lehren auf dem Gebiet von Sippe, Gefolgschaft und Treue erwähnt wird[552] – und dessen Bild der Gefolgschaft.[553] Bei diesem sei die ganze Wirklichkeit bis zum Jahr 1000 voll von Gefolgschaften. Es gebe von den Kaisern und Königen bis hinunter zum kleinsten Bauern *„nichts als Gefolgsleute und Gefolgsherrn“*. *„Das ganze Volk ist so gegliedert, in einer Stufenordnung, einer Pyramide, jede Gefolgschaft abhängig von der nächsthöheren und der König 'oberster Gefolgsherr'“*.[554] Dieser etwas polemisch geschilderten konträren, mit dem traditionellen Gefolgschaftsbild der deutschen Rechtsgeschichte im Einklang stehende, Darstellung Schlesingers hält Kuhn die fundiert begründete Ansicht entgegen, dass auch die Gefolgschaft in ihrer Bedeutung relativiert werden müsse, ja es sei sogar unsicher, ob es sie in gewissen Gebieten überhaupt gegeben habe. Sein abschließender Befund lautet:

> *„Aufs ganze gesehn, war diese* (die Gefolgschaft, Anm.) *das Erzeugnis zweier Perioden der größten Kämpfe und Expansionen germanischer Völker, ein Übergangsgebilde zwischen altväterischen und spätantik-mittelalterlichen Gesellschaftsformen. Die große Verwandtschaft der Gefolgschaften beider weit getrennter Epochen hat eine Beständigkeit und Dauer vorgetäuscht, die es nicht gegeben hat.“*[555]

---

550 Vgl. EKKEHARD KAUFMANN, Sippe, HRG Bd. IV (1990) 1668–1670.

551 Vgl. HANS KUHN, Die Grenzen der germanischen Gefolgschaft, ZRG GA 73 (1956) 1–83.

552 Vgl. KROESCHELL, Forschungsproblem (wie Anm. 1) 75 f., dort unter Anm. 44 und 47.

553 Vgl. WALTER SCHLESINGER, Herrschaft und Gefolgschaft in der germanisch-deutschen Verfassungsgeschichte, HZ 176 (1953) 225–275.

554 KUHN (wie Anm. 551) 31.

555 Ebd. 83.

cc) Die Neubewertung der germanischen Treue

Weitere Einzelstudien auf dem Gebiet der Gefolgschaft und der mit ihr in engem Zusammenhang stehenden Treue in den sechziger Jahren führten zu einer endgültigen Neubewertung dieser „mythologisierten" Begriffe. Bedeutend sind hier vor allem noch Kroeschell[556] und der tschechische Historiker František Graus[557], der von Herwig Wolfram bereits in seinem Vorwort zu diesem Buch genannt wurde.

Erwähnung verdient zuvorderst die Studie von Graus über die germanische Treue. Sein Anliegen ist es, die auf das Bild der germanischen Treue der deutschen Rechtsgeschichte zurückgehende, im 20. Jahrhundert geradezu mystisch beschworene „deutsche Treue" zu entkräften, vor der man weder „*in Werken mit dem Imprimatur der Kirche, noch in Arbeiten marxistischer Autoren*"[558] sicher sei, von völkischen Propagandaschriften ganz zu schweigen. Er wendet sich dabei insbesondere gegen Otto Brunner, der in seinem bereits behandelten Buch „Land und Herrschaft" die germanische Treue geradezu zum entscheidenden Prinzip in der gesamten deutschen Geschichte erhoben habe.[559] Graus verneint die angenommene enge Verbindung von „urgermanischer" Treue und dem mittelalterlichen, feudalen Treuebegriff und versucht so, dem herrschenden Kontinuitätsglauben von den Germanen ins deutsche Mittelalter den Boden zu entziehen.[560] Seine Untersuchungen führen ihn zu dem Ergebnis, dass die mittelalterlichen Treuegelöbnisse weniger germanischen Ursprungs seien, als vielmehr kirchlich, religiös (Schwur) bedingt.[561]

Das Fazit von Graus: Eine typisch germanische Treue gibt es nicht, die Vorstellung von der Gefolgstreue sei im Mittelalter unter bedeutendem kirchlichen Einfluss modifiziert worden und es gebe keine Brücke zwischen der sogenannten Treue des germanischen Gefolges und dem Fides-Begriff der feudalen Gesellschaft des Hochmittelalters. Die „urgermanische Treue" sei somit „*ein literarischer Topos des 19. und 20. Jahrhunderts, der bei einer wissenschaftlichen Kritik nicht bestehen kann.*"[562] Die neuere rechtshistorische Germanenforschung, allen voran Kroeschell, stimmt dem zu.[563]

---

556 Vgl. KROESCHELL, Führer (wie Anm. 355), erstmals erschienen 1994; DERS, Treue (wie Anm. 349), erstmals erschienen 1969; sowie DERS., Gefolgschaft, HRG Bd. I (1971) 1433–1437.

557 Vgl. FRANTIŠEK GRAUS, Über die sogenannte germanische Treue, Historica I (1959) 71–121; DERS., Herrschaft und Treue. Betrachtungen zur Lehre von der germanischen Kontinuität I, Historica XII (1966) 5–44.

558 GRAUS, Treue (wie Anm. 557) 71.

559 Vgl. ebd. 72.

560 Vgl. ebd. 107.

561 Vgl. ebd. 111 ff.

562 Ebd. 121.

563 Vgl. zu Kroeschells Beiträgen oben Anm. 556.

dd) Die Neubewertung der germanischen „Friedlosigkeit“

Als ein abschließendes Beispiel, wie sehr zentrale Begriffe der klassischen germanischen Rechtsgeschichte einer Neubewertung unterzogen wurden, sei die Friedlosigkeit[564] genannt, die in der klassischen Lehre als *das* der weiteren Entwicklung des Strafrechts zu Grunde liegende Rechtsinstitut behandelt wurde. Hiermit setzte sich 1979 Ekkehard Kaufmann in dem Aufsatz „Zur Lehre von der Friedlosigkeit im Germanischen Recht“[565] auseinander, nachdem schon im Jahr zuvor Hermann Nehlsen bei der Behandlung des Grabfrevels diese Frage erörtert hatte[566]. Ein zentrales Ergebnis der beiden übereinstimmenden Untersuchungen ist, dass die für die Lehre von der Friedlosigkeit zentrale Quellenstelle (Lex Salica 55,4) bis in den Wortlaut mit kirchlichen Bußvorschriften übereinstimmt. Somit war dargelegt, dass – so wie im Fall der Treue – diesbezügliche mittelalterliche Rechtsaufzeichnungen nicht altgermanische Rechtsvorstellungen wiedergeben, sondern von ganz anderer Seite gespeist wurden.[567]

4. Die Fragwürdigkeit des Germanenbegriffs

Bleibt abschließend in Bezug auf den Paradigmenwechsel im Germanenbild der deutschen Rechtsgeschichte nur noch auf den dritten angesprochenen „Eckpfeiler“ neben der Neubewertung der Quellen und der Kritik an traditionellen rechtshistorischen Denkmodellen hinzuweisen – die Fragwürdigkeit des Germanenbegriffs[568] selbst.

Das hier aufgetretene Problem umschreibt Kroeschell folgendermaßen:

> *„Jeder Versuch einer Rekonstruktion von Verfassung und Recht der Germanen setzt naheliegenderweise voraus, daß es die Germanen als eine Gruppe stammverwandter Völker wirklich gegeben hat und daß nicht nur ihre Sprache, sondern auch ihre Rechtsinstitute bestimmte gemeinsame Merkmale aufwiesen, die sie von anderen europäischen Völkergruppen, etwa den Kelten oder Slawen, unterschieden. Beide Voraussetzungen sind in den letzten Jahrzehnten immer zweifelhafter geworden.“*[569]

---

[564] Friedlos ist jemand, der nach einem kapitalen Verbrechen ohne Bußleistung getötet werden kann. Die Quellen sprechen vom „vargus“.

[565] Vgl. KAUFMANN, Zur Lehre von der Friedlosigkeit im Germanischen Recht, in: KLEINHEYER/MIKAT (Hrsg.), Beiträge zur Rechtsgeschichte. Gedächtnisschrift für Hermann Konrad (Paderborn u.a. 1979) 329–365.

[566] Sein diesbezüglicher Aufsatz „Der Grabfrevel in den germanischen Rechtsaufzeichnungen“ ist zitiert bei KROESCHELL, Forschungsproblem (wie Anm. 1) 77, Anm. 52.

[567] Eine hervorragende Zusammenfassung der neueren Diskussion um diese zentralen Begriffe des klassischen Bildes vom germanischen Rechtsleben, sowohl innerhalb der Geschichtswissenschaft, als auch der Rechtsgeschichte, bietet SCHWARCZ (wie Anm. 32) 29 ff.; hier sind alle nennenswerten Beiträge zu diesem Themenkomplex im reichhaltigen Literaturverzeichnis angeführt.

[568] Vgl. KROESCHELL, Forschungsproblem (wie Anm. 1) 81 ff.

[569] Ebd. 81.

a) Externe Anstöße aus der Frühmittelalterforschung: Reinhard Wenskus et al.

Wie schon bei der Änderung des Zuganges zu rechtshistorischen Denkmodellen – siehe Otto Brunner mit seinem „Land und Herrschaft" – steht auch im Bereich der Fragwürdigkeit des Germanenbegriffs ein epochemachendes Werk eines Historikers am Anfang der Entwicklung: Reinhard Wenskus und sein Buch „Stammesbildung und Verfassung" aus 1961.[570] In unserem Zusammenhang von Bedeutung ist seine Erkenntnis, dass die königlose Verfassung der Westgermanen, die dadurch gekennzeichnet ist, dass sie nur im Kriegsfall die Wahl eines Heerführers („Heerkönigtum") vorsieht, nichts typisch Germanisches darstellt. Nicht die Königsherrschaft bei ostgermanischen Stämmen sei daher ein untypisches, unter Fremdeinflüssen zu Stande gekommenes Verfassungsmerkmal. Vielmehr hätten die westlichen Stämme die oligarchischen Strukturen der Kelten in Gallien übernommen.[571]

Die Konsequenz dieser Einsicht für das Germanenbild der deutschen Rechtsgeschichte liegt auf der Hand:

> „*Weder die alte Lehre vom germanischen Gemeinwesen als Republik freier Bauern mit dem Fürsten als 'Beamten' noch die neue von einer germanischen Adelsherrschaft konnte seitdem den Anspruch erheben, etwas spezifisch Germanisches entdeckt zu haben.*"[572]

Dazu gesellte sich ein neuer archäologischer Befund, der in dem Buch „Völker zwischen Germanen und Kelten" von Rolf Hachmann, Georg Kossak und Hans Kuhn aus 1962 zusammengefasst ist.[573] Demnach finden sich im westgermanischen Raum Bevölkerungsschichten, die weder den Germanen noch den Kelten zuzuordnen sind.

b) Konsequenzen für das Germanenbild der Rechtsgeschichte

Solche neueren Erkenntnisse trugen mit dazu bei, das festgefügte Germanenbild in ihren Grundfesten – der Annahme eines einheitlichen, ursprünglichen germanischen Kulturkreises und somit eines urgermanischen Rechts – zu erschüttern. Teilweise hat die deutsche Rechtsgeschichte darauf reagiert und war

---

570 Vgl. REINHARD WENSKUS, Stammesbildung und Verfassung. Das Werden der frühmittelalterlichen Gentes (Köln/Graz 1961, Neudruck 1977). Die Frage nach der „Struktur und Verfassung der alten Stämme" behandelt er auf den S. 299 ff. (Diskussion der Begriffe Stamm, Sippe, König und Adel, Herrschaft und Führung, Gefolgschaft, etc.).

571 Vgl. ebd. 409 ff.

572 KROESCHELL, Forschungsproblem (wie Anm. 1) 82.

573 Vgl. ROLF HACHMANN/GEORG KOSSACK/KUHN, Völker zwischen Germanen und Kelten. Schriftquellen, Bodenfunde und Namengut zur Geschichte des nördlichen Westdeutschlands um Christi Geburt (Neumünster 1962).

nach 1945 mehr und mehr bereit, auf Grund von neuen Erkenntnissen der Nachbarwissenschaften auch von sich aus eine Revision der „klassischen" Lehren vorzunehmen. Als Hürden erweisen sich nach wie vor hartnäckig weitertradierte Anschauungen und Interpretationen, sowie die Tatsache, dass auch viele der Neubewertungen immer wieder auf berechtigte Zweifel stoßen. Man muss sich wohl damit trösten, dass die Dinge wie immer in der historischen Forschung im Fluss sind.

Mit Gewissheit kann man aber feststellen, dass es der deutschen Rechtsgeschichte gelungen ist, sich weitestgehend des zweifelhaften ideologischen, mythischen Beiwerks, das sie sich im Verlauf der ersten Hälfte des 20. Jahrhunderts zugelegt hatte, zu entledigen. Sie ist durch die in diesem Kapitel geschilderten Veränderungen aus ihrer fachlichen Isolation herausgetreten und steht durch den regen Dialog vor allem zur Geschichtswissenschaft wieder auf dem festen Boden der Wissenschaftlichkeit.

IV. Zusammenfassung

A. Vom „am Puls der Zeit" stehend ...

Wie wir gesehen haben, ist das Germanenbild der deutschen Rechtsgeschichte keineswegs auf sich selbst beschränkt geblieben, war nicht die autonome Ansicht der in dieser Disziplin vereinigten Forscherpersönlichkeiten, sondern stand ständig in regem Austausch zum geistig-politischen Umfeld seiner jeweiligen Zeit. Hier sei nochmals auf die nur kurz erwähnte Beeinflussung der Anschauungen von Karl Marx und seiner Lehre erwähnt, die sich das Germanenbild ebenso zunutze machte, wie die breit behandelte anglo-amerikanische verfassungsgeschichtliche Tradition im letzten Drittel des 19. Jahrhunderts.

Was ist mit der Formulierung „am Puls der Zeit" gemeint? Damit soll zum Ausdruck gebracht werden, dass die rechtshistorische Germanistik des 19. Jahrhunderts und nochmals im Vorfeld und zur Zeit der NS-Herrschaft in Deutschland wenn nicht führend so doch mitbestimmend in der Germanenforschung und damit an der Konstruktion eines allgemeineren Germanenbildes beteiligt war. Im Zentrum der Disziplin stand die Auseinandersetzung mit dem „germanischen Recht" und seinem Fortwirken im „deutschen Recht". Rechtshistoriker galten allgemein als anerkannte und gleichberechtigte Mitglieder der – heute würde man sagen – „scientific community" einer breit verstandenen „Germanistik", bestehend aus Juristen, Historikern und Philologen. Vielfach die solcherart fachübergreifende Diskussion dominierend, arbeitete die rechtshistorische Germanistik insofern am Puls der Zeit, als ihre Tätigkeit vom Selbstverständnis her direkt auf die Wissenschaft des geltenden Rechts, des aktuellen Rechtslebens „des deutschen Volkes", gerichtet war.

Das änderte sich erst gegen Ende des 19. Jahrhunderts (siehe die methodischen Neuorientierungen bei Heinrich Brunner und Karl von Amira, die den wissenschaftlichen Selbstwert der juristischen Germanistik als eine historische Disziplin zu behaupten trachteten). Zuvor verlangte das „nationale" Zeitalter nach Legitimationen der Nation als vorgestellter Gemeinschaft (Benedict Anderson) und die juristische Germanistik mit ihrem Fokus auf die Germanen und ihr Recht beteiligte sich an exponierter Stelle an der Erarbeitung vordergründig wissenschaftlicher Germanenbilder und deren Kontinuität in der Gegenwart des 19. Jahrhunderts. Damit schlug auch die deutsche Rechtsgeschichte die Brücke von der Vergangenheit in die Gegenwart und die Zukunft und gab dem Nations- und Volksgedanken das, was er brauchte: Eine Legitimation als eine zeitlose Größe und Konstante in der Geschichte, die dem Dasein im Volk und seiner Emanation im Nationalstaat mit seiner Rechtsordnung, die (teilweise) eben von den Ursprüngen des Volkes in der germanischen Zeit oder als Ausfluss seines dort grundgelegten kulturellen „Geistes“ hergeleitet wurde, Sinn und Konstanz gibt.

Gerade im Fall der Rechtsgeschichte haben wir es mit einer Konstruktion von Germanenideologie zu tun, die in den Bereich der eigenen Identität hineinreicht. Der Wunsch, das Recht als eine Kulturerscheinung anzusehen, welches wie Sprache, Sitten und Gebräuche „organisch“ mit dem Volk verbunden ist, das ihm seinem Wesen nach anhaftet, zieht sich wie ein roter Faden von der Volksgeistlehre, die am Anfang der Disziplinenbildung steht, bis in die zweite Hälfte des 20. Jahrhunderts.

Nicht außer Acht zu lassen ist bei all dem, dass sich die rechtsgeschichtliche Erforschung der germanischen Zeit von zeitbedingten Fragestellungen und Leitbildern, die oft nicht bewusst wahrgenommen werden, leiten ließ. Oft macht man es sich daher zu einfach, von einem gegenwärtigen Standpunkt aus rückblickend Prämissen der germanistischen Forschung pauschal zu verurteilen. Das Germanenbild der deutschen Rechtsgeschichte ist ein historisch gewachsenes, das immer wieder Veränderungen und Anpassungen erfahren hat, vieles von den Anfängen bis in die Gegenwart mittransportiert und vieles auch im Laufe der Zeit verworfen hat.

Dementsprechend lassen sich das Germanenbild betreffend folgende Zäsuren feststellen, die jeweils auch mit allgemeinen methodischen, begrifflichen oder allgemeinen geistesgeschichtlichen Veränderungen verbunden zu sein scheinen:

Eine erste haben wir zur Mitte des 19. Jahrhunderts vorgefunden, als das „*Modell eines germanischen Kollektivismus*“ das zuvor vorherrschende „*Modell der germanischen Freiheit*“ ablöste.[574] Landau hat argumentiert, dass in diesem Wandel bereits die „Urquelle“ für das noch im Nationalsozialismus vorherrschende Germanenbild zu sehen sei. Er stützte seine Argumentation auf populärwissenschaftliche „Pamphlete“, die nicht in die Reihe der wissenschaftlichen Arbeiten der deutschen Rechtsgeschichte einzuordnen sind.[575]

---

574 Vgl. diesbezüglich den aufschlussreichen Artikel von LANDAU, Prinzipien germanischen Rechts als Grundlage nationalistischer und völkischer Ideologien, in: FÜRBETH u.a. (Hrsg.), Zur Geschichte und Problematik der Nationalphilologien in Europa. 150 Jahre Erste Germanistenversammlung in Frankfurt am Main (1846–1996) (Tübingen 1999) 327–341.

575 So hauptsächlich auf CARL ADOLF SCHMIDT, Der principielle Unterschied zwischen dem römischen und germanischen Rechte I. Die Verschiedenheit der Grundbegriffe und des Privatrechts (Rostock/Schwerin 1853). Dessen Ideen seien dann von Arnold Wagemann – vgl. ARNOLD WAGEMANN, Unser Bodenrecht (Jena 1912); DERS., Geist des deutschen Rechts (Jena 1913); DERS., Deutsche Rechtsvergangenheit als Wegweiser in eine deutsche Zukunft (Jena 1922) – aufgegriffen worden. Überhaupt habe dieser die Ergebnisse der rechtshistorischen Germanenforschung aufgegriffen und in popularisiert-simplifizierter Form an die führenden Nationalsozialisten weitergegeben.

Jedoch hat uns Andrea Nunweiler[576] gezeigt, dass gerade durch populärwissenschaftliche Literatur ein Austausch zwischen ernstzunehmender Wissenschaft und politischer Propaganda stattgefunden hat, sodass es durchaus plausibel erscheint, dass Autoren wie Schmidt, welche die wissenschaftlichen Ergebnisse in übersteigerter Form nachgezeichnet haben, leitende Ideen der deutschen Rechtsgeschichte auf eine politische Ebene gebracht haben.

Schließlich war in der NS-Zeit eine solche Vermittlung oft gar nicht mehr notwendig, zu offensichtlich haben sich selbst anerkannte Forscherpersönlichkeiten willfährig in den Dienst des verbrecherischen Regimes gestellt.

Ob die „klassische Zeit“ der deutschen Rechtsgeschichte, dominiert von der Arbeit Heinrich Brunners, als Zäsur gegenüber der Periode davor angesehen werden soll, bleibt fraglich. Einerseits hat sich gezeigt, dass eine methodische Neuorientierung stattgefunden hat, indem sich die Rechtsgeschichte schon in den 70-er Jahren von der Rechtsdogmatik, also der Bearbeitung des geltenden Rechts, gelöst hat. Inhaltlich hat das aber „nur“ eine Vertiefung und Festigung des Germanenbildes mit sich gebracht, wie es das gesamte 19. Jahrhundert vorbereitet hat.

Es scheint daher passender zu sein, hier von einer „Vermittlerrolle“ vom 19. ins 20. Jahrhundert zu sprechen, da im letzten Drittel des 19. Jahrhunderts jenes Germanenbild, aufbauend auf die Forschungstätigkeiten der vorangegangenen Jahrzehnte, vorerst abschließend formuliert wurde, wie es teilweise bis in die Gegenwart seine Spuren hinterlassen hat.

Auch sollte man zwischen den Arbeiten dieser „klassischen Zeit“ und den darauf basierenden Arbeiten der Zwischenkriegszeit unterscheiden. Zwar knüpfen zweitere inhaltlich und vom Forschungsstand gesehen an erstere an, jedoch waren die Betätigungen im späteren 19. Jahrhundert noch nicht so explizit „deutschtümelnd“, wie wir das aus bekannten Gründen für die 1920-er und 1930-er Jahre festgestellt haben. Obwohl mit starkem nationalen Charakter, schien es der deutschen Rechtsgeschichte zur Zeit eines Heinrich Brunner und Karl von Amira durchaus auch darum gegangen zu sein, mit dem germanisch-deutschen Recht einem zweiten Rechtskreis neben dem römischen zur Anerkennung zu verhelfen, den sie wissenschaftlich begründet für ebenso essentiell für ein gemeinsames europäisches (Rechts-)Kulturerbe hielten wie jenen.

B. ... über geschmacklosen Chauvinismus und „Germanomanie“ ...

Erst die allgemeine Depression der Zwischenkriegszeit hat zur bekannten Übersteigerung und Ideologisierung des ohnehin idealisierten Germanenbildes und des „nationalen“ germanisch-deutschen Rechts geführt, die dann in der NS-Zeit so augenscheinlich hervortrat.

576 Vgl. NUNWEILER (wie Anm. 297).

Die NS-Zeit bedeutet also auch insofern eine weitere Zäsur, als hier die durch die politische Situation der deutschen Zwischenkriegszeit bedingte ohnehin übersteigerte Beschwörung der Rückbesinnung auf die eigene germanische (-rechtliche) Identität – gerade durch namhafte Vertreter der deutschen Rechtsgeschichte – voll zum Tragen gekommen ist. Die eigentümliche Verbindung des idealisierten Germanenbildes mit der Ideologie des Nationalsozialismus förderte viele Fragwürdigkeiten zu Tage, die bis zum rassischen Wahn gesteigert werden konnten.

Besonders die Zeit des Nationalsozialismus verdeutlicht auf erschreckend anschauliche Weise die Wechselwirkung des Germanenbildes der untersuchten Wissenschaftsdisziplin und den Leitbildern ihrer Zeit, als es zu einer fatalen Rückkehr zum Einheitsgedanken von völkischen Ursprungsmythen, historisch gesicherter Vergangenheit und politischer Gegenwart kam. All diese Einsichten verdeutlichen die Wirkungsmacht von (rechts-)historischen Geschichtskonstruktionen. Insofern kann die vorliegende Arbeit auch als ein Beitrag zum weiteren Themenkomplex der Germanenideologie gesehen werden, wie sie so oft und in vielfältiger Gestalt in der Geschichte auftritt und wie sie in anderen Disziplinen schon vielfach Gegenstand eingehender Untersuchungen war[577].

C. ... zur internen und externen Bedeutungslosigkeit

Nicht zuletzt deshalb dürfte es nach 1945 zu einer Umorientierung gekommen sein, die die germanische Zeit innerhalb der Rechtsgeschichte überhaupt in den Hintergrund treten ließ. Mit den 60-er Jahren setzte eine massive Neubewertung des germanischen Rechts ein, was zu einer völlig nüchternen, realistischeren Sichtweise beigetragen hat. Speziell erwähnenswert ist hier sicher nochmals Karl Kroeschell, der mit seinen hier oft zitierten Arbeiten wesentlichen Anteil an dieser Neubewertung hat.

Natürlich sind die hier gesetzten Grenzen keine absoluten, Ansichten kehren sich nicht von einem Moment auf den anderen um. So lassen sich in den jeweiligen Perioden selbstverständlich Nachwirkungen oder Behauptungen vorhergegangener Sichtweisen ausmachen, genauso wie Vorankündigungen

---

[577] Vgl. etwa im Bereich der Literaturwissenschaft: GESA VON ESSEN, Herrmannsschlachten. Germanen- und Römerbilder in der Literatur des 18. und 19. Jahrhunderts (Göttingen 1998). Für den Bereich der Kunstgeschichte: SYBILLE EHRINGHAUS, Germanenmythos und deutsche Identität. Die Frühmittelalter-Rezeption in Deutschland 1842–1933 (Weimar 1996). Zahlreich auch die Beispiele aus der Geschichtswissenschaft, gerade in jüngster Zeit; vgl. nur: BEATRICE GÜNNEWIG, Das Bild der Germanen und Britannier. Untersuchungen zur Sichtweise von fremden Völkern in antiker Literatur und moderner wissenschaftlicher Forschung (Frankfurt am Main u.a. 1998); HERRMANN JOST, Revolutio germanica. Die Sehnsucht nach der „alten Freiheit" der Germanen 1750–1820 (Frankfurt am Main u.a. 2002); RAINER KIPPER, Der Germanenmythos im Deutschen Kaiserreich. Formen und Funktionen historischer Selbstthematisierung (Göttingen 2002).

zukünftiger Vorstellungen. Im Großen und Ganzen aber scheint das aus der Beschäftigung mit der Thematik gewonnene Schema zuzutreffen.

Besonders auffallend ist dabei, dass die deutsche Rechtsgeschichte, sofern sie sich über den üblichen Beginn mit der germanischen Zeit in überblicksartigen Lehrbüchern hinaus überhaupt noch mit germanischem Recht beschäftigte (insofern „interne" Bedeutungslosigkeit innerhalb des Faches), nicht mehr die Diskussion der vielfach in Misskredit geratenen Germanenforschung führend mitbestimmte („externe" Bedeutungslosigkeit), sondern, mit wenigen Ausnahmen, Neubewertungen der germanischen Zeit im Bereich der Frühmittelalterforschung (Stichwort „Ethnogenese") nachvollzog und zur Revision des methodisch überkommenen und ideologisch untragbar gewordenen Germanenbildes fruchtbar machte (wie eben Kroeschell).[578] Dass sich die rechtshistorische Disziplin an deutschsprachigen juristischen Fakultäten heute vielfach nicht mehr oder nicht ausschließlich als „deutsche" Rechtsgeschichte versteht (siehe das oben angeführte Beispiel der Umbenennung des Wiener Instituts[579]), hat ebenfalls zu dieser Situation beigetragen.

Hier schließt sich denn auch der Kreis zum Beginn dieses Buches, an dem ein Vorwort eines auch international führenden Frühmittelalterhistorikers steht, der mit vielen anderen seiner „Wiener Schule" viel dazu beigetragen hat, dass Germanenforschung in einem modernen methodischen und gesamteuropäischen Zusammenhang („frühmittelalterliche Ethnogenese", „Ethnographie") überhaupt wieder betrieben werden kann ohne dabei chauvinistische oder gar rassistische Ressentiments wachzurufen, wie sie die einschlägigen wissenschaftlichen Betätigungen lange, ob bewusst oder unbewusst, begleitet haben. Die Rechtsgeschichte, wie sie heute an rechtswissenschaftlichen Fakultäten im deutschsprachigen Raum besteht, sich versteht und definiert, spielt dabei freilich kaum mehr eine Rolle. Zu weit ist das Frühmittelalter vom geltenden Recht und seiner historischen Bedingtheit entfernt, als dass es noch irgendwie gerechtfertigt schiene, einer solchen Rechtsgeschichte weiterhin Platz an Rechtsfakultäten (und damit in deren Budgets, die sich mehr und mehr von Arbeitsmarkt und „wirtschaftli-

---

[578] Ein Blick in das ausführliche Literaturverzeichnis bei POHL (wie Anm. 32), ein Standardwerk zur aktuellen historischen Germanenforschung, macht diese „externe Bedeutungslosigkeit" deutlich: wenn von Juristen verfasste rechtshistorische Literatur vorkommt, dann nur einige ältere Arbeiten, denen in der modernen Forschung nach wie vor Bedeutung zukommt. In abschließender Anführung sind dies: BEYERLE, Die Lex Ribuaria, ZRG GA 48 (1928) 264-378; AMIRA (wie Anm. 511); GENZMER (wie Anm. 544); GIERKE (wie Anm. 352). Daneben kommen aus der aktuelleren rechtshistorischen Germanenforschung nur zwei Personen zum Tragen: selbstverständlich Kroeschell mit seinen wichtigsten Aufsätzen und aus der in den letzten zwei Jahrzehnten erschienen Literatur überhaupt nur Ruth Schmidt-Wiegand mit zwei Aufsätzen aus 1990 und 1998. Ein Umstand, der sicher nicht mit einer vielfach vorkommenden gegenseitigen Nichtbeachtung von Fachhistorikern wie Pohl und Rechtshistorikern zu erklären ist, schon gar nicht im Fall von Walter Pohl.

[579] Oben in Anm. 13.

cher Verwertbarkeit" – auch eine besondere, wenn auch nicht „völkische", Art von ideologischer Affinität zu an sich außerhalb der universitären Disziplin stehenden sozio ökonomischen Gegebenheiten und Leitbildern, die Ideologie der Marktwirtschaft und des materiell messbaren Nutzens) einzuräumen.

Zumindest das gegenwärtige Germanenbild der deutschen Rechtsgeschichte – das kann man ohne Weiteres sagen – ist weitgehend frei von zweifelhaften Ideologien, wenngleich dies vermutlich ebenso im Zusammenhang mit unserer heutigen Zeit und ihren Leitbildern steht, wie es das auch zu früheren Zeiten getan hat. Bis dahin war es aber ein sehr abwechslungsreicher Weg, der zu bestimmten Zeiten auch völlig in die Irre geführt hat.

Eine abschließende Beurteilung ist dieser Arbeit sicher nicht gestattet, zu komplex ist das gewählte Thema um ihm voll gerecht zu werden. Worum es ging, war es, einmal den Versuch zu wagen, das Germanenbild der deutschen Rechtsgeschichte in einen Gesamtzusammenhang seiner Entwicklung zu stellen. Bisher haben teils hervorragende Einzelarbeiten etwa die Zeit des Nationalsozialismus aufgearbeitet. Um eine richtige Einordnung vornehmen zu können erscheint es aber unerlässlich, die Wurzeln zumindest andeutungsweise zu kennen, um der Realität ein Stück näher zu kommen.

So standen die historischen Denkmodelle des Germanenbildes in der deutschen Rechtsgeschichte, um in Abwandlung nochmals mit Kroeschell zu sprechen, „*in engem Zusammenhang*"[580] mit den Problemen der eigenen Zeit. Gerade auf Grund der ungenügenden Quellensituation zur germanischen Zeit behalf man sich mit oft irreführenden methodischen Auswegen oder eben mit einer Konstruktion, die dann allzu oft sehr deutlich zu Vorstellungen über das germanische Rechtsleben führten, die „*weniger ein Bild vom germanischen Recht der Frühzeit als vielmehr ein rechtspolitisches Programm für ihre Gegenwart*"[581] waren.

---

580 KROESCHELL, Forschungsproblem (wie Anm. 1) 87.
581 Ebd.

Literaturverzeichnis

Die hochgestellten Ziffern nach dem Titel verweisen auf die Auflagenzahl

HENRY ADAMS, The Education of Henry Adams (= The modern library of the world's best books 76, New York 1931)

KARL VON AMIRA, Die germanischen Todesstrafen. Untersuchungen zur Rechts- und Religionsgeschichte (München 1922)

DERS., Grundriß des Germanischen Rechts[3] (Straßburg 1913)

DERS., Ueber Zweck und Mittel der Germanischen Rechtsgeschichte (München 1876)

DERS./KARL AUGUST ECKHARDT, Germanisches Recht I. Rechtsdenkmäler[4] (Berlin 1960)

DERS./CLAUDIUS FRHR. VON SCHWERIN, Rechtsarchäologie. Gegenstände, Formen und Symbole germanischen Rechts I. Einführung in die Rechtsarchäologie (Berlin 1943)

J. ARNDT, Herold(t), HRG Bd. II (Berlin 1978) 101–102

KARL SIEGFRIED BADER, Aufgaben und Methoden des Rechtshistorikers (Tübingen 1951)

DERS., Hans Fehr +, ZRG GA 80 (1963) XV–XXXVIII

DERS., Heinrich Mitteis, ZRG GA 70 (1953) IX–XXXII

HANS-JÜRGEN BECKER, Conring, Hermann, HRG Bd. I (1971) 633–634

O. BEHRENDS, Thibaut, Anton Friedrich Justus, HRG Bd. V (1998) 175–178

EMILIO BETTI, Das Problem der Kontinuität im Lichte der rechtshistorischen Auslegung (Wiesbaden 1957)

FRANZ BEYERLE, Der Entwicklungsgedanke im Recht (Leipzig 1938)

DERS., Die Lex Ribuaria, ZRG GA 48 (1928) 264-378

ERNST-WOLFGANG BÖCKENFÖRDE, Die deutsche verfassungsgeschichtliche Forschung im 19. Jahrhundert (Nachdr. der 1. Aufl. 1961, Berlin 1995)

DERS., Die historische Rechtsschule und das Problem der Geschichtlichkeit des Rechtes, in: Collegium Philosophicum. Studien Joachim Ritter zum 60. Geburtstag (Basel/Stuttgart 1965) 9–36 (auch enthalten in: DERS., Recht, Staat, Freiheit. Studien zur Rechtsphilosophie, Staatstheorie und Verfassungsgeschichte (Frankfurt am Main 1991) 9–41)

WILHELM BRAUNEDER, Das Allgemeine Bürgerliche Gesetzbuch für die gesamten Deutschen Erbländer der österreichischen Monarchie von 1811, in: Gutenberg-Jahrbuch (1987) 205–287

DERS., Joseph Unger 1828–1913, in: DERS. (Hrsg.), Juristen in Österreich 1200–1980 (Wien 1987) 177–183

DERS., Unger, Joseph, HRG Bd. V (1998) 483–488

BERNHARD VOM BROCKE, Wege aus der Krise. Universitätsseminar, Akademiekommissionen oder Forschungsinstitut, in: FRANK FÜRBETH u.a. (Hrsg.), Zur Geschichte und Problematik der Nationalphilologien in Europa. 150 Jahre Erste Germanistenversammlung in Frankfurt am Main (1846–1996) (Tübingen 1999) 359–378

GEORG BRUN, Leben und Werk des Rechtshistorikers Heinrich Mitteis unter besonderer Berücksichtigung seines Verhältnisses zum Nationalsozialismus (= Rechtshistorische Reihe Bd. 83, Frankfurt am Main 1991)

HEINRICH BRUNNER, Deutsche Rechtsgeschichte I[2] (Leipzig 1906)

DERS., Geschichte der englischen Rechtsquellen im Grundriß (Leipzig 1909)

OTTO BRUNNER, Land und Herrschaft. Grundfragen der territorialen Verfassungsgeschichte Österreichs im Mittelalter[5] (unveränderter Nachdruck der 5. und letzten Auflage Wien 1965, Darmstadt 1973)
WILFRIED BUNGENSTOCK, Heergeräte (Heergewäte), HRG Bd. II (1978) 29–30
ARNO BUSCHMANN, Enzyklopädie und Recht. Johann Friedrich Reitemeiers „Encyclopädie und Geschichte der Rechte in Deutschland", in: FS Karl Kroeschell zum 60. Geburtstag (Frankfurt am Main u.a. 1987) 29–51
DERS., Hugo, Gustav, HRG Bd. II (1978) 252–254
E. BUSSI, Heineccius, HRG Bd. II (1978) 55–57

HERMANN CONRAD, Aus der Entstehungszeit der historischen Rechtsschule: Friedrich Carl von Savigny und Jacob Grimm, ZRG GA 65 (1947) 261–283
DERS., Deutsche Rechtsgeschichte I[2] (Karlsruhe 1962) II (Karlsruhe 1966)
DERS., Hans Planitz +, ZRG GA 71 (1954) XIII–XXVI

HEINRICH DANNENBAUER, Adel, Burg und Herrschaft bei den Germanen, in: DERS., Grundlagen der mittelalterlichen Welt. Skizzen und Studien (Stuttgart 1958) 121–178
GERHARD DILCHER, Genossenschaftstheorie und Sozialrecht: Ein „Juristensozialismus" Otto v. Gierkes?, Quaderni Fiorentini 3–4 (1974/75) 350
DERS./BERND-RÜDIGER KERN, Die juristische Germanistik des 19. Jahrhunderts und die Fachtradition der Deutschen Rechtsgeschichte, ZRG GA 101 (1984) 1–46
ALFONS DOPSCH, Die freien Marken in Deutschland (Baden u.a. 1933)

SYBILLE EHRINGHAUS, Germanenmythos und deutsche Identität. Die Frühmittelalter-Rezeption in Deutschland 1842–1933 (Weimar 1996)
KARL FRIEDRICH EICHHORN, Deutsche Staats- und Rechtsgeschichte I5 (Göttingen 1843)
ULRICH EISENHARDT, Deutsche Rechtsgeschichte[3] (München 1999)
ADALBERT ERLER, Fehr, Hans, HRG Bd. I (1971) 1093–1094
DERS., Germania, HRG Bd. I (1971) 1580–1582
DERS., Grimm, Jacob, HRG Bd. I (1972) 1806–1808
DERS., Savignyzeitschrift für Rechtsgeschichte, HRG Bd. IV (1990) 1323–1326
DERS., Thun-Hohenstein, Leo Graf von, HRG Bd. V (1998) 211–213
GESA VON ESSEN, Herrmannsschlachten. Germanen- und Römerbilder in der Literatur des 18. und 19. Jahrhunderts (Göttingen 1998)

HANS FEHR, Deutsche Rechtsgeschichte (Berlin/Leipzig 1921; 3. Aufl. Berlin 1943; 4. Aufl. Berlin 1948; 6. Aufl. Berlin 1962)
DERS., Kraft und Recht, in: ROLAND FREISLER u.a. (Hrsg.), Festschrift für Justus Wilhelm Hedemann (o.O. 1938)
DERS., Mehr Geistesgeschichte in der Rechtsgeschichte, Deutsche Vierteljahresschrift für Literaturwissenschaft und Geistesgeschichte (1927) 1
DERS., Rudolph Sohm (1841–1917), ZRG GA 38 (1917) LIX–LXXVIII
JULIUS FICKER, Über nähere Verwandtschaft zwischen gothisch-spanischem und norwegisch-isländischem Recht, MIÖG, 2. Ergänzungsbd. (1888) 455–542
WOLFGANG FLIESS, Die Begriffe Germanisches Recht und Deutsches Recht bei den Rechtshistorikern des 19. und 20. Jahrhunderts (iur. Diss., Hannover 1968)
EDUARD FUETER, Geschichte der neueren Historiographie[3] (Nachdr. der 3. Aufl. 1936, München 1985)

FELIX GENZMER, Die germanische Sippe als Rechtsgebilde, ZRG GA 67 (1950) 34–49
OTTO VON GIERKE, Das deutsche Genossenschaftsrecht I. Rechtsgeschichte der deutschen Genossenschaft (Berlin 1868)
DERS., Die historische Rechtsschule und die Germanisten (Berlin 1903)

DERS., Die soziale Aufgabe des Privatrechts (unveränd. Nachdr. der Ausgabe 1889, Frankfurt/Main 1948)
HEINZ GOLLWITZER, Zum politischen Germanismus des 19. Jahrhunderts, in: FS für Hermann Heimpel zum 70. Geburtstag I (Göttingen 1971) 282–356
FRANTIŠEK GRAUS, Herrschaft und Treue. Betrachtungen zur Lehre von der germanischen Kontinuität I, Historica XII (1966) 5–44
DERS., Über die sogenannte germanische Treue, Historica I (1959) 71–121
JACOB GRIMM, Deutsche Rechtsalterthümer[4] (Leipzig 1899)
DERS., Geschichte der deutschen Sprache (Leipzig 1868)
BEATRICE GÜNNEWIG, Das Bild der Germanen und Britannier. Untersuchungen zur Sichtweise von fremden Völkern in antiker Literatur und moderner wissenschaftlicher Forschung (Frankfurt am Main u.a. 1998)

ROLF HACHMANN/GEORG KOSSACK/HANS KUHN, Völker zwischen Germanen und Kelten. Schriftquellen, Bodenfunde und Namengut zur Geschichte des nördlichen Westdeutschlands um Christi Geburt (Neumünster 1962)
KARL HAFF, Rechtsgeschichte und Soziologie, Vierteljahresschrift für Sozial- und Wirtschaftsgeschichte 22 (1929) 1–15
NOTKER HAMMERSTEIN, Jus und Historie. Ein Beitrag zur Geschichte des historischen Denkens an deutschen Universitäten im späten 17. und im 18. Jahrhundert (Göttingen 1972)
HANS HATTENHAUER, Die geistesgeschichtlichen Grundlagen des deutschen Rechts[4] (Heidelberg 1996)
DERS., Einleitung, in: DERS. (Hrsg.), Thibaut und Savigny. Ihre programmatischen Schriften (München 1973) 9–51
DERS., Europäische Rechtsgeschichte (Heidelberg 1992)
JUSTUS WILHELM HEDEMANN, Privatrechtsgeschichte der Neuzeit. Ein Versuch (= Sonderdruck aus der Festschrift für Rudolf Hübner, Jena 1935)
ERNST HEYMANN, Herbert Meyer +, ZRG GA 62 (1942) XIII–XLII
THOMAS HOEREN/RAINER SCHULZE, Das Entstehen der Europäischen Gemeinschaften – Ein Überblick, Sectio Juridica et Politica XV (1998) 183–207
RUDOLF HOKE, Österreichische und Deutsche Rechtsgeschichte[2] (Wien/Köln/Weimar 1996)
RUDOLF HÜBNER, Karl Friedrich Eichhorn und seine Nachfolger, in: FS Heinrich Brunner zum 70. Geburtstag (Weimar 1910) 807–838

H.G. ISELE, Gierke, Otto von, HRG Bd. I (1972) 1684–1687

FRIEDRICH JÄGER/JÖRN RÜSEN, Geschichte des Historismus. Eine Einführung (München 1992)
HERBERT JANKUHN, Moorleichen, HRG Bd. III (1984) 655–663
HERRMANN JOST, Revolutio germanica. Die Sehnsucht nach der „alten Freiheit" der Germanen 1750–1820 (Frankfurt am Main u.a. 2002)

EKKEHARD KAUFMANN, Sippe, HRG Bd. IV (1990) 1668–1670
DERS., Zur Lehre von der Friedlosigkeit im Germanischen Recht, in: GERD KLEINHEYER/PAUL MIKAT (Hrsg.), Beiträge zur Rechtsgeschichte. Gedächtnisschrift für Hermann Konrad (Paderborn u.a. 1979) 329–365
HANS KIEFNER, Savigny, Friedrich Carl von, HRG Bd. IV (1990) 1313–1323
RAINER KIPPER, Der Germanenmythos im Deutschen Kaiserreich. Formen und Funktionen historischer Selbstthematisierung (Göttingen 2002)

GERD KLEINHEYER/JAN SCHRÖDER, Deutsche und Europäische Juristen aus neun Jahrhunderten[4] (Heidelberg 1996)
DIETHELM KLIPPEL, Rechtsgeschichte, in: JOACHIM EIBACH/GÜNTHER LOTTES (Hrsg.), Kompass der Geschichtswissenschaft. Ein Handbuch (Göttingen 2002) 126–141
DERS., Subjektives Recht und germanisch-deutscher Rechtsgedanke in der Zeit des Nationalsozialismus, in: JOACHIM RÜCKERT/DIETMAR WILLOWEIT (Hrsg.), Die Deutsche Rechtsgeschichte in der NS-Zeit (Tübingen 1995) 31–54
GERHARD KÖBLER, Deutsche Rechtsgeschichte. Ein systematischer Grundriß der geschichtlichen Grundlagen des deutschen Rechts von den Indogermanen bis zur Gegenwart[4] (München 1990)
DERS., Wege deutscher Rechtsgeschichte, in: FS Karl Kroeschell zum 60. Geburtstag (Frankfurt am Main u.a. 1987) 182–240
B. KOEHLER, Eichhorn, Karl Friedrich, HRG Bd. I (1972) 858–860
DERS., Gerber, Karl Friedrich Wilhelm, HRG Bd. I (1972) 1530–1532
HERMANN KRAUSE, Karl August Eckhardt, DA 35 (1979) 1–16
KARL KROESCHELL, Deutsche Rechtsgeschichte 1 (bis 1250)[10] (Opladen 1992)
DERS., Die Germania in der deutschen Rechts- und Verfassungsgeschichte, in: DERS., Studien zum frühen und mittelalterlichen deutschen Recht (Berlin 1995) 89–110
DERS., Die Sippe im germanischen Recht, in: DERS., Studien zum frühen und mittelalterlichen deutschen Recht (Berlin 1995) 13–34
DERS., Die Treue in der deutschen Rechtsgeschichte, in: DERS., Studien zum frühen und mittelalterlichen deutschen Recht (Berlin 1995) 157–181
DERS., Führer, Gefolgschaft und Treue, in: DERS., Studien zum frühen und mittelalterlichen deutschen Recht (Berlin 1995) 183–207
DERS., Gefolgschaft, HRG Bd. I (1971) 1433–1437
DERS., Germanisches Recht als Forschungsproblem, in: DERS., Studien zum frühen und mittelalterlichen deutschen Recht (Berlin 1995) 65–88
DERS., Haus und Herrschaft im frühen deutschen Recht. Ein methodischer Versuch (Göttingen 1968) (verkürzt wiederabgedruckt in: DERS., Studien zum frühen und mittelalterlichen deutschen Recht (Berlin 1995) 113–156)
DERS., Recht, RGA Bd. XI (1998) 395–408
DERS., Rechtsgeschichte Deutschlands im 20. Jahrhundert (Göttingen 1992)
DERS., Söhne und Töchter im germanischen Erbrecht, in: DERS., Studien zum frühen und mittelalterlichen deutschen Recht (Berlin 1995) 35–64
HANS KUHN, Die Grenzen der germanischen Gefolgschaft, ZRG GA 73 (1956) 1–83
REINHARD KÜHNL, Der deutsche Faschismus in Quellen und Dokumenten (Köln 2000)

PETER LANDAU, Konrad Maurer (1823–1902), der Lehrer Amiras, in: PETER LANDAU/ HERMANN NEHLSEN/MATHIAS SCHMOECKEL (Hrsg.), Karl von Amira zum Gedächtnis (= Rechtshistorische Reihe Bd. 206, Frankfurt am Main 1999) 23–28
DERS., Prinzipien germanischen Rechts als Grundlage nationalistischer und völkischer Ideologien, in: FRANK FÜRBETH u.a. (Hrsg.), Zur Geschichte und Problematik der Nationalphilologien in Europa. 150 Jahre Erste Germanistenversammlung in Frankfurt am Main (1846–1996) (Tübingen 1999) 327–341
DERS./HERMANN NEHLSEN/MATHIAS SCHMOECKEL (Hrsg.), Karl von Amira zum Gedächtnis (= Rechtshistorische Reihe Bd. 206, Frankfurt am Main 1999)
ERNST LANDSBERG, Johann Friedrich Reitemeier, ADB Bd. 28 (1889) 154–159
ADOLF LAUFS, Rechtsentwicklungen in Deutschland[4] (Berlin/New York 1991)
ERNST LEVY, Reflections on the First „Reception" of Roman Law in Germanic States, in: DERS., Gesammelte Schriften I (Köln/Graz 1962) 201–209

DERS., Vulgarization of Roman Law in the Early Middle Ages, in: DERS., Gesammelte Schriften I (Köln/Graz 1962) 220–247

DERS., West Roman Vulgar Law. The Law of Property (Philadelphia 1951)

DERS., Weströmisches Vulgarrecht. Das Obligationenrecht (Weimar 1956)

DERS., Zum Wesen des Weströmischen Vulgarrechts, in: DERS., Gesammelte Schriften I (Köln/Graz 1962) 184–200

KLAUS LUIG, Sichard, Johannes, HRG Bd. IV (1990) 1654–1658

DERS., Thomasius, Christian, HRG Bd. V (1998) 186–195

ALLAN A. LUND, Germanenideologie im Nationalsozialismus. Zur Rezeption der „Germania" des Tacitus im „Dritten Reich" (Heidelberg 1995)

GEORG LUDWIG MAURER, Einleitung zur Geschichte der Mark-, Hof-, Dorf- und Stadtverfassung und der öffentlichen Gewalt (München 1854)

KONRAD MAURER, Besprechung von H. Brunners Deutsche Rechtsgeschichte, Bd. 1 1887, Kritische Vierteljahresschrift für Gesetzgebung und Rechtswissenschaft 29 (1887) 321–330

ERNST MAYER, Konrad Maurer, ZRG GA 24 (1903) V–XXVII

FRANZ-STEFAN MEISSEL, Deutsche Rechtsgeschichte im nationalsozialistischen Staat, in: U. DAVY u.a. (Hrsg.), Nationalsozialismus und Recht. Rechtssetzung und Rechtswissenschaft in Österreich unter der Herrschaft des Nationalsozialismus (Wien 1990) 412–426

MANFRED MESSERSCHMIDT, Die deutsche Rechtsgeschichte unter dem Einfluß des Hitlerregimes, KJ 21. Jg. (1989) 121–136

HERBERT MEYER, Das Wesen des Führertums in der germanischen Verfassungsgeschichte (Wien 1938)

HEINRICH MITTEIS, Besprechung zu Otto Brunners „Land und Herrschaft", ZRG GA 64 (1944) 410–418

DERS., Die Rechtsgeschichte und das Problem der historischen Kontinuität (Berlin 1948)

DERS., Die Rechtsidee in der Geschichte. Gesammelte Abhandlungen und Vorträge (Weimar 1957)

DERS., Vom Lebenswert der Rechtsgeschichte (Weimar 1947)

DERS., Land und Herrschaft. Bemerkungen zu dem gleichnamigen Buch Otto Brunners, HZ 163 (1941) 255

DERS./HEINZ LIEBERICH, Deutsche Rechtsgeschichte[19] (München 1992)

CARL JOSEPH ANTON MITTERMAIER, Einleitung in das Studium der Geschichte des germanischen Rechts (Landshut 1812)

RUDOLF MUCH, Die Germania des Tacitus[3] (Heidelberg 1967)

H. H. MUNSKE, Maurer, Konrad von, HRG Bd. III (1984) 392–397

HERMANN NEHLSEN, Karl August Eckhardt +, ZRG GA 104 (1987) 497–536

ANDREA NUNWEILER, Das Bild der deutschen Rechtsvergangenheit und seine Aktualisierung im „Dritten Reich" (Baden-Baden 1996)

WERNER OGRIS, Die Historische Schule der österreichischen Zivilistik, in: FS Hans Lentze zum 60. Geburtstage (Innsbruck/München 1969) 449–496

DERS., Die Universitätsreform des Ministers Leo Graf Thun-Hohenstein. Festvortrag anläßlich des Rektorstages im großen Festsaal der Universität Wien am 12. März 1999 (Wien 1999)

DERS., Jacob Grimm. Ein politisches Gelehrtenleben in zehn Abschnitten nacherzählt (Wien 1986)

DERS., Jacob Grimm und die Rechtsgeschichte, in: Jacob und Wilhelm Grimm: Vorträge und Ansprachen in den Veranstaltungen der Akademie der Wissenschaften und der

Georg-August-Universität in Göttingen anläßlich der 200. Wiederkehr ihrer Geburtstage, am 24., 26. und 28. Juni 1985 in der Aula der Georg-August-Universität in Göttingen (Göttingen 1986) 65–96

DERS., Zur Geschichte und Bedeutung des österreichischen Allgemeinen bürgerlichen Gesetzbuches (ABGB), in: Liber Memoralis Francois Laurent 1810–1887 (Brüssel 1989) 373–394

GERHARD PERL, Tacitus. Germania. Lateinisch und Deutsch (Darmstadt 1990)

OTTO PETERKA, Die Germania des Tacitus und die rechtsgeschichtliche Forschung (Prag 1927)

G. PHILIPP, Möser, Justus, HRG Bd. III (1984) 705–716

HANS PLANITZ, Germanische Rechtsgeschichte[2] (Berlin 1941)

DERS./KARL AUGUST ECKHARDT, Deutsche Rechtsgeschichte[3] (Graz/Köln 1971)

WALTER POHL, Die Germanen (= Oldenbourgs Enzyklopädie Deutscher Geschichte Bd. 57, München 2000)

LUDWIG PRALLE, Die Wiederentdeckung des Tacitus. Ein Beitrag zur Geistesgeschichte Fuldas und zur Biographie des jungen Cusanus (= Veröffentl. d. Fuldaer Geschichtsvereins 33/Quellen u. Abhandlungen zur Geschichte d. Abtei u. d. Diözese Fulda 17, Fulda 1952)

PETER RAISCH, Juristische Methoden. Vom antiken Rom bis zur Gegenwart (Heidelberg 1995)

HERMANN RAUSCHNING, Gespräche mit Hitler (Wien 1988)

Reallexikon der Germanischen Altertumskunde, Bd. XI[2] (1998)

BERNHARD REHFELDT, Claudius Freiherr von Schwerin. + 13. Juni 1944, ZRG GA 67 (1950) 492–501

MATHIAS REIMANN, Historische Schule und Common Law: die deutsche Rechtswissenschaft des 19. Jahrhunderts im amerikanischen Rechtsdenken (Berlin 1993)

DERS., „In such forests liberty was nurtured." Von den germanischen Wurzeln der angloamerikanischen Freiheit, in: FS Karl Kroeschell zum 70. Geburtstag (München 1997) 933–951

PAUL ROTH, Die rechtsgeschichtlichen Forschungen seit Eichhorn, ZRG GA 1 (1861) 7–27

DERS., Geschichte des Beneficialwesens von den ältesten Zeiten bis ins zehnte Jahrhundert (Erlangen 1850)

JOACHIM RÜCKERT/DIETMAR WILLOWEIT (Hrsg.), Die Deutsche Rechtsgeschichte in der NS-Zeit. Ihre Vorgeschichte und ihre Nachwirkungen (= Bd. 12 der Beiträge zur Rechtsgeschichte des 20. Jahrhunderts, Tübingen 1995)

RUDORFF/BRUNS/ROTH/MERKEL/BÖHLAU, Herausgebervorwort: „Die Zeitschrift für Rechtsgeschichte", ZfRG 1 (1861) 1–6

FRIEDRICH CARL VON SAVIGNY, Ueber den Zweck dieser Zeitschrift, Zeitschrift für geschichtliche Rechtswissenschaft 1 (1815) 1

DERS., Vom Beruf unserer Zeit für Gesetzgebung und Rechtswissenschaft (Nachdr. der Ausg. 1840, Hildesheim 1967)

WALTER SCHLESINGER, Herrschaft und Gefolgschaft in der germanisch-deutschen Verfassungsgeschichte, HZ 176 (1953) 225–275

HANS SCHLOSSER, Das „wissenschaftliche Prinzip" der germanistischen Privatrechtssysteme, in: GERD KLEINHEYER/PAUL MIKAT (Hrsg.), Beiträge zur Rechtsgeschichte. Gedächtnisschrift für Hermann Conrad (Paderborn u.a. 1979) 491–514

DERS., Grundzüge der Neueren Privatrechtsgeschichte[6] (Heidelberg 1988)

CARL ADOLF SCHMIDT, Der principielle Unterschied zwischen dem römischen und germanischen Rechte I. Die Verschiedenheit der Grundbegriffe und des Privatrechts (Rostock/Schwerin 1853)

WALTHER SCHÖNFELD, Vom Problem der Rechtsgeschichte (Halle 1927)

JAN SCHRÖDER, Besprechung von Marcel Senn, Rechthistorisches Selbstverständnis im Wandel, ZRG GA 101 (1984) 429–431

RICHARD SCHRÖDER/EBERHARD FRHR. VON KÜNSSBERG, Lehrbuch der deutschen Rechtsgeschichte[7] (Berlin/Leipzig 1932)

GERTRUD SCHUBART-FIKENTSCHER, Amira, Karl von, HRG Bd. I (1971) 146–148

DIES., Beseler, Georg, HRG Bd. I (1972) 388–389

DIES., Brunner, Heinrich, HRG Bd. I (1971) 523–525

HAGEN SCHULZE, Staat und Nation in der Europäischen Geschichte (München 1999)

HERMANN SCHULTZE-VON LASAULX, Karl Haff, ZRG GA 72 (1955) XV–XXXII

DIETER SCHWAB, Zum Selbstverständnis der historischen Rechtswissenschaft im Dritten Reich, KJ 2. Jg. (1969) 58–70

ANDREAS SCHWARCZ, Die politische Vorstellungswelt der Germanen, in: IRING FETSCHER/HERFRIED MÜNKLER (Hrsg.), Pipers Handbuch der politischen Ideen II (München/Zürich 1993) 17–40

CLAUDIUS FRHR. VON SCHWERIN, Der Geist des altgermanischen Rechts, das Eindringen fremden Rechts, und die neuerliche Wiedererstarkung germanischer Rechtsgrundsätze, in: HERMANN NOLLAU (Hrsg.) Germanische Wiedererstehung (Heidelberg 1926) 205–291

DERS., Einführung in das Studium der germanischen Rechtsgeschichte und ihrer Teilgebiete (Freiburg i. B. 1922)

DERS., Germanische Rechtsgeschichte. Ein Grundriß[2] (Berlin 1943)

DERS., Grundzüge der deutschen Rechtsgeschichte (München/Leipzig 1934)

DERS., Karl von Amira, ZRG GA 51 (1931) XI–XLV

KLAUS VON SEE, Altnordische Rechtswörter. Studien zur Rechtsauffassung und Rechtsgesinnung der Germanen (Tübingen 1964)

DERS., Deutsche Germanenideologie. Vom Humanismus bis zur Gegenwart (Frankfurt am Main 1970)

DERS., Die Ideen von 1789 und die Ideen von 1914. Völkisches Denken in Deutschland zwischen Französischer Revolution und Erstem Weltkrieg (Frankfurt am Main 1975)

DERS., Barbar, Germane, Arier. Die Suche nach der Identität der Deutschen (Heidelberg 1994)

DERS., Die Göttinger Sieben. Kritik einer Legende (Heidelberg 1997)

DERS., Jacob Grimm und die Göttinger Protestation, in: FRANK FÜRBETH u.a. (Hrsg.), Zur Geschichte und Problematik der Nationalphilologien in Europa. 150 Jahre Erste Germanistenversammlung in Frankfurt am Main (1846–1996) (Tübingen 1999) 277–286

MARCEL SENN, Rechtshistorisches Selbstverständnis im Wandel. Ein Beitrag zur Wissenschaftstheorie und Wissenschaftsgeschichte der Rechtsgeschichte (iur. Diss., Zürich 1982)

CHRISTIAN SIMON, Historiographie. Eine Einführung (Stuttgart 1996)

RUDOLPH SOHM, Die altdeutsche Reichs- und Gerichtsverfassung I. Die fränkische Reichs- und Gerichtsverfassung (Weimar 1871)

RODERICH STINTZING/ERNST LANDSBERG, Geschichte der deutschen Rechtswissenschaft, 3 Abt. in 4 Bdn. (München 1880–1910, 2. Neudruck Aalen 1978)

MICHAEL STOLLEIS, Rechtsgeschichte, Verfassungsgeschichte, in: HANS-JÜRGEN GOERTZ (Hrsg.), Geschichte. Ein Grundkurs (1998), 340–361

DERS./DIETER SIMON (Hrsg.), Rechtsgeschichte im Nationalsozialismus. Beiträge zur Geschichte einer Disziplin (= Bd. 2 der Beiträge zur Rechtsgeschichte des 20. Jahrhunderts, Tübingen 1989)
ULRICH STUTZ, Heinrich Brunner, ZRG GA 36 (1915) IX–LV

HANS THIEME, Deutsches Recht, HRG Bd. I (1971) 709–712
DERS., Historische Rechtsschule, HRG Bd. II (1978) 170–172
DERS., Ideengeschichte und Rechtsgeschichte. Gesammelte Schriften I (Köln 1986)
DERS., Savigny und das deutsche Recht, ZRG GA 80 (1963) 1–26

HANS VON VOLTELINI, Nordgermanische Grabfunde in ihrer Bedeutung für die germanische Rechtsgeschichte, ZRG GA 51 (1931) 111–131

ELMAR WADLE, Visionen vom „Reich". Streiflichter zur Deutschen Rechtsgeschichte zwischen 1933 und 1945, in: JOACHIM RÜCKERT/DIETMAR WILLOWEIT (Hrsg.), Die Deutsche Rechtsgeschichte in der NS-Zeit (Tübingen 1995) 241–299
ARNOLD WAGEMANN, Deutsche Rechtsvergangenheit als Wegweiser in eine deutsche Zukunft (Jena 1922)
DERS., Geist des deutschen Rechts (Jena 1913)
DERS., Unser Bodenrecht (Jena 1912)
RODERICH WAHSNER, Die deutsche Rechtsgeschichte und der Faschismus, KJ 6. Jg. (1973) 172–181
GEORG WAITZ, Deutsche Verfassungsgeschichte I. Die Verfassung des deutschen Volkes in ältester Zeit[3] (Nachdr. d. 3. Aufl. Berlin 1880, Graz 1953)
KARL H. L. WELKER, Rechtsgeschichte als Rechtspolitik. Justus Möser als Jurist und Staatsmann, 2 Bde. (Osnabrück 1996)
MAX WELTIN, Der Begriff des Landes bei Otto Brunner und seine Rezeption durch die verfassungsgeschichtliche Forschung, ZRG GA 107 (1990) 339–376
REINHARD WENSKUS, Stammesbildung und Verfassung. Das Werden der frühmittelalterlichen Gentes (Köln/Graz 1961, Neudruck 1977)
FRANZ WIEACKER, Die Ausbildung einer allgemeinen Theorie des positiven Rechts in Deutschland im 19. Jahrhundert, in: FS für Karl Michaelis (Göttingen 1972) 354
DERS., Privatrechtsgeschichte der Neuzeit[2] (Göttingen 1967)
DIETMAR WILLOWEIT, Pütter, Johann Stephan, HRG Bd. IV (1990) 114–117
ERIK WOLF, Große Rechtsdenker der deutschen Geistesgeschichte (Tübingen 1963)
HERWIG WOLFRAM, Die Germanen[5] (München 2000)
DERS., Das Reich und die Germanen[2] (Berlin 1992)
DERS., Tirol, Bayern und die Entstehung des deutschen Volksbegriffs, Veröffentlichungen des Tiroler Landesmuseums Ferdinandeum 78 (1998) 115
KARL WÜHRER, Agrarverfassung, RGA Bd. I (1973) 100–110
DERS., Die schwedischen Landschaftsrechte und Tacitus' Germania, ZRG GA 76 (1959) 1–52

RECHTSHISTORISCHE REIHE

Band	1	Studien zu den germanischen Volksrechten. Gedächtnisschrift für Wilhelm Ebel. Vorträge gehalten auf dem Fest-Symposion anläßlich des 70. Geburtstages von Wilhelm Ebel am 16. Juni 1978 in Göttingen. Götz Landwehr (Hrsg.) 1982.
Band	2	Hans Poeschel: Die Statuten der Banken, Sparkassen und Kreditgenossenschaften in Hamburg und Altona von 1710 bis 1889. 1978.
Band	3	Thomas Kolbeck: Juristenschwemmen, Untersuchungen über den juristischen Arbeitsmarkt im 19. und 20. Jahrhundert. 1978.
Band	4	Norbert Hempel: Richterleitbilder in der Weimarer Republik. 1978.
Band	5	Rolf Stratmann: Die Scheinbußen im mittelalterlichen Recht. 1978.
Band	6	Martin C. Lockert: Die niedersächsischen Stadtrechte zwischen Aller und Weser. Vorkommen und Verflechtungen. Eine Bestandsaufnahme. 1979.
Band	7	Joachim Rückert/Wolfgang Friedrich: Betriebliche Arbeiterausschüsse in Deutschland, Großbritannien und Frankreich im späten 19. und frühen 20. Jahrhundert. Eine vergleichende Studie zur Entwicklung des kollektiven Arbeitsrechts. 1979.
Band	8	Peter Bender: Die Rezeption des römischen Rechts im Urteil der deutschen Rechtswissenschaft. 1979.
Band	9	Friedrich Karl Alsdorf: Untersuchungen zur Rechtsgestalt und Teilung deutscher Ganerbenburgen. 1980.
Band	10	Dietmar Willoweit/Winfried Schich (Hrsg.): Studien zur Geschichte des sächsisch-magdeburgischen Rechts in Deutschland und Polen (Sammelband). 1980.
Band	11	Brigitte Hempel: Der Entwurf einer Polizeiordnung für das Herzogtum Sachsen-Lauenburg aus dem Jahre 1591. 1980.
Band	12	Klaus-Detlev Godau-Schüttke: Rechtsverwalter des Reiches. Staatssekretär Dr. Curt Joël. 1981.
Band	13	Rainer Polley: Anton Friedrich Justus Thibaut (AD 1772-1840) in seinen Selbstzeugnissen und Briefen. Teil 1: Abhandlung. Teil 2: Briefwechsel. Teil 3: Register zum Briefwechsel. 1982.
Band	14	Michael Wettengel: Der Streit um die Vogtei Kelkheim 1275-1276. Ein kanonischer Prozeß.1981.
Band	15	Otto Wilhelm Krause: Naturrechtler des sechzehnten Jahrhunderts. Ihre Bedeutung für die Entwicklung eines natürlichen Privatrechts. 1982.
Band	16	Helga Spindler: Von der Genossenschaft zur Betriebsgemeinschaft. Kritische Darstellung der Sozialrechtslehre Otto von Gierkes. 1982.
Band	17	Holger Otte: Gustav Radbruchs Kieler Jahre 1919 - 1926. 1982.
Band	18	Rüdiger Teuner: Die fuldische Ritterschaft 1510 - 1656. 1982.
Band	19	Gerhard Dilcher/Rudolf Hoke/Gian Savino Pene Vidari/Hans Winterberg (Hrsg.): Grundrechte im 19. Jahrhundert. 1982.
Band	20	Karl-Hans Schloßstein: Die westfälischen Fabrikengerichtsdeputationen - Vorbilder, Werdegang und Scheitern. 1982.
Band	21	Birger Schulz: Der Republikanische Richterbund (1921-1933). 1982.
Band	22	Engelbert Krause: Die gegenseitigen Unterhaltsansprüche zwischen Eltern und Kindern in der deutschen Privatrechtsgeschichte. 1982.

Band 23 Meent W. Francksen: Staatsrat und Gesetzgebung im Großherzogtum Berg (1806-1813). 1982.

Band 24 Gerd von Sonnleithner: Bearbeitung des Handelsrechts durch Ignaz von Sonnleithner in seinem "Leitfaden über das österreichische Handels- und Wechselrecht". 1982.

Band 25 Rudolf Palme: Rechts-, Wirtschafts- und Sozialgeschichte der inneralpinen Salzwerke bis zu deren Monopolisierung. 1983.

Band 26 Helen Bosshard: Pestalozzis Staats- und Rechtsverständnis und seine Stellung in der Aufklärung. 1983.

Band 27 Jens Jessen: Die Selbstzeugnisse der deutschen Juristen. Erinnerungen, Tagebücher und Briefe. Eine Bibliographie. 1983.

Band 28 Günter Martin Jensen: Das Domanium Waldeck. Die rechtliche Zuordnung eines Fürstenvermögens. 1984.

Band 29 Johann Heinrich Kumpf: Petitionsrecht und öffentliche Meinung im Entstehungsprozeß der Paulskirchenverfassung 1848/49. 1983.

Band 30 Sabine Frey: Rechtsschutz der Juden gegen Ausweisungen im 16. Jahrhundert. 1983.

Band 31 Dietrich Joswig: Die germanische Grundstücksübertragung. 1984.

Band 32 Andreas Baryli: Konzessionssystem contra Gewerbefreiheit. Zur Diskussion der österreichischen Gewerberechtsreform 1835 bis 1860. 1984.

Band 33 Gerhard Oberkofler: Studien zur Geschichte der österreichischen Rechtswissenschaft. 1984.

Band 34 Rudolf Lauda: Kaufmännische Gewohnheit und Burgrecht bei Notker dem Deutschen. Zum Verhältnis von literarischer Tradition und zeitgenössischer Realität in der frühmittelalterlichen Rhetorik. 1984.

Band 35 Jens Jensen: Die Ehescheidung des Bischofs Hans von Lübeck von Prinzessin Julia Felicitas von Württemberg-Weiltingen AD 1648-1653. Ein Beitrag zum protestantischen Ehescheidungsrecht im Zeitalter des beginnenden Absolutismus. 1984.

Band 36 Horst Schröder: Friedrich Karl von Savigny. Geschichte und Rechtsdenken beim Übergang vom Feudalismus zum Kapitalismus in Deutschland. 1984.

Band 37 Andreas Hatzung: Dogmengeschichtliche Grundlagen und Entstehung des zivilrechtlichen Notstands. 1984.

Band 38 Matthias Klasen: Das Billwerder Landrecht. Landrecht und Landgericht in den Hamburger Elbmarschen. 1985.

Band 39 Rainer Jamin: Aufbau, Tätigkeit und Verfahren der Auseinandersetzungsbehörden bei der Durchführung der preußischen Agrarreformen. 1985.

Band 40 Henry Winter: Teilschuld, Gesamtschuld und unechte Gesamtschuld. Zur Konzeption der §§ 420 ff. BGB - Ein Beitrag zur Entstehungsgeschichte des BGB. 1985.

Band 41 Hermann Eichler: Verfassungsbewegung in Amerika und Europa. 1985.

Band 42 Dagmar Bandemer: Heinrich Albert Zachariae. Rechtsdenken zwischen Restauration und Reformation. 1985.

Band 43 Eva-Christine Frentz: Das Hamburgische Admiralitätsgericht (1623-1811). Prozeß und Rechtsprechung. 1985.

Band 44 Karl Lillig: Rechtsetzung im Herzogtum Pfalz-Zweibrücken während des 18. Jahrhunderts. Ein Beitrag zur Geschichte der territorialen Rechtsbildung. 1985.

Band 45 Walter Weber: Die Entwicklung der Sparkassen zu selbständigen Anstalten des öffentlichen Rechts. Ein Beitrag zur Entwicklung des Anstaltsbegriffs im 19. Jahrhundert. 1985.

Band 46 Bärbel Baum: Der Stabreim im Recht. Vorkommen und Bedeutung des Stabreims in Antike und Mittelalter. 1986.

Band 47 Hans Popp: Die nationalsozialistische Sicht einiger Institute des Zivilprozeß- und Gerichtsverfassungsrechts. 1986.

Band 48 John Karl-Heinz Montag: Die Lehrdarstellung des Handelsrechts von Georg Friedrich von Martens bis Meno Pöhls. Die Wissenschaft des Handelsrechts im ersten Drittel des 19. Jahrhunderts. 1986.

Band 49 Volker D. Anhäusser: Das internationale Obligationenrecht in der höchstrichterlichen Rechtsprechung des 19. Jahrhunderts. 1986.

Band 50 Udo Beer: Die Juden, das Recht und die Republik. Verbandswesen und Rechtsschutz 1919-1933. 1986.

Band 51 Herbert Grziwotz: Der moderne Verfassungsbegriff und die "Römische Verfassung" in der deutschen Forschung des 19. und 20. Jahrhunderts. 1986.

Band 52 Ralf Conradi: Karl Friedrich Eichhorn als Staatsrechtslehrer. Seine Göttinger Vorlesung über "Das Staatsrecht der deutschen Bundesstaaten" nach einer Kollegmitschrift aus dem Wintersemester 1821/22. 1987.

Band 53 Dieter Dannreuther: Der Zivilprozeß als Gegenstand der Rechtspolitik im Deutschen Reich 1871 - 1945. Ein Beitrag zur Geschichte des Zivilprozeßrechts in Deutschland. 1987.

Band 54 Stephan Felix Pauly: Organisation, Geschichte und Praxis der Gesetzesauslegung des (Königlich) Preußischen Oberverwaltungsgerichtes 1875 - 1933. 1987.

Band 55 Rüdiger Schulz: Die Entstehung des Seerechts des Allgemeinen Deutschen Handelsgesetzbuches unter besonderer Berücksichtigung der Bestimmungen über die Reederei, den Schiffer und die Schiffsmannschaft. 1987.

Band 56 Reinhold Reis: Deutsches Privatrecht in den Weistümern der Zenten Schriesheim und Kirchheim. 1987.

Band 57 Jürgen Christoph: Die politischen Reichsamnestien 1918 - 1933. 1987.

Band 58 Gerhard Oberkofler/Eduard Rabofsky: Hans Kelsen im Kriegseinsatz der k.u.k.-Wehrmacht. Eine kritische Würdigung seiner militärtheoretischen Angebote. 1988.

Band 59 Arne Wulff: Staatssekretär Prof. Dr. Dr. h.c. Franz Schlegelberger. 1876-1970. 1991.

Band 60 Gerhard Köbler (Hrsg.): Wege europäischer Rechtsgeschichte. Karl Kroeschell zum 60. Geburtstag. 1987.

Band 61 Rüdiger Hütte: Der Gemeinschaftsgedanke in den Erbrechtsreformen des Dritten Reichs. 1988.

Band 62 Markus Göldner: Politische Symbole der europäischen Integration. Fahne, Hymne, Hauptstadt, Paß, Briefmarke, Auszeichnungen. 1988.

Band 63 Wolfgang Kröner: Freiheitsstrafe und Strafvollzug in den Herzogtümern Schleswig, Holstein und Lauenburg von 1700 bis 1864. 1988.

Band 64 Werner Gaile: Die Norder Theelacht. 1988.

Band 65 Karl v. Kempis: Andreas Gaill (1526 - 1587). Zum Leben und Werk eines Juristen der frühen Neuzeit. 1988.

Band 66 Wolf-Rüdiger Osburg: Die Verwaltung Hamburgs in der Franzosenzeit. 1811-1814. 1988.

Band 67 Christian Schudnagies: Hans Frank. Aufstieg und Fall des NS-Juristen und Generalgouverneurs. 1988.

Band 68 Otmar Jung: Senatspräsident Freymuth. Richter, Sozialdemokrat und Pazifist in der Weimarer Republik. Eine politische Biographie. 1989.

Band 69 Joachim Lohner: Das landeshauptmannschaftliche Gericht in Oberösterreich zu Beginn der Neuzeit. Eine Darstellung des oberösterreichischen Prozeßrechts am obersten Territorialgericht des Landes anhand der oberösterreichischen Landtafel.1989.

Band 70 Bernd Klemann: Rudolf von Jhering und die Historische Rechtsschule. 1989.

Band 71 Adalbert Langer: Männer um die österreichische Zivilprozeßordnung 1895. Zusammenspiel / Soziales Ziel. 1990.

Band 72 Robert-Dieter Klee: Die Landessuperintendentur Lauenburg. Ursprung und Entwicklung sowie Ende der Sonderstellung des Kirchenkreises Herzogtum Lauenburg durch die nordelbische Kirchenvereinigung. 1989.

Band 73 Heinrich Herrmann: Die Gehöferschaften im Bezirk Trier. 1989.

Band 74 Wilhelm Brauneder, Franz Baltzarek (Hrsg.): Modell einer neuen Wirtschaftsordnung. Wirtschaftsverwaltung in Österreich 1914 - 1918. 1991.

Band 75 Thomas Dreyer: Die "Assecuranz- und Haverey-Ordnung" der Freien und Hansestadt Hamburg von 1731. 1990.

Band 76 Bernhard Sendler: Die Rechtssprache in den süddeutschen Stadtrechtsreformationen. 1990.

Band 77 Brigitte Lehmann: Ehevereinbarungen im 19. und 20. Jahrhundert. 1990.

Band 78 Michael Sunnus: Der NS-Rechtswahrerbund (1928-1945). Zur Geschichte der nationalsozialistischen Juristenorganisation. 1990.

Band 79 Stefan Schulz: Die historische Entwicklung des Rechts an Bienen. (§§ 961 - 964 BGB). 1990.

Band 80 Gerhard Lingelbach, Heiner Lück (Hrsg.): Deutsches Recht zwischen Sachsenspiegel und Aufklärung. Rolf Lieberwirth zum 70. Geburtstag dargebracht von Schülern, Freunden und Kollegen, herausgegeben von Gerhard Lingelbach und Heiner Lück. 1991.

Band 81 Manfred Krohn: Die deutsche Justiz im Urteil der Nationalsozialisten 1920 - 1933. 1991.

Band 82 Angelika Kühn: Privilegierung nationaler Minderheiten im Wahlrecht der Bundesrepublik Deutschland und Schleswig-Holsteins. 1991.

Band 83 Georg Brun: Leben und Werk des Rechtshistorikers Heinrich Mitteis unter besonderer Berücksichtigung seines Verhältnisses zum Nationalsozialismus. 1991.

Band 84 Wolfgang Simon: Claudius Freiherr von Schwerin. Rechtshistoriker während dreier Epochen deutscher Geschichte. 1991.

Band 85 Friedrich-Carl Wachs: Das Verordnungswerk des Reichsdemobilmachungsamtes. Stabilisierender Faktor zu Beginn der Weimarer Republik. 1991.

Band 86 Jens-Uwe Petersen: Die Vorgeschichte und die Entstehung des Mieterschutzgesetzes von 1923 nebst der Anordnung für das Verfahren vor dem Mieteinigungsamt und der Beschwerdestelle. 1991.

Band 87 Ulrike Haibach: Familienrecht in der Rechtssprache. Die historische Entwicklung zentraler Ausdrücke des geltenden Familienrechts. 1991.

Band 88 Joern Christian Nissen: Die Beratungen des Seeversicherungsausschusses der Akademie für Deutsches Recht zu einem neuen Seeversicherungsgesetz (1934-1939). Ein Beitrag zur Entwicklung der allgemeinen Lehren des Seeversicherungsrechts unter besonderer Berücksichtigung des Handelsgesetzbuchs und der Allgemeinen Deutschen Seeversicherungs-Bedingungen 1919. 1991.

Band 89 Diethard Bühler: Die Entstehung der allgemeinen Vertragsschluß-Vorschriften im Allgemeinen Deutschen Handelsgesetzbuch (ADHGB) von 1861. Ein Beitrag zur Kodifikationsgeschichte des Privatrechts im 19. Jahrhundert. 1991.

Band 90 Gerhard Oberkofler: Die Vertreter des Römischen Rechts mit deutscher Unterrichtssprache an der Karls-Universität in Prag. Vom Vormärz bis 1945. 1991.

Band 91 Ulrich Andermann: Ritterliche Gewalt und bürgerliche Selbstbehauptung. Untersuchungen zur Kriminalisierung und Bekämpfung des spätmittelalterlichen Raubrittertums am Beispiel norddeutscher Hansestädte. 1991.

Band 92 Heinz Marcus Hanke: Luftkrieg und Zivilbevölkerung. Der kriegsvölkerrechtliche Schutz der Zivilbevölkerung gegen Luftbombardements von den Anfängen bis zum Ausbruch des Zweiten Weltkrieges. 1991.

Band 93 Kirsten Kraglund: Familien- und Erbrecht. Materielles Recht und Methoden der Rechtsanwendung in der Rechtsprechung des Oberappellationsgerichts der vier Freien Städte Deutschlands zu Lübeck. 1991.

Band 94 Reinhard Lorenz: Die politische und rechtliche Stellung des Proletariats in Preußen in der Zeit zwischen den Reformen und der Revolution 1848/49. 1991.

Band 95 Eric Hilgendorf: Die Entwicklungsgeschichte der parlamentarischen Redefreiheit in Deutschland. 1991.

Band 96 Hans J. Reiter: Die Handelsgesellschaft Villeroy & Boch von der Gründung 1836 bis zum Jahr 1878. 1992.

Band 97 Martin Johannes Heller: Reform der deutschen Rechtssprache im 18. Jahrhundert. 1992.

Band 98 Michael Kotulla: Die Tragweite der Grundrechte der revidierten preußischen Verfassung vom 31.01.1850. 1992.

Band 99 Michael Siefener: Hexerei im Spiegel der Rechtstheorie. Das crimen magiae in der Literatur von 1574 bis 1608. 1992.

Band 100 Andreas Ebert-Weidenfeller: Hamburgisches Kaufmannsrecht im 17. und 18. Jahrhundert. Die Rechtsprechung des Rates und des Reichskammergerichtes. 1992.

Band 101 Enno Bommel: Die Entstehung der Verwirkungslehre in der Krise des Positivismus. 1992.

Band 102 Ralph Steppacher: Die Berücksichtigung der bäuerlichen Postulate bei der Entstehung des ZGB und der Revision des OR. Ein Beitrag zur schweizerischen Kodifikationsgeschichte (1893 - 1912). 1992.

Band 103 Martin Fleckenstein: Die Todesstrafe im Werk Carl Joseph Anton Mittermaiers (1787 - 1867). Zur Entwicklungsgeschichte eines Werkbereichs und seiner Bedeutung für Theorie- und Methodenbildung. 1992.

Band 104 Jörn Eckert: Der Kampf um die Familienfideikommisse in Deutschland. Studien zum Absterben eines Rechtsinstitutes. 1992.

Band 105 Jörg Grotkopp: Beamtentum und Staatsformwechsel. Die Auswirkungen der Staatsformwechsel von 1918, 1933 und 1945 auf das Beamtenrecht und die personelle Zusammensetzung der deutschen Beamtenschaft. 1992.

Band 106 Andreas Rohde: Die Garantiehaftung des Vermieters und ihr Verhältnis zum Unmöglichkeitsrecht in dogmengeschichtlicher und modernrechtlicher Sicht. 1992.

Band 107 Tjark Siefke Kunstreich: Gesamtvertretung. Eine historisch-systematische Darstellung. 1992.

Band 108 Jürgen Krüger: Blindheit und Königtum. Die Blindheit des Königs Georg V. von Hannover als verfassungsrechtliches Problem. 1992.

Band 109 Wolfgang Putschek: Ständische Verfassung und autoritäre Verfassungspraxis in Österreich 1933-1938 mit Dokumentenanhang. Verfassung und Verfassungswirklichkeit. Mit einem Anhang: Denkschriften von Rechtsanwalt Dr. Erich Führer 1936/37. 1993.

Band 110 Klaus Hofmann: Die Verdrängung der Juden aus öffentlichem Dienst und selbständigen Berufen in Regensburg 1933-1939. 1993.

Band 111 Franz Kilger: Die Entwicklung des Telegraphenrechts im 19. Jahrhundert mit besonderer Berücksichtigung der technischen Entwicklung. Telegraphenrecht im 19. Jahrhundert. 1993.

Band 112 Wilhelm Brauneder (Hrsg.): Heiliges Römisches Reich und moderne Staatlichkeit. 1993.

Band 113 Thomas Heinrich: Das preußische Nichtehelichenrecht: Von der Aufklärung zur Reaktion. 1993.

Band 114 Gerald Kohl: Jagd und Revolution. Das Jagdrecht in den Jahren 1848 und 1849. 1993.

Band 115 Christian Schudnagies: Der Kriegs- oder Belagerungszustand im Deutschen Reich während des Ersten Weltkrieges. Eine Studie zur Entwicklung und Handhabung des deutschen Ausnahmezustandsrechts bis 1918. 1994.

Band 116 Elisabeth Bellmann: Die Internationale Kriminalistische Vereinigung (1889-1933). 1994.

Band 117 Julia Pfannkuch: Volksrichterausbildung in Sachsen 1945-1950. 1993.

Band 118 Jörg Offen: Von der Verwaltungsgemeinschaft des BGB von 1896 zur Zugewinngemeinschaft des Gleichberechtigungsgesetzes von 1957. 1994.

Band 119 Dorothee Kohlhas-Müller: Untersuchungen zur Rechtsstellung Theoderichs des Großen. 1995.

Band 120 Monika Rose: Das Gerichtswesen des Herzogtums Pfalz-Zweibrücken im 18. Jahrhundert. Ein Beitrag zur territorialen Gerichtsbarkeit im Alten Reich. 1994.

Band 121 Jörn Eckert / Hans Hattenhauer (Hrsg.): Bibel und Recht. Rechtshistorisches Kolloquium 9. - 13. Juni 1992 an der Christian-Albrechts-Universität zu Kiel. 1994.

Band 122 Robert Martin Mizia: Der Rechtsbegriff der Autonomie und die Begründung des Privatfürstenrechts in der deutschen Rechtswissenschaft des 19. Jahrhunderts. 1995.

Band 123 Walther Graf von Plettenberg: Das Fortleben des Liber Iudiciorum in Asturien/León (8. - 13. Jh.). 1994.

Band 124 Wolfgang Schulz: Das deutsche Börsengesetz. Die Entstehungsgeschichte und wirtschaftlichen Auswirkungen des Börsengesetzes von 1896. 1994.

Band 125 Frank Hagemann: Der Untersuchungsausschuß Freiheitlicher Juristen. 1949 – 1969. 1994.

Band 126 Andreas Rethmeier: "Nürnberger Rassegesetze" und Entrechtung der Juden im Zivilrecht. 1995.

Band 127 Edith Grether: Die Poesie der Throne. Die Juristen in der Fruchtbringenden Gesellschaft. 1995.

Band 128 Anna Bartels-Ishikawa: Der Lippische Thronfolgestreit. Eine Studie zu verfassungsrechtlichen Problemen des Deutschen Kaiserreiches im Spiegel der zeitgenössischen Staats. 1995.

Band 129 Jörg Schmidt: Otto Koellreutter 1883-1972. Sein Leben, sein Werk, seine Zeit. 1995.

Band 130 Christian Hattenhauer: Wahl und Krönung Franz II. AD 1792. Das Heilige Reich krönt seinen letzten Kaiser - Das Tagebuch des Reichsquartiermeisters Hieronymus Gottfried von Müller und Anlagen. 1995.

Band 131 Jutta v. der Decken: Das Seearbeitsrecht im Hamburger Stadtrecht von 1301 bis 1603. 1995.

Band 132 Detlev Schmidt: Die Reform des Rechts der Handelsvertreter von 1953. 1995.

Band 133 Gabi Roßdeutscher: Privatautonomie im Scheidungsrecht. Scheidungsbezogene Vereinbarungen in den letzten 200 Jahren. 1995.

Band 134 Harald Kahlenberg: Leben und Werk des Rechtshistorikers Walther Merk. Ein Beispiel für das Verhältnis von Rechtsgeschichte und Nationalsozialismus. 1995.

Band 135 Michael Steitz: Adelbert Düringer am Reichsgericht (1902-1915). Seine aktienrechtlichen Entscheidungen und sein Einfluß auf das Aktienrecht in Deutschland. 1995.

Band 136 Christian Becker: Beata Justorum Translatio. Juristen in schleswig-holsteinischen Leichenpredigten. 1996.

Band 137 Christoph Seiler: Vom Allgemeinen Landrecht zum Bürgerlichen Gesetzbuch. Dargestellt am Beispiel der höchstrichterlichen Judikatur zum kaufrechtlichen Sachmängelgewährleistungsrecht. 1996.

Band 138 Bernd Mayer: Die Vertrauensmännerausschüsse auf den preußischen Steinkohlegruben an der Saar. Entstehung und Wirken. Eine rechtshistorische Untersuchung. 1996.

Band 139 Rochus Scholl: Juden und Judenrecht im Herzogtum Pfalz-Zweibrücken. Ein Beitrag zur Rechtsgeschichte eines deutschen Kleinstaates am Ende des alten Reiches. 1996.

Band 140 Meike Bursch: Judentaufe und frühneuzeitliches Strafrecht. Die Verfahren gegen Christian Treu aus Weener/Ostfriesland 1720-1728. 1996.

Band 141 Markus Hillenbrand: Fürstliche Eheverträge. Gottorfer Hausrecht 1544 - 1773. 1996.

Band 142 Ulf Häder: Das gemeinschaftliche Oberappellationsgericht thüringischer Staaten in Jena. Ein Beitrag zur Geschichte des Gerichtswesens im 19. Jahrhundert. 1996.

Band 143 Andreas Bauer: Das Gnadenbitten in der Strafrechtspflege des 15. und 16. Jahrhunderts. Dargestellt unter besonderer Berücksichtigung von Quellen der Vorarlberger Gerichtsbezirke Feldkirch und des Hinteren Bregenzerwaldes. 1996.

Band 144 Christian Wirth: Der Jurist Johann Andreas Georg Friedrich Rebmann zwischen Revolution und Restauration. 1996.

Band 145 Stefanie Müller: Die Rechtsprechung des Hanseatischen Oberlandesgerichts zum persönlichen Eherecht in Hamburgischen Gerichtsfällen von 1879 -1900. 1996.

Band 146 Jean-Nicolas Morisset: Der Frachtvertrag in der *Ordonnance de la marine* von 1681. 1996.

Band 147 Dirk Lentfer: Die Glogauer Landesprivilegien des Andreas Gryphius von 1653. 1996.

Band 148 Wencke Mull: Die Haftung für Einsturzschäden nach den §§ 836-838 BGB in der Rechtsprechung des Reichsgerichts. 1996.

Band 149 Renate Zelger: Teufelsverträge. Märchen, Sage, Schwank, Legende im Spiegel der Rechtsgeschichte. 1996.

Band 150 Guido Kraß: Das Arrestverfahren in Frankfurt am Main im Spätmittelalter. 1996.

Band 151 F. Benedict Heyn: Die Entwicklung des Eisenbahnfrachtrechts von den Anfängen bis zur Einführung des Allgemeinen Deutschen Handelsgesetzbuches (ADHGB). 1996.

Band 152 Thomas Lang: Die Staats- und Verfassungslehre Carl Salomo Zachariaes. 1996.

Band 153 Michael Hebeis: Karl Anton von Martini (1726-1800). Leben und Werk. 1996.

Band 154 Gerald Hubert: Die Diskussion um die rechtliche Natur der Bizone in den Jahren 1947-1949. 1996.

Band 155 Christof Horn: Die Rechtsprechung des Reichsgerichts in Ehescheidungssachen der Jahre 1900 bis 1905. 1996.

Band 156 Hermann Nehlsen / Georg Brun (Hrsg.): Münchener rechtshistorische Studien zum Nationalsozialismus. 1996.

Band 157 Jan Otto Clemens Kehrberg: Die Entwicklung des Elektrizitätsrechts in Deutschland. Der Weg zum Energiewirtschaftsgesetz von 1935. 1997.

Band 158 Johannes Tradt: Der Religionsprozeß gegen den Zopfschulzen (1791-1799). Ein Beitrag zur protestantischen Lehrpflicht und Lehrzucht in Brandenburg-Preußen gegen Ende des 18. Jahrhunderts. 1997.

Band 159 Dietmar Olsen: Das kaufrechtliche Sachmängelgewährleistungsrecht des Code civil in der Rechtsprechung deutscher Gerichte im 19. Jahrhundert. Ein Beitrag zur Ablösung der Partikularrechte durch das BGB. 1997.

Band 160 Ulrich Bernhardt: Die Deutsche Akademie für Staats- und Rechtswissenschaft „Walter Ulbricht" 1948-1971. 1997.

Band 161 Claudia Susan Hoppe: Die Bürgschaft im Rechtsleben Hamburgs von 1600 bis 1900. 1997.

Band 162 Franz-Rudolf Ecker: Die Entwicklung des Bergrechts im Saarbrücker Steinkohlenrevier bis zum Ende des 18. Jahrhunderts. Ein Vergleich mit dem älteren deutschen Bergrecht. 1997.

Band 163 Anne Katrin Rückert: Politik und Privatrecht in der „konservativen Revolution". 1997.

Band 164 Gisbert Laube: Der Reichskunstwart. Geschichte einer Kulturbehörde 1919-1933. 1997.

Band 165 Nicolas Lührig: Die Diskussion über die Reform der Juristenausbildung von 1945 bis 1995. 1997.

Band 166 Regula Gerber Jenni: Die Emanzipation der mehrjährigen Frauenzimmer. Frauen im bernischen Privatrecht des 19. Jahrhunderts. 1997.

Band 167 Mischa A. Färber: Das gemeinschaftliche Testament in der höchstrichterlichen Rechtsprechung zum Allgemeinen Preußischen Landrecht und zum BGB. Ein Beitrag zur Ablösung der Partikularrechte durch das BGB. 1997.

Band 168 Catherine Antoinette Gasser: Philipp Lotmar 1850-1922. Professor der Universität Bern. Sein Engagement für das Schweizerische Arbeitsrecht. 1997.

Band 169 Lars Immisch: Der sozialistische Richter in der DDR und seine Unabhängigkeit. Der Versuch eines Rechtsvergleiches zum Unabhängigkeitsbegriff in der bundesdeutschen Rechtsordnung. 1997.

Band 170 Jessica Jacobi: Besitzschutz vor dem Reichskammergericht. Die friedenssichernde Funktion der Besitzschutzklagen am Reichskammergericht im 16. Jahrhundert, dargestellt anhand von Kameralisten. 1998.

Band 171 Ewald Hügemann: Die Geschichte des öffentlichen und privaten Mietpreisrechts vom Ersten Weltkrieg bis zum Gesetz zur Regelung der Miethöhe von 1974. 1998.

Band 172 Lutz Rentzow: Die Entstehungs- und Wirkungsgeschichte der Vernewerten Landesordnung für das Königreich Böhmen von 1627. 1998.

Band 173 Sabine Stürmer: Mühlenrecht im Herzogtum Pfalz-Zweibrücken während des 18. Jahrhunderts. Ein Beitrag zum Wirtschaftsrecht eines deutschen Kleinstaates im Alten Reich. 1998.

Band 174 Mario Bogisch: *Nemo testis in re sua*. Das Problem der Zeugnisfähigkeit bei der Anwendung der deutschen Zivilprozeßordnung von 1877. 1998.

Band 175 Rainer Oßwald: Pactane sunt servanda? Freiwilligkeit, Zwang und Unverbindlichkeitserklärungen im islamischen Vertragsrecht malikitischer Schule. 1998.

Band 176 Bettina Kern: Der preußische BGB-Entwurf von 1842. 1998.

Band 177 Inken Fuhrmann: Die Diskussion über die Einführung der fakultativen Zivilehe in Deutschland und Österreich seit Mitte des 19. Jahrhunderts. 1998.

Band 178 Annette Rieck: Der Heilige Ivo von Hélory (1247-1303). Advocatus pauperum und Patron der Juristen. 1998.

Band 179 Frank Bottenberg: Die Hamburgische Strafprozeßordnung von 1869. 1998.

Band 180 Matthias Krauß: Das kursächsische Postrecht von seinen Anfängen bis zum Ende des Alten Reichs. 1998.

Band 181 Torsten Schmidt: Die Entmündigung von den Anfängen des BGB bis zu ihrer Ablösung durch das Institut der Betreuung. 1998.

Band 182 Christian Nunn: Rudolf Müller-Erzbach. 1874-1959. Von der realen Methode über die Interessenjurisprudenz zum kausalen Rechtsdenken (Leben und Werk). 1998.

Band 183 Christian Ortloff: Das staatskirchenrechtliche System Wilhelm Traugott Krugs. Glaubens- und Gewissensfreiheit – eine Forderung der Vernunft. 1998.

Band 184 Christian Hattenhauer: Schuldenregulierung nach dem Westfälischen Frieden. Der sog. § *de indaganda* und seine Umsetzung im Jüngsten Reichsabschied (AD 1648 und 1654). 1998.

Band 185 Werner Schubert: Preußen im Vormärz. Die Verhandlungen der Provinziallandtage von Brandenburg, Pommern, Posen, Sachsen und Schlesien sowie – im Anhang – von Ostpreußen, Westfalen und der Rheinprovinz (1841-1845). 1998.

Band 186 Silvia Schumacher: Das Rechtsverhältnis zwischen Eltern und Kindern in der Privatrechtsgeschichte. 1999.

Band 187 Kai Sommer: Die Strafbarkeit der Homosexualität von der Kaiserzeit bis zum Nationalsozialismus. Eine Analyse der Straftatbestände im Strafgesetzbuch und in den Reformentwürfen (1871-1945). 1998.

Band 188 Jan Erik Backhaus: Volksrichterkarrieren in der DDR. 1999.

Band 189 Ralf Ruhnau: Die Fürstlich Thurn und Taxissche Privatgerichtsbarkeit in Regensburg. Ein Kuriosum der deutschen Rechtsgeschichte. 1999.

Band 190 Antonio Grilli: Die französische Justizorganisation am linken Rheinufer 1797-1803. 1999.

Band 191 Stephanie Kammerloher-Lis: Die Entstehung des Gesetzes über die religiöse Kindererziehung vom 15. Juli 1921. 1999.

Band 192 Jan Telp: Ausmerzung und Verrat. Zur Diskussion um Strafzwecke und Verbrechensbegriffe im Dritten Reich. 1999.

Band 193 Kurt von Pannwitz: Die Entstehung der Allgemeinen Deutschen Wechselordnung. Ein Beitrag zur Geschichte der Vereinheitlichung des deutschen Zivilrechts im 19. Jahrhundert. 1999.

Band 194 Sylvia Busch: Die Entstehung der Allgemeinen Gerichtsordnung für die Preussischen Staaten von 1793/95. Ein Beitrag zur Geschichte der Kodifikationsbewegung und der Reform des Zivilprozesses in Preußen im 18. Jahrhundert. 1999.

Band 195 Dirk Bieresborn: Klage und Klageerwiderung im deutschen und englischen Zivilprozeß. Eine rechtshistorische und rechtsvergleichende Untersuchung unter besonderer Berücksichtigung der Beeinflussung durch das römisch-kanonische Verfahren. 1999.

Band 196 Andreas Thier / Guido Pfeifer / Philipp Grzimek (Hrsg.): Kontinuitäten und Zäsuren in der Europäischen Rechtsgeschichte. Europäisches Forum Junger Rechtshistorikerinnen und Rechtshistoriker München 22.-24. Juli 1998. 1999.

Band 197 Franz Smola: Die Fürstlich Liechtenstein'sche Kunstsammlung. Rechtsfragen zur Verbringung der Sammlung von Wien nach Vaduz in den Jahren 1944/45. 1999.

Band 198 Frank Martin Krauss: Das geteilte Eigentum im 19. und 20. Jahrhundert. Eine Untersuchung zum Fortbestand des Teilungsgedankens. 1999.

Band 199 Matthias Frey: Die spanische Aktiengesellschaft im 18. Jahrhundert und unter dem Código de Comercio von 1829. 1999.

Band 200 Alexandra Gilde: Die Stellung der Frau im Reichsstrafgesetzbuch von 1870/71 und in den Reformentwürfen bis 1919 im Urteil der bürgerlichen Frauenbewegung. Eine Analyse ausgewählter Straftatbestände. 1999.

Band 201 Malte Dießelhorst / Arne Duncker: Hans Kohlhase. Die Geschichte einer Fehde in Sachsen und Brandenburg zur Zeit der Reformation. 1999.

Band 202 Jörg Hillmann: Territorialrechtliche Auseinandersetzungen der Herzöge von Sachsen-Lauenburg vor dem Reichskammergericht im 16. Jahrhundert. 1999.

Band 203 Carsten Engler: Die Kommanditgesellschaft (KG) und die stille Gesellschaft im Allgemeinen Deutschen Handelsgesetzbuch (ADHGB) von 1861. 1999.

Band 204 Vesta Hoffmann-Steudner: Die Rechtsprechung des Reichsgerichts zu dem Scheidungsgrund des § 49 EheG (EheG 1938) in den Jahren 1938-1945. 1999.

Band 205 Michaela Thiele: Die Auflösung von Arbeitsverhältnissen aufgrund Anfechtung und außerordentlicher Kündigung nach der Rechtsprechung des Reichsarbeitsgerichts (1927-1945). 2000.

Band 206 Peter Landau / Hermann Nehlsen / Mathias Schmoeckel (Hrsg.): Karl von Amira zum Gedächtnis. 1999.

Band 207 Marcus Flinder: Die Entstehungsgeschichte des Zivilgesetzbuches der DDR. 1999.

Band 208 Boris Franz Leo Bromm: Die Entstehungsgeschichte des Berufs des Handelsvertreters. Unter besonderer Berücksichtigung der Sozialgesetzgebung in den Jahren von 1871-1933. 2000.

Band 209 Winfried C. J. Eberstein: Das Tierschutzrecht in Deutschland bis zum Erlaß des Reichs-Tierschutzgesetzes vom 24. November 1933. Unter Berücksichtigung der Entwicklung in England. 1999.

Band 210 Patrick Deller: Der „nach dem Vertrage" vorausgesetzte Gebrauch (§ 459 Absatz 1 Satz 1 BGB). Eine kaufrechtliche Untersuchung unter Berücksichtigung rechtshistorischer wie rechtsvergleichender Grundlagen. 2000.

Band 211 Eckard Freiherr von Bodenhausen: Haftung des Geschäftsherrn für Verrichtungsgehilfen im Straßen- und Schienenverkehr. Eine Analyse der Entscheidungen des Reichsgerichts zu § 831 BGB (1900-1945). 2000.

Band 212 Birte Gast: Der Allgemeine Teil und das Schuldrecht des Bürgerlichen Gesetzbuchs im Urteil von Raymond Saleilles (1855-1912). 2000.

Band 213 Hansjörg Michael Huber: Koloniale Selbstverwaltung in Deutsch-Südwestafrika. Entstehung, Kodifizierung und Umsetzung. 2000.

Band 214 Ulf Björner: Die Verfassungsgerichtsbarkeit im Norddeutschen Bund und Deutschen Reich (1867-1918). Eine rechtshistorische Untersuchung über Gerichtsbarkeit im Spannungsfeld von Politik und Recht innerhalb der von Bismarck geschaffenen deutschen Bundesstaaten. 2000.

Band 215 Mathias Freiherr von Rosenberg: Friedrich Carl von Savigny (1779-1861) im Urteil seiner Zeit. 2000.

Band 216 Reinhard Binder-KriegIstein: Österreichisches Adelsrecht 1868-1918/19. Von der Ausgestaltung des Adelsrechts der cisleithanischen Reichshälfte bis zum Adelsaufhebungsgesetz der Republik unter besonderer Berücksichtigung des adeligen Namensrechts. 2000.

Band 217 Claudia-Regine Nerius: Johannes Lehmann-Hohenberg (1851-1925). Eine Studie zur völkischen Rechts- und Justizkritik im Deutschen Kaiserreich. 2000.

Band 218 Ludger Meuten: Die Erbfolgeordnung des Sachsenspiegels und des Magdeburger Rechts. Ein Beitrag zur Geschichte des sächsisch-magdeburgischen Rechts. 2000.

Band 219 Christoph Alexander von Wilcken: Die Reformbestrebungen zum Genossenschaftsgesetz in der Frühzeit der Bundesrepublik. Die Beratungen der Sachverständigenkommission zur Überprüfung des Genossenschaftsrechts 1954 bis 1958 und der Referentenentwurf von 1962. 2000.

Band 220 Verein Junger RechtshistorikerInnen Zürich (Hrsg.): ¿Rechtsgeschichte(n)? ¿Histoire(s) du droit? ¿Storia/storie del diritto? ¿Legal Histori(es)? Europäisches Forum Junger Rechtshistorikerinnen und Rechtshistoriker Zürich 28.-30. Mai 1999. 2000.

Band 221 Hans Christian Schüler: Die Entstehungsgeschichte der Bundesnotarordnung vom 24. Februar 1961. 2000.

Band 222 Nils-Eberhard Schramm: Die Vereinigung demokratischer Juristen (1949-1999). 2000.

Band 223 Silke Anke Torp: Das Rechtsverhältnis zwischen den Eltern und ihren Kindern. Dienstleistungspflicht, Aussteuer und Ausstattung. Eine Analyse der Rechtsprechung des Reichsgerichts und des Reichsarbeitsgerichts zu den Vorschriften der §§ 1616 bis 1625 des Bürgerlichen Gesetzbuches in der Zeit von 1900 bis 1945. 2000.

Band 224 Martin Jürgen Maaß: Die Geschichte des Eigentumsvorbehalts, insbesondere im 18. und 19. Jahrhundert. 2000.

Band 225 Stefanie Langer: Rechtswissenschaftliche Itinerarien. Lebenswege namhafter europäischer Juristen vom 11. bis zum 18. Jahrhundert. 2000.

Band 226 Ulrich Schmitz: Der Unterhaltsanspruch des nichtehelichen Kindes gegen seinen Erzeuger. Die rechtsgeschichtliche und dogmatische Entwicklung im deutschen Recht. 2000.

Band 227 Sebastian Günther: Friedrich Carl von Savigny als Grundherr. 2000.

Band 228 Henning Ibs: Hermann J. Held (1890-1963). Ein Kieler Gelehrtenleben in den Fängen der Zeitläufe. 2000.

Band 229 Matthias Rücker: Wirtschaftswerbung unter dem Nationalsozialismus. Rechtliche Ausgestaltung der Werbung und Tätigkeit des Werberats der deutschen Wirtschaft. 2000.

Band 230 Hendrik Sandmann: Die Entwicklung von Begriff und Inhalt des Wirtschaftchsrechts durch die Rechtswissenschaft in der Weimarer Republik. 2000.

Band 231 Sibylle Müller: Gibt es Menschenrechte bei Samuel Pufendorf? 2000.

Band 232 Karin Olechowski-Hrdlicka: Die gemeinsamen Angelegenheiten der Österreichisch-Ungarischen Monarchie. Vorgeschichte – Ausgleich 1867 – Staatsrechtliche Kontroversen. 2001.

Band 233 Johannes Mierau: Die juristischen Abschluß- und Diplomprüfungen in der SBZ/DDR. Ein Einblick in die Juristenausbildung im Sozialismus. 2001.

Band 234 Jörg Wolff (Hrsg.): Stillstand, Erneuerung und Kontinuität. Einsprüche zur Preußenforschung. 2001.

Band 235 Friedo Schröder: Die anwaltliche Tätigkeit während der nationalsozialistischen Herrschaft. Eine Analyse der anwaltlichen Argumentation in Zivilprozessen anhand der vorhandenen Prozeßakten der Landgerichte Frankenthal, Wiesbaden, Limburg und Frankfurt und der Handakten der *jüdischen Konsulenten* des OLG-Bezirks Frankfurt. 2001.

Band 236 Der Code pénal des Königreichs Westphalen von 1813 mit dem Code pénal von 1810 im Original und in deutscher Übersetzung. Herausgegeben und mit einer Einleitung versehen von Werner Schubert. 2001.

Band 237 Klaus Richter: Deutsches Kolonialrecht in Ostafrika 1885-1891. 2001.

Band 238 Kai von Lewinski: Deutschrechtliche Systembildung im 19. Jahrhundert. 2001.

Band 239 Alexander Herzog: Sittenwidrige Rechtsgeschäfte in der höchstrichterlichen Rechtsprechung aus den Jahren 1948-1965. 2001.

Band 240 Claudia Rönnau: Die Beratungen des Wasserrechtsausschusses der Akademie für Deutsches Recht zu einem Reichswassergesetz (1934-1941). Ein Beitrag zur Dogmatik der Begriffe *Gemeingebrauch* und *Sondergebrauch* in der Zeit des Nationalsozialismus. 2001.

Band 241 Momme Rohlack: Kriegsgesellschaften (1914-1918). Arten, Rechtsformen und Funktionen in der Kriegswirtschaft des Ersten Weltkrieges. 2001.

Band 242 Rolf Geyer: Der Gedanke des Verbraucherschutzes im Reichsrecht des Kaiserreichs und der Weimarer Republik (1871-1933). Eine Studie zur Geschichte des Verbraucherrechts in Deutschland. 2001.

Band 243 Felix Lorenz Benjamin Lehmann: Der Rote Adlerorden. Entstehung und rechtliche Grundlagen (1705-1918). 2002.

Band 244 Marc Ludwig: Der Pfändungsschutz für Lohneinkommen. Die Entstehungs- und Entwicklungsgeschichte der Vorschriften zum Schutz vor Lohnpfändung in Deutschland. 2001.

Band 245 Alexander Wachter: Dorfschule zwischen Pastor und Schulmeister. Zur Säkularisierung des niederhessischen Schulwesens im 19. Jahrhundert. 2001.

Band 246 Richard Scholz: Analyse der Entstehungsbedingungen der reichsgerichtlichen Aufwertungsrechtsprechung. Untersuchung unter besonderer Berücksichtigung der konservativen Geldpolitik der Reichsbank und der Inflationspolitik der Reichsregierung. 2001.

Band 247 Judith Laeverenz: Märchen und Recht. Eine Darstellung verschiedener Ansätze zur Erfassung des rechtlichen Gehalts der Märchen. 2001.

Band 248 Christina Schenk: Bestrebungen zur einheitlichen Regelung des Strafvollzugs in Deutschland von 1870 bis 1923. 2001.

Band 249 Nils Werner: Die Prozesse gegen die Landvolkbewegung in Schleswig-Holstein 1929/32. Ein Beitrag zur Justizkritik in der späten Weimarer Republik. 2001.

Band 250 Wolfgang Walter: Das Duell in Bayern. Ein Beitrag zur bayerischen Strafrechtsgeschichte. 2002.

Band 251 Jörn Eckert / Kjell Å. Modéer (Hrsg.): Geschichte und Perspektiven des Rechts im Ostseeraum. Erster Rechtshistorikertag im Ostseeraum 8.–12. März 2000. 2001.

Band 252 Jan Könighaus: Die Inauguration der Christian-Albrechts-Universität zu Kiel 1665. Symbolgehalt und rechtliche Bedeutung des Universitätszeremoniells. 2002.

Band 253 Andreas Görgen: Rechtssprache in der Frühen Neuzeit. Eine vergleichende Untersuchung der Fremdwortverwendung in Gesetzen des 16. und 17. Jahrhunderts. 2002.

Band 254 Ralf Schäfer: Die Rechtsstellung der Haigerlocher Juden im Fürstentum Hohenzollern-Sigmaringen von 1634-1850. Eine rechtsgeschichtliche Untersuchung. 2002.

Band 255 Regine Schmalhorst: Die Tierhalterhaftung im BGB von 1896. Die Entstehung und Änderung des § 833 BGB sowie eine Analyse der Rechtsprechung des Reichsgerichts bis 1908. 2002.

Band 256 Thomas Hense: Konrad Beyerle. Sein Wirken für Wissenschaft und Politik in Kaiserreich und Weimarer Republik. 2002.

Band 257 Christian Mahlmann: Die Strafrechtswissenschaft der DDR. Klassenkampftheorie und Verbrechenslehre. 2002.

Band 258 Henning Kahmann: Die Bankiers von Jacquier & Securius 1933–1945. Eine rechtshistorische Fallstudie zur "Arisierung" eines Berliner Bankhauses. Mit einem Geleitwort von John Kornblum. 2002.

Band 259 Volker Friedrich Drecktrah: Die Gerichtsbarkeit in den Herzogtümern Bremen und Verden und in der preußischen Landdrostei Stade von 1715 bis 1879. 2002.

Band 260 Andreas Klass: Standes- oder Leistungselite? Eine Untersuchung der Karrieren der Wetzlarer Anwälte des Reichskammergerichts (1693-1806). 2002.

Band 261 Wolfgang Eder: Das italienische Tribunale Speciale per la Difesa dello Stato und der deutsche Volksgerichtshof. Ein Vergleich zwischen zwei politischen Gerichtshöfen. 2002.

Band 262 Albrecht Cordes / Bernd Kannowski (Hrsg.): Rechtsbegriffe im Mittelalter. 2002.

Band 263 Thomas Hildebrandt: Die Brandenburgischen Provinziallandtage von 1841, 1843, und 1845 anhand ausgewählter Verhandlungsgegenstände. 2002.

Band 264 Jan Finzel: Georg Adam Struve (1619–1692) als Zivilrechtler. 2003.

Band 265 Björn Carsten Frenzel: Das Selbstverständis der Justiz nach 1945. Analyse der Rolle der Justiz unter Berücksichtigung der Reden zur *Wiedereröffnung* der Bundes- und Oberlandesgerichte. 2003.

Band 266 Nils Reichhelm: Die marxistisch-leninistische Staats- und Rechtstheorie Karl Polaks. 2003.

Band 267 Raik Schneider: Altrechtliche Personenzusammenschlüsse. Ihre Entwicklung unter besonderer Berücksichtigung des Rechts des Großherzogtums Sachsen-Weimar-Eisenach sowie der Herzogtümer Sachsen-Meiningen und Sachsen-Gotha. 2003.

Band 268 Anke Meier: Die Geschichte des deutschen Konkursrechts, insbesondere die Entstehung der Reichskonkursordnung von 1877. 2003.

Band 269 Stefan Jens Jordan: Leben und Werk des Tübinger Rechtsprofessors Wilhelm Gottlieb Tafinger 1760–1813. 2003.

Band 270 Stefanie Hubig: Die historische Entwicklung des § 23 ZPO. Zum Ursprung und Fortleben des Vermögensgerichtsstandes im deutschen Prozeßrecht des 19. Jahrhunderts. 2003.

Band 271 Michael G. Perband: Der Grundsatz der freien Beweiswürdigung im Zivilprozeß (§ 286 ZPO) in der Rechtsprechung des Reichsgerichts. 2003.

Band 272 Mathias Bouveret: Die Stellung des Staatsoberhauptes in der parlamentarischen Diskussion und Staatsrechtslehre von 1848 bis 1918. 2003.

Band 273 Barbara Széchényi: Rechtliche Grundlagen bayerischer Zensur im 19. Jahrhundert. 2003.

Band 274 Sylvia Scharfenberg: Die Entstehungsgeschichte des Beurkundungsgesetzes vom 28. August 1969. 2003.

Band 275 Urte Nesemann: Die schwedische Familiengesetzgebung von 1734 bis zu den Reformgesetzen von 1915 bis 1920 und deren Einfluss auf die Gesetzgebungsprojekte der Weimarer Republik. Unter besonderer Berücksichtigung der Rechtsstellung der Frau und des unehelichen Kindes. 2003.

Band 276 Alexandra Brück: Die Polizeiordnung Herzog Christians von Braunschweig-Lüneburg vom 6. Oktober 1618. 2003.

Band 277 Torsten Landwehr: Das Kommissionsgeschäft in Rechtswissenschaft, Gesetzgebung und Rechtspraxis vom 16. bis zum Ende des 18. Jahrhunderts. 2003.

Band 278 Tassilo Wilhelm Maria Englert: Deutsche und italienische Zivilrechtsgesetzgebung von 1933–1945. Parallelen in der Rechtsetzung und gegenseitige Beeinflussung unter besonderer Berücksichtigung des Familien- und Erbrechts. 2003.

Band 279 Tobias Prang: Der Schutz der Versicherungsnehmer bei der Auslegung von Versicherungsbedingungen durch das Reichsgericht. 2003.

Band 280 Thorsten Lieb: Privileg und Verwaltungsakt. Handlungsformen der öffentlichen Gewalt im 18. und 19. Jahrhundert. 2004.

Band 281 Michael Rühling: Das Ladenschlussgesetz vom 28. November 1956. Vorgeschichte, Entstehung des Gesetzes und weitere Entwicklung. 2004.

Band 282 Kathrin Nawotki: Die schleswigsche Deichstavengerechtigkeit. Vom 17. Jahrundert bis in die Gegenwart. Eine gewohnheitsrechtliche Superfizies an nordfriesischen Deichgrundstücken und ihre Entwicklung. 2004.

Band 283 Erik Nils Voigt: Die Gesetzgebungsgeschichte der militärischen Ehrenstrafen und der Offizierehrengerichtsbarkeit im preußischen und deutschen Heer von 1806 bis 1918. 2004.

Band 284 Dorothea Riedi Hunold: Die Einführung der allgemeinen Wechselfähigkeit in der Schweiz in der zweiten Hälfte des 19. Jahrhunderts. Unter besonderer Berücksichtigung der politischen, wirtschaftlichen und sozialen Verhältnisse. 2004.

Band 285 Thomas Gergen: Pratique juridique de la paix et trêve de Dieu à partir du concile de Charroux (989–1250). Juristische Praxis der Pax und Treuga Dei ausgehend vom Konzil von Charroux (989–1250). 2004.

Band 286 Kathrin Bethkenhagen: Die Entwicklung des Luftrechts bis zum Luftverkehrsgesetz von 1922. 2004.

Band 287 Heiko Lüpkes: Die Verbrechen der Diener des Staats im Allgemeinen Landrecht für die Preußischen Staaten von 1794 und ihre Entwicklung zu den Vergehen und Verbrechen im Amte im Strafgesetzbuch für die Preußischen Staaten von 1851. 2004.

Band 288 Mirco Peter Hirsch: Von der Erbbescheinigung des Preußischen Rechts zum Erbschein des Bürgerlichen Gesetzbuchs. 2004.

Band 289 Bettina Günther: Die Behandlung der Sittlichkeitsdelikte in den Policeyordnungen und der Spruchpraxis der Reichsstädte Frankfurt am Main und Nürnberg im 15. bis 17. Jahrhundert. 2004.

Band 290 Seunghyeon Seong: Der Begriff der *nicht gehörigen Erfüllung* aus dogmengeschichtlicher und rechtsvergleichender Sicht. 2004.

Band 291 Steffen-Werner Meyer: Bemühungen um ein Reichsgesetz gegen den Büchernachdruck. Anläßlich der Wahlkapitulation Leopolds II. aus dem Jahre 1790. 2004.

Band 292 Ulrich Löffler: Instrumentalisierte Vergangenheit? Die nationalsozialistische Vergangenheit als Argumentationsfigur in der Rechtsprechung des Bundesverfassungsgerichts. 2004.

Band 293 Norbert Koch: Die Entwicklung des deutschen privaten Immissionsschutzrechts seit Beginn der Industrialisierung. Unter besonderer Berücksichtigung des Einflusses der höchstrichterlichen Rechtsprechung. 2004.

Band 294 Julius Ludwig Pfeiffer: Das Tierschutzgesetz vom 24. Juli 1972. Die Geschichte des deutschen Tierschutzrechts von 1950 bis 1972. 2004.

Band 295 Bert-Hagen Strodthoff: Die richterliche Frage- und Erörterungspflicht im deutschen Zivilprozeß in historischer Perspektive. 2004.

Band 296 Tim Kannewurf: Die Höfeordnung vom 24. April 1947. Entstehungsgeschichte und Einordnung in die Entwicklung des Anerbenrechts. 2004.

Band 297 Steffi Heine: Die Methodendiskussion nach Inkrafttreten des Bürgerlichen Gesetzbuches und die Gründung des Vereins *Recht und Wirtschaft*. 2004.

Band 298 Anne Marlene Simon-Holtorf: Geschichte des Familienwahlrechts in Frankreich (1871 bis 1945). 2004.

Band 299 Jürgen Busch: Das Germanenbild der deutschen Rechtsgeschichte. Zwischen Wissenschaft und Ideologie. Mit einem Vorwort von Herwig Wolfram. 2004.

www.peterlang.de

www.ingramcontent.com/pod-product-compliance
Ingram Content Group UK Ltd.
Pitfield, Milton Keynes, MK11 3LW, UK
UKHW021903290926
8980IPUK00015B/1022

9 783631 513965